REDEFINIENDO LA NORMALIDAD

CÓMO DOS HUÉRFANOS SUPERARON LAS PROBABILIDADES Y DESCUBRIERON *LA CURACIÓN, LA FELICIDAD Y EL AMOR.*

Justin Y Alexis Black

Aquellos que deseen ponerse en contacto con Justin o Alexis Black para charlas o recursos adicionales pueden hacerlo en lo siguiente:

Justin y Alexis Black
5073 Gull Rd # 140, Kalamazoo, MI 49048
www.re-definingnormal.com
press@re-definingnormal.com

Copyright © 2022 por Justin Black; Alexis Black

Redefiniendo la Normalidad

Reservados todos los derechos. Ninguna parte de esta publicación puede ser reproducida, distribuida o transmitida de ninguna forma o por cualquier medio, incluidas fotocopias, grabaciones y/u otros métodos electrónicos o mecánicos, sin el permiso previo por escrito del editor, excepto en el caso de citas breves incorporadas en revisiones críticas y ciertos otros usos no comerciales permitidos por la ley de derechos de autor.

Aunque el autor y el editor han hecho todo lo posible para garantizar que la información de este libro sea correcta en el momento de la publicación, el autor y el editor no asumen y por la presente renuncian a cualquier responsabilidad ante ninguna de las partes por cualquier pérdida, daño o interrupción causada por errores u omisiones, ya sea que dichos errores u omisiones sean el resultado de negligencia, accidente o cualquier otra causa.

El Cumplimiento de todas las leyes y regulaciones aplicables, incluidas las de gobierno internacional, federal, estatal y local, Licencias profesionales, prácticas comerciales, publicidad y todos los demás aspectos de hacer negocios en los EE. UU., Canadá o cualquier otra jurisdicción es responsabilidad exclusiva del lector y consumidor.

Ni el autor ni el editor asumen responsabilidad alguna en nombre del consumidor o lector de este material. Cualquier desaire percibido de cualquier individuo u organización es puramente involuntario.

Los recursos de este libro se proporcionan únicamente con fines informativos y no deben utilizarse para reemplazar información especializada y juicio profesional de un profesional de la salud o de la salud mental.

Ni el autor ni el editor se hacen responsables del uso de la información proporcionada en este libro. Consulte siempre a un profesional capacitado antes de tomar cualquier decisión con respecto a su tratamiento u otras personas.

Para obtener más información, envíe un correo electrónico a info@re-definingnormal.com.
Impreso en los Estados Unidos de América por Global Perspectives Publishing
www.globalperspectivespublishing.com

Número de control de la Biblioteca del Congreso: 2020914176

Tapa blanda (Paperback): 978-1-7345731-6-9

Para pedidos, visite www.re-definingnormal.com

Foto de portada de Patricia Norman de Patty Leonor LLC
www.pattyleonor.com
Traducción de libro de Judith Ortega de Judith Ortega Consulting LLC DBA Digital Monarch
www.thedigitalmonarch.com

¿ESTÁS LISTO PARA REDEFINIR TU NORMALIDAD?

Ahora puedes redefinir tu normalidad con el Ready to *Redefine Normal? Companion Guide!*

Este libro de trabajo está destinado a ser utilizado junto con el libro Redefiniendo la normalidad, como una herramienta en tu viaje de curación y autodescubrimiento.

¿QUÉ APRENDERÁS DURANTE ESTE PROCESO?:

-Quién informó tudefinición de lo que es normal, sus definiciones de amor, felicidad, familia, éxito y más.

-Herramientas útiles para superar las adversidades pasadas.

-Cómo romper ciclos generacionales poco saludables para vivir la vida que deseas.

ÚNETE AL MOVIMIENTO DE REDEFINIR LA NORMALIDAD EN RE-DEFININGNORMAL.COM

¿QUÉ TAN SALUDABLE ES TU RELACIÓN?

¡Descúbrelo con nuestro regalo gratis!
Envíenos un correo electrónico a
freegift@re-definingnormal.com
Titula el correo electrónico "Regalo Gratis"

Síguenos en las redes sociales:
Facebook: @redefiningnormal
Instagram y TikTok: @re.definingnormal

www.re-definingnormal.com

DEDICACIÓN

Para aquellos que se encuentran en circunstancias similares, este libro es para ustedes. Esperamos que les brinde claridad, inspiración y una sensación de control.

"Verás, no preguntarías por qué la rosa que creció del concreto tenía pétalos dañados. Al contrario, todos celebraríamos su tenacidad. A todos nos encantaría su voluntad de alcanzar el sol. Bueno, somos las rosas, esto es lo concreto, y estos son mis pétalos dañados".

—Tupac Shakur

"Cada niño está a un adulto que se preocupa de ser una historia de éxito".

—Josh Shipp

CONTENIDO

Prólogo por Marcy Pusey xi
Prólogo de Rob Scheer xv
Introducción xix
Nota del Autor xxiii
Prólogo xxv

PART 1: PALABRAS EN UNA TARJETA 1

PART 2: IDENTIDAD 17
¿Qué Me Dijeron Sobre mi Identidad? 19
Desesperados por Amor 49
Dignidad 71

PART 3: DEFINICIÓN DE AMOR 85
Vendido 87
El Ciclo 99
Punto de Retorno 111

PART 4: REDEFINIENDO LA NORMALIDAD: ROMPIENDO CICLOS 125
Revelando la Verdad en mi Trauma 129
Vulnerable a Través del Dolor 141
Guerra Mental 155
Colores Verdaderos 169

Auto-Sabotaje 181
Imago 189
Sacrificio y Sumisión 203
Hablarlo 213
Los Niños de la Ciudad Viajan Por El Mundo 229
La Propuesta 239
El Amor no Siempre es Blanco y Negro 247

PART 5: ACUERDO 265
Intencionalidad 267
Fundación 271
Unidad 272
No Soy tu Enemigo 275
Primero Somos Amigos 276
Construyendo un Legado 277
Los Dos se Convertirán en Uno 278
¿Qué Sigue? 280
Epílogo: Cuando Sucede lo Inimaginable 283

¿Puedes Ayudar? 285
Agradecimientos 287
Sobre los Autores 289
Próximos Pasos/ Trabaja con Nosotros 293
Afiliado de SPS 295
Recursos Mencionados 297

"Yo sabía que ella estaba preparándose para contarme algunos detalles sobre su pasado. Quería fortalecerme y al mismo tiempo mostrarle mi apoyo. Cuando empezó a compartir, tomé su mano para hacerle saber que no estaba sola. Sentí su emoción y sentí honor por haber ganado su confianza. La vulnerabilidad que fue necesaria para compartir sus experiencias fue algo que me inspiró. Era maravillosa, inteligente y asombrosa, sin embargo, había pasado por algunas de las peores cosas imaginables. Yo no tenía idea de cómo perseveró a través de todo y realmente no podrías saber ni la mitad de lo que ha tenido que vivir consolo verla. Esa noche definió el futuro de nuestra relación."

—Justin

"Nuestros padres declararon las bases y el estándar del amor. Ellos deben enseñarnos cómo amar y cómo recibir el amor. Pero si los padres no conocen al amor saludable, es inevitable que los niños hereden inconscientemente hábitos y patrones insostenibles de sus padres. Este ciclo permite a las personas que no están familiarizadas con una definición saludable del amor, que definan lo que es el amor para las generaciones que siguen. La familia juega el rol más íntimo en la formación de nuestros valores, morales y hábitos; en consecuencia, puede dañarnos más. Muchos adultos pasan toda su vida recuperándose de su infancia, anhelando el amor, la aceptación y el elogio que no les brindaron sus padres".

—Alexis

PRÓLOGO POR MARCY PUSEY

HACE ALGUNOS AÑOS me encontré en una de las situaciones más desesperadas de toda mi maternidad. Me di cuenta de que había estado buscando mi propio valor y validación como madre a partir de la curación de mis hijos. Pero no cualquiera de mis hijos, específicamente de mis hijos adoptivos. Quiero decir, que yo ya tenía el amor incondicional de Dios canalizándose a través de mi alma hacia su historia de "rescate". Seguramente mi nobleza sería evidente para todos cuando estos niños rescatados se volvieran felices, completos y sanados debido a la gran madre que era, ¿verdad?

La realidad era que la curación y mi validación no llegarían tan fácilmente. Incluso con todos mis títulos en servicios sociales y terapia, y toda mi experiencia trabajando en hogares grupales, programas integrales, agencias de crianza y práctica privada… todavía me quedaba corto. ¡¿Por qué no estaban funcionando mis herramientas y títulos, o incluso el amor de Dios?!

Desde lo más profundo de ese pozo, comencé a escribir. Escribí sobre los desafíos de criar a estos niños: los desafíos dentro del sistema social roto, las familias de origen, la sociedad, el comportamiento traumático de los niños y el desafío de mí misma. Mientras escribía, recuperé la esperanza para cada desafío que enfrentamos. La esperanza había sido robada, pero la recuperaría en nombre de todas las familias heridas. Siempre hay esperanza.

Entonces, escribí y escribí y escribí, libros para adultos y libros para niños. Las familias salieron a luz para compartir cómo mis libros estaban cambiando sus hogares, eliminando la vergüenza, restableciendo las expectativas, reestructurando el poder del amor de una manera más realista. Y en el proceso, recuperé mi propia validación como madre. Fue injusto haber puesto esa responsabilidad sobre mis hijos, cuando ya había sido mi responsabilidad desde el principio. Estaba redefiniendo lo normal y eso me liberó.

Estaba emocionada con la forma en que mi escritura y mi forma de hablar estaban influenciando las conversaciones sobre los servicios sociales y nuestro sistema de crianza y adopción, pero había un gran espacio vacío. Necesitábamos las voces de los jóvenes que vivieron la experiencia en el sistema de crianza. Puedo hablar por mis colegas en los servicios sociales y puedo hablar por las madres y los padres que crían a estos niños, pero nunca podré ser la voz de los propios niños. Lamenté la ausencia de esta voz crucial en la conversación.

Entonces, un día, dos hermosas caras iluminaron mi pantalla a través de Zoom. Fui asignada como su Entrenadora de éxito de autores para ayudarlos durante el proceso de publicación para este libro. Alexis y Justin fueron una llamada entre muchísimas más que tenía agendadas durante ese día. Cientos de escritores queriendo publicar sus libros y cambiar el mundo estaban a punto de hablar conmigo y yo no tenía idea de la sorpresa que me estaba esperando al conocer a esta pareja joven.

Ellos comenzaron a compartir su historia y yo no podía creer que se hubieran caído en mi escritorio ese día. Pase tantos años orando por la fortaleza de alguien que vivió en el sistema de crianza. Esperaba a alguien quien fuera la voz dentro de la conversación que yo nunca podría ser, y aquí estaban. Eran dinámicos, comprometidos e increíblemente conscientes de sí mismos. Tenían confianza y eran brillantes y noqueaban las estadísticas como luchadores profesionales. Mi boca quedó abierta con una mirada tonta de puro deleite y conmoción mientras compartían su historia de cómo superaron los increíbles obstáculos de la vida, que leerás en las páginas siguientes. Estos no eran niños con vidas lo suficientemente fáciles de curar y encontrar la plenitud. No fueron menos abusados, descuidados, olvidados, despedidos, rechazados o heridos. De hecho, como leerás en las partes uno a tres de este libro, han vivido sus propias versiones del infierno varias veces.

Y sin embargo, vencieron.

Vencieron de maneras desordenadas, hermosas, complicadas, milagrosas ... Vencieron. Y aún están superando.

Y están tomando su historia de superación y poniéndola en el mundo porque necesitamos recuperar la esperanza para nuestros hijos adoptivos y de crianza. Muy pocos de los suyos se les han unido para mostrarles el camino, como hacen Justin y Alexis en este libro.

Alrededor de 400,000 niños viven en el sistema de acogida de EE. UU. En un momento dado, con más de 20,000 de ellos se convirtieron en adultos. Las estadísticas muestran que estos adultos jóvenes tendrán que enfrentarse con enfermedades mentales, falta de hogar, falta de educación, enfermedad, relaciones fallidas, el crimen y alta mortalidad. Es posible liberarse de las estadísticas, pero la mayoría de los niños no lo saben. Simplemente se alinean con las canciones de la sociedad, siguiendo la marcha de la muerte que se les ha preparado.

No más. Justin y Alexis demuestran, con sus propias vidas, que estos jóvenes pueden salir de la línea y comenzar a vivir la vida que se merecen: vidas de amor, pertenencia, aceptación, integridad, sanación, recuperación y felicidad. No es fácil, pero sí es posible.

Justin y Alexis han entrado en un abismo de silencio y sus voces eco con fortaleza, importancia y un llamado a todos los jóvenes de crianza temporal a creer que pueden liberarse de lo que afirman las estadísticas. Sus increíbles historias, su *fe* y *esperanza* sobre cada vida, cada alma, que se siente olvidada, no amada, sin reclamar, abandonada y dejada atrás.

Gracias, Dios, por enviar a estos dos al mundo, empoderándolos con un mensaje de dolor convertido en poder. Sus heridas no se pierden, sino que proporcionan un ungüento para cada alma herida.

Nunca *podré* ser la voz de los hijos adoptivos y de crianza actual anteriores ni actuales, pero puedo defender a los que *están* con todo lo que soy. Gracias, Justin y Alexis, por su valentía y pasión. Juntos estamos redefiniendo la normalidad, creando espacios y permisos de libertad para descubrir la curación, felicidad, y el amor.

Marcy Pusey, CRC, CTP-C
Autor más vendido de varios libros, incluido *Reclaiming Hope: Overcoming the Challenges of Parenting Foster and Adopted Children, Parenting Children of Trauma: The Foster-Adoption Guide to understanding Attachment Discorder,* and *Speranzas's Sweater: A Child's Jounrey Through Foster Care and Adoption.*

PRÓLOGO DE ROB SCHEER

YO MISMO VIVÍ los horrores del sistema de cuidado de crianza durante mi juventud, siempre supe que quería ser padre. Ser padre fue la meta más importante de mi vida. Quería ser el tipo de padre que nunca tuve, pero nunca quise que alguien supiera mi historia de vida dentro del sistema de acogimiento familiar.

Solía creer que el amor duele porque esa era mi norma en todo momento durante mi infancia debido al ser abandonado y abusado continuamente. Como Justin y Alexis han notado, la redefinición de lo que conocemos como la normalidad es un viaje de toda la vida. Para este viaje, se requiere coraje, trabajo duro y resiliencia: las mismas habilidades que aprendí al crecer en el sistema de bienestar infantil.

No fue hasta que conocí a mi increíble e incondicionalmente comprensivo esposo Reece, que este sueño se hizo realidad. Mi esposo me desafió a pensar en todos los niños en mi propio patio y considerar cómo los estoy decepcionando al no contar mi historia y al no adoptar localmente. Gracias a su desafío, estaba listo para dar el siguiente paso.

Fuimos a Servicios para Niños y Familias de DC y les dijimos que nos gustaría adoptar a un bebé, y nos dijeron que el proceso de adopción tardaría dos años. ¡¿Dos años?! Yo no lo podía creer. El trabajador social sugirió que una ruta más rápida sería cuidar a un niño temporalmente y adoptarlo una vez que los padres renuncian a sus derechos parentales. Después de pensarlo detenidamente, Reece dijo: "Cambiaríamos la vida de un niño, aunque sea por poco tiempo, debemos hacerlo". Y así comenzó nuestro viaje.

¡Fue la sorpresa de mi vida cuando recibimos la llamada preguntándonos si estábamos dispuestos ano solo cuidar a un bebe de 18 meses, sino también a su hermana de 4 años! No era exactamente lo que habíamos imaginado y planeado inicialmente, pero Reece y yo sabíamos que nunca separaríamos a dos hermanos dentro del sistema de bienestar juvenil. Aceptamos la oferta de dar la bienvenida a Amaya y Makai a nuestra casa sin vacilación. Yo fui separado de mis hermanos y hermanas durante una etapa muy difícil durante mi juventud, y esto no le pasará a ningúnniño bajo mi techo. Fue entonces cuando mi esposo y yo fundamos Comfort Cases, una Organización sin fines de lucro para dar esperanza y dignidad a nuestros jóvenes de crianza. Yo mismo conozco el inmenso dolor, el miedo y la sensación de no ser querido puesto queyo también he tenido que mudarme de casa en casa con todo lo que tengo tirado en bolsas de basura durante el camino. He tenido la misión de inspirar a las comunidades a traer dignidad y esperanza a los jóvenes de todo el país, tal como lo han hecho Alexis y Justin con Redefiniendo la Normalidad y sus otros negocios. Hasta ahora, hemos apoyado a más de 21,000 de los 438,000 jóvenes en el sistema de cuidado de crianza en los Estados Unidos.

De mi historia, publicada en A Forever Family: Fostering Change One Kid at a Time y ahora de la historia de esta pareja, verás el poder y la diferencia que una sola persona puede tener en la vida de un joven. Ellos han superado algunas cosas inimaginables, y bastantesjóvenes tienen que superar su trauma también. Su valentía, vulnerabilidad, y transparencia, los invitará a sanar de sus propios traumas.

Este libro está lleno de estadísticas alarmantes que conocemos demasiado bien para ilustrarles cómo Justin, Alexis, yo mismo y miles de otros jóvenes huérfanos enfrentan la vida cuando las probabilidades están en contra de nuestro éxito, pero aún así, nos levantaremos y debemos hacerlo juntos.

Redefiniendo la Normalidad es un libro que debes leer, y te deja con ganas de no solo recomendárselo a un amigo, sino también querer ser parte del cambio que necesita el sistema de bienestar. Le daría 5 estrellas a este libro y se lo recomendaría a todo el mundo, incluso si nunca ha sido tocado por alguien que sobrevivió el sistema de crianza.

Rob Scheer
Fundador, Comfort Cases
Autor más vendido de *A Forever Family: Fostering Change One Child at a Time*

INTRODUCCIÓN

En enero de 2020, Justin y yo íbamos de camino a Sudáfrica. Yo fui a trabajar y ser voluntaria, y Justin fue a estudiar durante su quinto programa en el extranjero. Paramos en varias ciudades durante nuestro camino, incluyendo a Luxor y El Cairo, Egipto donde disfrutamos de vistas bellas como las pirámides de Giza y disfrutamos platos de Kofta y Koshari deliciosos. Estábamos emocionados de tener la oportunidad de disfrutar esta aventura juntos. Todo el mundo sabe lo que pasó dos meses después. Junto con tantos otros, fuimos evacuados de emergencia, volando a casa al norte de Michigan, donde pasamos dos semanas en cuarentena en un vehículo recreativo fuera de la casa estilo medio siglo de mis padres rodeada por 20 acres de tierra.

Girando por el descarrilamiento y lamentando la pérdida del resto de nuestro viaje, nos propusimos una idea. Empezamos a escribir el libro que tienes en la mano ahora. Quizás fue el encierro lo que nos ayudó a decidir que llegó la hora de explorar nuestros demonios al contar nuestra historia. Habiendo sobrevivido tanto y habiéndonos encontrado, sabíamos que la historia finalmente sería una triunfante. También sabíamos que escribir sobre los momentos más oscuros de nuestras infancias no sería fácil. Pero ahí estábamos, sentados en una mesa dentro de la casa rodante pequeña. Escribimos furiosamente esa primera noche.

Escribimos sobre nuestra vida por dos razones: queremos compartir nuestra historia con la esperanza de ayudar a los demás, y queríamos acercarnos el uno al otro antes de convertirnos en marido y mujer. La mayoría de las personas que conocemos han estado o están en relaciones que no son saludables, especialmente aquellos que son, como nosotros, ex jóvenes de crianza. Procedentes de Detroit y Flint, Michigan hemos visto a demasiados adultos pasar toda su vida tratando de curarse de sus difíciles experiencias infantiles. Los jóvenes de crianza están particularmente en riesgo de repetir ciclos de comportamiento poco saludables. Estábamos y seguimos estando en una misión de desaprender todos los patrones malsanos de los que fuimos testigos temprano en la vida, y asegurarnos de no transmitir estas cosas a nuestros hijos.

No somos perfectos, ni somos expertos. El propósito de este libro no es decirle a la gente cómo debería funcionar su relación ni servir como relación modelo para los demás. Es solo para compartir nuestras experiencias y mostrarles las formas saludables de cómo amar, recibir amor, y declararles que todos tenemos el poder de construir la vida que queremos vivir. Vemos como nuestro deber ayudar a los demás, porque muchas personas han vertido amor y apoyo durante nuestras vidas y nos ayudaron a llegar a donde estamos hoy. Esperamos que compartiendo lo que hemos aprendido, podamos ahorrarles una angustia similar a la de nosotros. Estamos comprometidos a ser transparentes y vulnerables en nuestro viaje hacia el amor saludable.

Nuestra historia se divide en cuatro secciones con diferentes temas. Las primeras tres secciones consisten en nuestras narrativas personales, así como historias sobre temas variados. Tuvimos que emprender dos viajes individuales de autodescubrimiento y sanación para llegar a un acuerdo: la sección final de este libro.

Aunque profundizamos en nuestras experiencias con el sistema de bienestar juvenil, este libro es para cualquiera que desee comprender los componentes de relaciones saludables y no saludables durante el proceso, y también a los que desean aprender a amarse sí mismos.

Aquí hay algunas estadísticas que pueden resultarte sorprendentes:

- En un día cualquiera, hay casi 437,000 niños en hogares de acogida en los Estados Unidos, con 700 niños ingresando al sistema cada día. La negligencia, un síntoma común de la pobreza, es la razón número uno que causa la entrada de los jóvenes en el sistema de bienestar juvenil.

- Hay más de 125,000 niños esperando ser adoptados; la mayoría espera tres o cuatro años en promedio.
- Se ha estimado que el 60% de todas las víctimas de tráfico sexual juvenil tienen antecedentes en el sistema de bienestar juvenil
- En promedio, por cada joven que envejece fuera del cuidado de crianza, los contribuyentes y las comunidades pagan $300,000 USD en costos sociales por encima de la vida de una persona, con 26.000 jóvenes que envejecen cada año multiplicado por $300,000 USD por cada uno equivale a $7.8 billones en costo total.

* Estas estadísticas son anteriores a COVID-19, lo que significa que desde entonces han sido exacerbadas.

NOTA DEL AUTOR

Hemos consultado correos electrónicos, mensajes, publicaciones y consultado con varias de las personas que aparecen en el libro, notas y recuerdos para construir esta autobiografía. Para proteger la identidad de algunos de las personas en este libro, hemos cambiado los nombres y recreado el diálogo, sin dejar de ser fieles a lo que realmente sucedió. Ocasionalmente omitimos a personas y eventos, pero solo cuando la omisión no tuvo ningún impacto en la veracidad o la sustancia de la historia. No podemos incluir todo lo que nos ha pasado o lo que hemos superado en este breve libro. La intención de este libro es darles un simple vistazo de nuestras vidas, y cómo hemos vencido los obstáculos en contra de nosotros.

Queremos proporcionar una advertencia de material sensible con respecto a la violencia doméstica, trauma, agresión sexual y más.

NOTA DEL AUTOR

PRÓLOGO

Alexis

Tenía 13 años cuando me convertí en huérfana y bajo la tutela del estado. Mi madre había muerto años antes y mi padre acababa de ser condenado a 15 años de prisión. A los 20, cuando era una estudiante de tercer año en la universidad, había mucho que todavía tenía que entender sobre la forma en que el trauma había moldeado mi comprensión de la vida y el amor.

Justin

Debido a la adicción a las drogas y la negligencia de mis padres, entré al sistema de acogimiento a los 9 años. Viví en cuatro casas durante los siguientes 12 años. Sin el apoyo de los padres, llegué a la Universidad de Western Michigan a los 19 años, mi autoestima era extremadamente frágil. Caos, la pobreza y la violencia habían influido profundamente en mi comprensión del mundo, y mi lugar en él.

PARTE 1: PALABRAS EN UNA TARJETA

Lo que dicen las estadísticas:
65% de los niños en hogares de crianza cambian de escuela siete o más veces desde la primaria hasta la preparatoria. Los jóvenes de crianza pierden entre cuatro y seis meses de progreso educativo con cada cambio de escuela.

Solo 56% de los jóvenes de crianza temporal se gradúan de la preparatoria, mientras que menos de 3% de los jóvenes se gradúan de la universidad.

¿Qué dice Dios?
"Estoy hecho con miedo y maravillosamente"
(Salmo 139: 14).

ALEXIS

DESPUÉS DE CINCO meses de estudio y autodescubrimiento entre las exuberantes montañas verdes y los hermosos árboles de acacia de Ciudad del Cabo, Sudáfrica, volé a casa para enfrentarme a algo que desesperadamente quería evitar. Mientras estaba en el extranjero en 2016, mi novio, Shawn, había estado viviendo en mi apartamento sin alquiler. Éramos novios, si se puede llamar así, durante ocho años, y en ese tiempo, había estado en una montaña rusa de violencia emocional y manipulación. Todo empeoró mientras yo no estaba en casa, y ese fue mi límite.

Se suponía que Shawn cuidaría de mis gatos, Leo, Lily y Leia, a quienes había adquirido por recomendación de mi terapeuta. Los adoraba como lo hace cualquier dueño de mascota, pero debido a recuerdos muy oscuros y específicos, que abordaré más adelante en el libro, su seguridad era de suma importancia para mí. Shawn sabía esto y los usó para infligir tormento. Me dijo que estaba descuidando darles de comer o limpiar sus cajas de arena; incluso les negó agua limpia. Tuve que hacer una serie de llamadas desesperadas a amigos, rogándoles que vinieran a mi casa e intervinieran en nombre de los gatos. Sintiéndome inútil a miles de millas de distancia, Shawn había encontrado la manera perfecta de torturarme y dejarme en un estado de ansiedad crónica.

Shawn victimizando a mis indefensas mascotas de terapia cambió algo dentro de mí. Después de años de abuso, finalmente estaba lista para dejarlo, libre de cualquier sentido de obligación hacia un hombre que claramente no sentía ninguna obligación hacia mí.

Llegué a casa a un apartamento que apestaba a orina de gato. Los artículos del hogar estaban esparcidos por todo el piso. Me enfrenté a Shawn y le dije que no podía fingir que era una forma aceptable de ser tratada. Viví así durante demasiado tiempo y ya fue suficiente.

"Entonces, ¿ya no quieres casarte conmigo?" Se paró en lo alto de las escaleras, gritándome. "¿Ya no quieres tener hijos conmigo?"

Era una señal de la profunda disfunción de nuestra relación que él pudiera haber hecho esas preguntas. Hubiera sido divertido si no doliera tanto.

Me sentí estancada, pero no supe cómo pedir ayuda. Siempre he sido demasiado orgullosa — y temerosa— para pedir apoyo de cualquier tipo. Ciertamente no se me había ocurrido preguntarles a mis padres temporales, Kim y Brian, quienes me brindaron amor incondicional durante siete años. Nunca hubiera pensado que mudarme a casa con ellos fuera una opción. Estaba acostumbrada a resolver todo por mi cuenta. Al crecer, no había tenido mucha supervisión; mi padre biológico siempre estaba en el trabajo y mi madre falleció cuando yo solo tenía seis años. Tenía 13 años cuando entré en el sistema de crianza temporal y desde entonces me he cuidado yo misma. Afortunadamente, mis padres temporales se ofrecieron a ayudarme sin tener que pedírselo.

Kim y Brian me ayudaron a empacar y llevaron todo a su casa. Ellos fueron el salvavidas exacto que necesitaba durante ese tiempo. Pero para aceptar su apoyo, tuve que buscar otro hogar temporal para mis gatos hasta que pudiera tenerlos de nuevo debido a las alergias. Sentí como si los estuviera poniendo constantemente en cuidado de crianza de mascotas, y yo era el padre inestable e irresponsable que no podía apoyarlos. Lo último que quise ser fue un reflejo de mis propios padres biológicos.

Después de mudarme a casa, Kim y Brian me pidieron que les prometiera que no volvería a tener novio durante al menos un año. Querían que averiguara quién era Alexis, sin novio, en realidad. Había salido con Shawn desde los 13 hasta los 21 años y mi identidad había sido completamente subsumida por él.

Entrando en mi tercer año en WMU, me estaba quedando sin fondos de la beca que recibí para pagar mi renta más gastos de manutención, así que decidí solicitar el Programa de Becas Seita, un programa de becas para jóvenes de crianza temporal que reciben educación universitaria. Para aceptar la beca, tuve que vivir en el colegio de Kalamazoo, Michigan, en Western Michigan University (WMU) y era obligatorio participar en la semana de Transición Temprana de Verano (SET): permanecer en el colegio durante una semana con mi cohorte para construir vínculos y comenzar la universidad juntos. Ya había asistido a WMU durante dos años después de transferirme de la Universidad de Michigan-Flint, y sentí que esto era innecesario, pero bueno, ¡había comida gratis durante la semana!

Fue entonces cuando tuve que decidir: quedarme con los tres gatos o aceptar esta beca. Esta decisión me destrozó, pero afortunadamente, tenía un amigo maravilloso que adoptó a Leo y Lily para que pudiera continuar mi educación. Me mudé a Henry Hall en el campus de WMU para comenzar la semana SET.

Kim me envió un mensaje de texto:

Kim: "¡Henry Hall! Es donde Brian y yo vivimos y nos conocimos durante nuestro primer año. :)"
Yo: "¡¡¡Oh, Dios mío!!! Bueno yo estoy con todos los estudiantes de primer año, así que no hay suerte de encontrar a mi alma gemela. Jajaja"
Kim: "¡Nunca se sabe!"
Yo: "¡Lo dudo un poco! Jajaja. Son todos bebés jajaja. Yo me siento tan vieja".

Entre al Bernhard Center, un lugar para que los estudiantes coman, interactúen y formen conexiones, me sentí confiada y linda porque era estudiante de último año, y estos eran "bebés de primer año". Entré a una sala llena de conversaciones. En un intento por aislarme un poco, encontré una mesa donde se sentaban pocos estudiantes, lo cual era casi imposible. El único asiento vacío que pude encontrar fue con otros tres chicos. Un tipo llamado Justin trató de coquetear conmigo comentando sobre mis tatuajes.

Me preguntó sobre mi verano y le dije que acababa de regresar de Sudáfrica y que me había hecho los cinco tatuajes allí en el transcurso de dos días. Estaba sorprendido y muy impresionado por mi valentía al hacerlo. Fue divertido coquetear con él, aunque pensé que era demasiado joven para mí. ¡Justin ni siquiera había comenzado oficialmente la universidad! Su baile de prom había ocurrido solo unos meses antes.

Me senté con Justin y varias otras personas durante el almuerzo. Miré hacia arriba y vi un estudiante sentado en otra mesa quitarse el sombrero y rezar. Hice una pausa y pensé qué hermoso era; nunca había visto a alguien de mi edad hacer eso.

Poco después, un grupo de chicos del equipo de fútbol se sentaron en unas mesas cercanas. Comenté lo "bueno" que estaba uno de los chicos. Una de las personas en mi mesa se puso de pie en un intento de jugar a casamentero y llamó al chico y le dijo que yo quería hablar con él. Estaba mortificada. Se acercó y dijo: "¿Qué pasa?", con cierta molestia presente en su voz. Yo no sabía qué decirle y el chico de mi mesa intervino: "Dale tu número para qué pueden hablar". Instintivamente entregué mi teléfono sin decir nada y él respondió: "Envíame un mensaje de texto" mientras devolvía mi teléfono. Mi estómago estaba lleno de nudos y comencé a sudar. Miré alrededor de la mesa y noté a Justin saliendo del comedor.

El jugador de fútbol me envió un mensaje de texto poco después diciendo "¿Qué pasa? Qué intentas hacer?"

Sabía lo que eso significaba. Honestamente, no esperaba nada más del futbolista porque yo dejé que los hombres me hablaran así por años y dejé que mi cuerpo fuera usado. Traté de ignorar estos sentimientos, pero todavía tenía la idea de que si quería atención o cariño, tendría que renunciar a una parte de mí.

Fui a mi dormitorio para acostarme y revisar mis mensajes de texto. "Al ser soltera, tenía varios chicos enviándome mensajes, pero sabía que la mayoría de ellos solo querían una cosa de mí. Mientras estaba acostada en la cama enviando un mensaje de texto a un chico de la escuela secundaria, Justin me envió un mensaje de texto preguntándome qué estaba haciendo. Estaba de regreso a Detroit y cuando le pregunté por qué, simplemente dijo: "Tengo que ocuparme de algo". Mi primer pensamiento fueron las drogas o una comparecencia ante el tribunal, porque tendía a atraer a los chicos malos. Me sorprendió gratamente cuando me dijo más tarde que tenía que asistir a una ceremonia de premiación. Tampoco pude evitar notar su modestia. No pude evitar notar su modestia".

Durante este tiempo, Justin y yo habíamos estado hablando solo durante tres días cuando me preguntó si podía venir a mi habitación porque yo tenía un ventilador y él no. Una gran parte de mí pensó que él quería venir a mi cuarto para tener relaciones sexuales, pero yo realmente quería compañía y tener alguien con quien hablar. Le dije que podía venir a ver una película y que podía dormirse en el piso. Como muestra de respeto, primero se sentó en una silla de escritorio. A medida que avanzaba la noche, lentamente comenzamos a bajar la guardia y disfrutar de la compañía del otro.

Eventualmente, se unió a mí en la cama y hablamos durante varias horas sobre nuestros estudios, experiencias pasadas y nuestras metas. Incluso le dije que era bienvenido a dormir a mi lado en la cama. Justin hizo algunos avances, pero fue instantáneamente respetuoso cuando le pedí que se detuviera. Lloré en silencio; algo que aprendí a hacer cuando era niña, pero esta vez me sentí segura. No recordaba la última vez que me había sentido así con un hombre. Sintiéndome protegida y segura, me quedé dormida en los brazos de Justin. Al día siguiente, llamé a mi mejor amiga. "Creo que es demasiado joven. ¡No puedo hacer esto!" Me inundó la emoción y el miedo.

Ese día, Justin y yo conversamos antes de que comenzara el programa, y durante ese momento, fuimos las únicas dos personas en todo el mundo. Justin me preguntó si yo era cristiana y si creía en Dios. Me sentí inmediatamente a la defensiva después de tener a un novio ateo durante ocho años que constantemente rechazaba mi fe, sentí extraño que un hombre me preguntara si creía en Dios. No estaba acostumbrada a que los hombres tuvieran expectativas de mí, especialmente con respecto a la religión. De repente, Justin dijo: "Si no encuentras a nadie más para cuando me gradúe, *me* casaré contigo". Sabía que estaba bromeando, pero nunca había conocido a un hombre tan atrevido. Me reí sabiendo que me estaba vendiendo un sueño. *Una familia y una cerca blanca.* Pero era demasiado joven y yo no buscaba pareja.

Al comienzo del programa, dos hombres entraron a la habitación para hablarnos sobre la resiliencia. Nos pidieron a cada uno que anotáramos nuestras experiencias traumáticas en una tarjeta. Fue bastante difícil, pero luego leyeron cada tarjeta en voz alta, de forma anónima. Lloré mientras escuchaba el dolor de los otros estudiantes. Lloré de empatía y lloré porque me di cuenta de que no estaba sola en mi dolor. Otras personas habían pasado por experiencias igualmente dañinas.

Esa noche, Justin me preguntó si me gustaría salir a caminar. Sentía mariposas en el estómago cada vez que me miraba. Nos sentamos en el césped fuera de la biblioteca. "Cuéntame más sobre ti", dijo. Respiré profundo. Durante bastante tiempo, me dijeron que tenía "demasiado equipaje" para que alguien me quisiera.

Avergonzada, miré hacia abajo mientras hablaba, temiendo ver su reacción mientras revelaba mi pasado. *¿Le cuento solo una parte para probar su reacción? ¿Podría amarme con todo mi equipaje, ¿Sería una carga demasiadamente grande para él?*

JUSTIN

Todos estamos en el camino para encontrar la felicidad, pero ¿cuántos de nosotros hemos perseguido al amor de la manera equivocada, y cuántos no sabemos cómo definirlo en absoluto? El propósito era la pieza fundamental que me faltaba y la había perdido de vista.

Era el año 2016. Al ingresar a la universidad, sabía dos cosas: me negaba a ser expulsado de la universidad tener que regresar a Detroit, y quería acostarme con tantas chicas como pudiera. Mi madre adoptiva, la Sra. Cora, me dijo que si me echaban de la universidad, no podría regresar a su casa. Estaba decidido a hacer que esto funcionara de una forma u otra. A pesar de esto, mi mente estaba en las chicas universitarias y, como resultado, decidí abandonar mi fe cristiana cuando llegué allí. Quería finalmente ser parte de algo, parte de un grupo. Odiaba la escuela secundaria y nunca hice verdaderos amigos en ninguno de mis cuatro años, y esperaba que la universidad fuera diferente. Lo más importante es que quería pertenecer, sin importar qué, incluso si eso significaba sacrificar algunas de mis creencias básicas para hacerlo. Tenía la idea de que la mejor manera de hacer amigos de por vida era hacer lo que hacían los otros universitarios.

El primer día de la semana SET de Seita Scholars, tuvimos nuestra orientación en el Bernhard Center. Estaba nervioso y elegí una mesa que parecía segura, donde otros dos becarios de Seita estaban sentados viendo un partido de fútbol. Aunque no me gustaba mucho el fútbol, me gustaban los deportes en general, así que esperaba que pudiéramos entablar conversación. Unos minutos más tarde, otra erudita de Seita vino y se sentó a mi lado.

Esta estudiante, en particular, se comportó de manera diferente a los demás eruditos. "No hay forma de que sea una estudiante de primer año", pensé. Hice lo mejor que pude en una pequeña charla, elogiando sus tatuajes. Ella respondió que acababa de regresar de Sudáfrica, que era donde los había conseguido. Ella me impresionó, pero me intimidó. Además, estaba fuera de mi liga y parecía estar insinuando fuertemente que no estaba interesada en pasar su tiempo con un niño como yo.

Continué mi misión de conocer a tantas chicas como fuera posible. Durante la mayor parte de la semana, me enamoré de una líder estudiantil. Me pareció emocionante hablar con una mujer mayor en un papel de liderazgo. Yo tanto quería convertirme en el "donjuán" que sentía que necesitaba ser. Al final del día, tenía cuatro números de teléfono, pero no tenía el número de la chica que encontré más interesante: la joven tatuada. Ella era intimidante y parecía completamente fuera de mi alcance.

Al día siguiente, la volví a ver en la orientación y traté de hacer charla. Le pregunté si tenía Snapchat y dijo que no. Ella preguntó si tenía Facebook y le dije que no. Esto reveló nuestra diferencia de edad. Finalmente, le pedí su nombre y número de teléfono. Su nombre era Alexis y era soltera. Le dije que parecía madura, más madura que algunos otros estudiantes dentro del programa. No parecía la típica estudiante universitaria que se divertía y se metía con todos los chicos. No podía verla consumiendo drogas o alcohol. Alexis era diferente. Alguien que probablemente tenía expectativas que yo nunca podría cumplir. A medida que avanzaba nuestra conversación, me dijo que acababa de terminar una relación duradera. Por fin entendí por qué estaba tan distante.

Esta vez, nuestra conversación fue un poco más profunda. Me intrigaba y me había interesado mucho en pasar tiempo con ella. Coqueteé con otras chicas toda la semana, pero las conversaciones se agotaron rápidamente. No coqueteé con Alexis. Se comportó como si hubiera visto todos los trucos del libro. Nuestras conversaciones tampoco fueron forzadas. Eran tranquilas y, a menudo, reconfortantes. Estaba en guerra con mi creciente atracción por Alexis. Era mi deseo persistente de ser "uno de los chicos".

Esa noche, hablé con los otros chicos sobre las chicas que les habían llamado la atención durante la semana SET. Esperaba que mencionaran las conversaciones que habían iniciado, y quizás compartieran algunos números de chicas que habían obtenido. En cambio, me dijeron que ya habían tenido relaciones sexuales con algunas de ellas, ¡y solo era nuestro tercer día! Me preguntaron con quién me había acostado y admití que solo había coqueteado. Sentí la tensión de ser un extraño una vez más y sentí la necesidad de darme prisa y dar el próximo paso. Sabía que esto estaba mal. El programa

Seita Scholars está diseñado para ayudar a jóvenes que han vivido en el sistema de acogimiento. Esto significa que la mayoría de las mujeres han sido abandonadas por sus padres y otros seres queridos, lo que hace que muchas de estas mujeres sean extremadamente vulnerables a los hombres que buscan tener relaciones sexuales. Estadísticamente hablando, muchas de estas mujeres probablemente tienen historias traumáticas. Aún así, mi anhelo de vivir un estilo de vida universitaria me obligó a ignorar estos hechos.

Con mi búsqueda imprudente de actividad sexual, comencé a coquetear con la líder del personal estudiantil. Todos me vieron, incluida Alexis. Fui tonto al pensar que podía coquetear abiertamente con varias mujeres sin repercusiones, volviendo casualmente a mi conversación con Alexis en el Bernhard Center antes de comenzar nuestras actividades del día.

Mientras estábamos sentados en la cafetería del Bernhard Center, uno de los futbolistas estrella pasó junto a nuestra mesa con el resto del equipo. Alexis dijo: "¡Dios mío, es hermoso!" Mi corazón cayó a mi estómago. Ella continuó elogiando su apariencia y me sentí extremadamente celoso. Por un segundo, no pude respirar. No estaba exactamente seguro de por qué me sentía así. No estábamos en una relación. ¿Por qué estaba tan celoso? Sentí que hablar con ella me ayudó a sobrevivir la semana de SET. Aunque estaba coqueteando con otras chicas, hablar con ella fue cómodo y fácil. A su alrededor, no tenía que intentar ser un hombre macho. Podría ser yo. Pero después de que ella intercambió números con el jugador de fútbol, supe que cualquier relación que comenzara a desarrollarse entre nosotros había terminado oficialmente. Era exactamente lo que me merecía.

Más tarde ese día, necesitaba ir a un evento de premiación en Southfield, Michigan, aproximadamente a dos horas de WMU. Yo era parte de un grupo de preparación universitaria para jóvenes de crianza temporal y ellos querían hacer una ceremonia de premiación para aquellos que estaban haciendo la transición a la universidad. En el evento, muchos de mis mentores me felicitaron por mi éxito. Estaban muy emocionados de verme llegar a la universidad. Esto me hizo sentir apoyado, pero la presión también estaba en aumento: me di cuenta esa noche de la gran oportunidad que presentaba la educación universitaria. Quería probar cosas nuevas en la universidad, pero tuve que dedicarme a graduarme. Fui el primero de mi familia inmediata en ir a la universidad y solo el segundo de cinco hermanos en graduarse de la escuela secundaria. No solo representaba a mi familia, sino a muchos otros en mi comunidad de Detroit.

Regresé a Kalamazoo alrededor de las 9 o 10 de la noche. La ambición de alta mentalidad voló por la ventana y mis pensamientos se centraron de nuevo en las chicas. Me pregunté quién estaba libre y comencé a enviar mensajes de texto con todos los números que había recopilado. Nadie respondió. Incluso le envié un mensaje de texto a la líder del personal estudiantil que me gustaba para ver si le gustaría ver una película conmigo. Ella respondió, pero me rechazó. Justo cuando estaba listo para terminar la noche, Alexis me envió un mensaje de texto y dijo que podía ver una película con ella esa noche. Sentí una inquietud repentina, ¿qué pasa con su jugador de fútbol? También sospeché que ella no querría tener relaciones sexuales, pero yo me prometí a mi mismo que alcanzaría este objetivo pronto. Fui de todos modos. Estaba solo y un poco deprimido, y la idea de verla me hacía feliz. Mi excusa también fue que no tenía ventilador y estaba empapado en sudor todas las noches mientras el calor de julio incendiaba mi habitación.

Tan pronto como entré a la habitación, sentí la brisa calmante de su ventilador y me relajé en su agradable cuarto. No quería preguntar si podía sentarme en su cama, temiendo que incluso la pregunta fuera una violación de los límites, así que me senté en su silla de escritorio. Hablamos sobre nuestro día y le conté sobre la ceremonia de premiación. Ansiosa por saber más sobre mi nueva amiga, salté directamente a su conversación con el jugador de fútbol.

"Entonces, ¿qué pasa contigo y el muchacho?" dije.

"¿El jugador de fútbol?"

"Sí."

"Noté sus intenciones y no me gustaron. Pensó que yo era "una de esas chicas ', si sabes a qué me refiero".

¿Qué pensaría ella si supiera que yo también era "uno de esos tipos"? Solo buscando sexo... Alexis realmente podía leer a la gente. Ella entendió quiénes eran las personas y qué querían al solo charlar con ellos.

"Todos estos tipos piensan que son mujeriegos". Ella me miró directamente. "Incluso tú", dijo.

Me dio tanta vergüenza.

"Pero sé que en realidad no eres así", añadió rápidamente. "Pones una fachada para impresionar a la gente, pero en realidad eres un bebé", dijo, riéndose de nuestra diferencia de edad.

No buscaba enamorarme durante este momento, pero sentí que Alexis se apoderó de mí esa noche. Disfruté hablando con ella, me sorprendió y me hizo sentir liberado de las expectativas externas. Hablamos y reímos toda la noche, para molestar a su nueva compañera de cuarto. Hablé de los problemas que tuve en el hogar grupal donde vivía antes de llegar a la universidad. Habló de lo maravillosos que eran sus padres adoptivos y que debería conocerlos alguna vez. Nunca había tenido conversaciones como esta con ninguna chicaporque la mayoría de las conversaciones eran principalmente propuestas de sexo, ya sea de mi parte o de la chica, y por lo general también había otra capa: tal vez la chica quería poner celoso a su novio, o querían llamar la atención de otro hombre estando conmigo. Por lo general, era un juego de ajedrez y no tenía nada que ver con la comunicación real. Nunca aprendí que ser real puede hacer que una conversación sea tan fácil, y nunca me enseñaron el valor de la autenticidad. Estar con Alexis era un territorio completamente nuevo.

La personalidad de mujeriego, tal como era, se evaporó en la noche. Ambos compartimos aspectos de nosotros mismos. Sentimos la suavidad de una amistad genuina. Fue una de las noches más intensas que he tenido durante toda mi vida. Ambos realmente necesitábamos ese tipo de apoyo y amistad. Finalmente, nos sentamos en su cama mientras veíamos la película en su computadora portátil. Aproximadamente a los 20 minutos de la película, apoyó su cabeza en mi hombro. Cuarenta minutos después de la película, nos abrazamos. Una parte de mí todavía deseaba tener relaciones, pero ahora no quería interrumpir lo que habíamos comenzado. Aún así, hice algunos intentos vacilantes y ella rápidamente me apagó.

Me sentí un poco avergonzado y sentí que había abusado de su confianza. No estoy seguro de dónde estaría nuestra relación o si nos casaríamos hoy si ella me hubiera dejado tener relaciones con ella esa noche. El sexo habría nublado nuestro juicio y construido una fundación basada en mi necesidad de convertirme en "uno de los hombres".

Nos abrazamos hasta quedarnos dormidos. Esa noche fue perfecta. Aproximadamente a las 4 a.m., me pidió que me fuera antes de que los otros estudiantes sospecharan. Salí de su habitación sonriendo de oreja a oreja.

La semana había sido leve, pero ahora era el momento de afrontar la realidad. Se preparó un grupo de poesía profesional para presentar durante la semana SET. Éramos un grupo de jóvenes adoptivos que entraban en un mundo desconocido por ser estudiantes universitarios de primera generación en nuestras familias y con mucho trauma en nuestro pasado. Éramos unos 30 en nuestra cohorte. Hablando estadísticamente, solo el 3% de los jóvenes de crianza temporal se gradúan de la universidad. Como joven afroamericano en hogares de acogida, mis posibilidades eran aún menores.

En una tarjeta se nos indicó que anotáramos las cosas por las que habíamos pasado y que la gente no sabría al mirarnos. Las tarjetas eran anónimas y teníamos la opción de compartir tanto o tan poco como quisiéramos. No había lidiado con mi trauma y tenía vergüenza de compartir muchas de mis experiencias. Uno por uno, vi a los otros eruditos entregando sus tarjetas cubiertas de palabras. Me sentí avergonzado de estar demasiado avergonzado y asustado de ser vulnerable con mis compañeros. Incluso protegido por el anonimato, no podía hablar de mi pasado. El grupo de poesía comenzó a leer las cartas y la sala se quedó en silencio. Parecía como si la mitad de nuestra cohorte hubiera lidiado con traumas y abusos sexuales. Más tarde pensé para mí mismo que algunas de las cartas sobre el trauma sexual fácilmente podrían haber sido hombres.

Después de que terminamos, Alexis y yo comenzamos a hablar una vez más. Con el grupo de poesía desafiándonos a aceptar nuestras experiencias y sentirnos cómodos con nosotros mismos, nos inspiró a profundizar el uno con el otro. Entonces, le pregunté si creía en Dios. La mayoría de la gente pregunta: "¿Vas a la iglesia?" Sin embargo, dada mi experiencia con la gente de la iglesia, sabía que asistir a la iglesia no necesariamente equivale a una verdadera fe en Dios.

"¡Guau! Nadie me ha preguntado eso". Fue mi turno de sorprender a Alexis.

Pensamientos de preocupación y arrepentimiento perforaron mi cerebro:

¿Cómo pude haber intentado aprovechar las debilidades de estas mujeres jóvenes? Seguramente había decepcionado a Dios durante todo este proceso. ¿Cómo podía llamarme cristiano? ¿Qué tan vergonzoso podría ser?

Comenzamos a hablar sobre nuestras relaciones con Dios. Ella dijo que iba a la iglesia desde que era pequeña, pero no entendió el amor verdadero y la sanación de dios hasta que conoció a sus padres adoptivos. Ambos habíamos tenido malas experiencias con personas religiosas que seguían la propaganda sin comprender los principios del cristianismo. Creo que a los dos nos sorprendió lo íntimo que se había vuelto nuestra conversación. La química salió de un lugar más profundo de lo que me imagine.

Para desahogarnos, jugamos un partido de voleibol con los otros estudiosos. Ella me sonrió durante todo el juego y algo en mí supo que ella sentía lo mismo que yo. La actividad de las fichas se prolongó con toda nuestra cohorte durante el resto de la noche. Alexis y yo fuimos a caminar por el campus, compartiendo historias de nuestro tiempo en hogares de crianza. Por fin, nos sentamos en el cesped y el tono de nuestra conversación cambió.

Miró dentro mis ojos mientras se preparaba a compartir algunos detalles de su pasado. Cuando empezó a compartir, tomé su mano para hacerle saber que no estaba sola y que podía confiar en mi apoyo. La vulnerabilidad que fue necesaria para compartir su experiencia fue inspiradora. Ella era tan brillante, tan inteligente y tan única, a pesar de que había pasado por algunas de las peores cosas imaginables. Al escucharla, me di cuenta de cuál tarjeta le pertenecía a ella. Ella preservó tanto y no sé cómo lo pudo hacer. Este fue el primer paso hacia nuestra búsqueda de la felicidad: un viaje dentro de nuestros pasados, prevaleciendo los obstáculos que aún están presentes en nuestras vidas. Realmente no sabrías la mitad de lo que ha superado Alexis, al solo mirarla.

PARTE 2:
IDENTIDAD

Lo que dicen las estadísticas:
Según factores como el ambiente, el vecindario, la
educación y la influencia de los padres,
el éxito de un niño puede determinarse mediante un radio
de 0.6 millas alrededor de la casa en la que crecen.

Cada 73 segundos, alguien es agredido sexualmente en los Estados
Unidos con 80% a 90% cometidos por alguien que la víctima conoce.

¿Qué dice Dios?
"Te conocí antes de formarte en el vientre de tu madre.
Antes de que nacieras, te aparté y te nombré
tú como mi profeta a las naciones"
(Jeremías 1: 5 NTV)

¿QUÉ ME DIJERON SOBRE MI IDENTIDAD?

(Advertencia)

Solo el 3,4% de todas las violaciones finalmente conducen a una condena del delincuente con al menos dos tercios de los violadores en los Estados Unidos saliéndose con la suya.

Hasta 200,000 kits de violación permanecen sin abrir en el depósito de la policía en todo el país y más de 1.100 solo en Michigan.

ALEXIS

MI PADRE ME rechazó hasta que cumplí los 2 años, cuando mi madre lo persiguió y le exigió que asumiera su responsabilidad como padre. Mi madre falleció cuatro años después, y me mudé a la casa de mi padre biológico a tiempo completo. Él trabajaba periódicamente durante todo el día, dejándome en casa sin supervisión. Yo caminaba solo y pasaba apartamentos de bajos ingresos de camino a casa desde los siete años. Era mi tradición diaria tomar este camino a casa y sentarme frente la televisión a ver *The Maury Show*, un programa ampliamente conocido por las pruebas de paternidad de ADN, pruebas de detector de mentiras, engaños, y adolescentes fuera de control. No sé exactamente cómo empezó, pero terminé viendo *Girls Gone Wild*, películas con clasificación R y un montón de otros programas explícitos después de la medianoche.

Nos mudábamos con frecuencia; mi papá era despedido constantemente y rápidamente encontraba nuevos trabajos. Cada vecindario era el mismo que el anterior, poblado por hombres mayores pervertidos, licorerías en cada esquina y padres que se guardaban para sí mismos a menos que sus hijos estuvieran involucrados en problemas.

A los siete años, comencé a notar que tanto hombres como mujeres me sexualizaban, y rápidamente internalicé este mensaje. Decidí que quería ser modelo de Playboy cuando estaba en sexto grado y mi padre biológico me compró una chaqueta de Playboy. Incluso comencé a decirle a la gente que eso era lo que iba a hacer. En mí *"Diario de la heredera"* de Paris Hilton de sexto o séptimo grado, escribí: *"AMO A LOS CHICOS, soy extrovertida, muy madura, sexy y amo mi cuerpo"*. Las palabras "Loca por los chicos" se repitieron varias veces a lo largo de las páginas.

No recuerdo un momento en el que no tuviera novio, ¡ni siquiera en primer grado! Siempre jugaba a la dama que necesitaba la ayuda de un chico durante el recreo, esperando que alguien me salvara, o pedía jugar a las casitas, y siempre jugaba a ser madre y esposa. Incluso a los seis y siete años, me frotaba con los niños; siempre era yo a quien frotaban, incluso dentro de una casa de muñecas en el sótano de una funeraria con un niño que tenía el doble de mi edad. Claramente, no fui la única niña expuesta al comportamiento sexual a una edad muy temprana.

En la escuela secundaria, los hombres de entre 30 y 40 años me hacían preguntas inapropiadas y me preguntaban si tenía un teléfono para poder enviarme un mensaje de texto. A esa edad, incluso me preguntaron cuál era mi número de cuerpos (es decir, con cuántas personas me había acostado). Estaba rodeada de otros jóvenes de 13 a 16 años que tenían "amigos con derechos" en mi complejo de apartamentos en Flint. Una táctica común entre los chicos que conocía era difundir la idea de que el sexo agrandaría tu trasero. Trágicamente, las niñas jóvenes y vulnerables, con muchas ganas de complacer y ser sexualmente "perfectas", mordían el anzuelo.

Viví con mi madre hasta la edad de seis años, y en ese tiempo, ya estaba siendo abusada sexualmente por miembros de la familia, niñeras, amigos y vecinos, tanto hombres como mujeres. Tengo innumerables historias de cómo los hombres abusaron de su autoridad y fuerza para explotarme; y amigas y niñeras que solo querían "probar cosas" conmigo. Un niño, el hijo de la mejor amiga de mi madre, me persiguió por la casa con una máscara de Scream mientras empuñaba un cuchillo. Me encontró escondida mientras lloraba en el closet. Luego me puso encima de su pene mientras tomaba una siesta. Me quise mover, pero le tenía demasiado miedo.

Luego siguió el hijo de un amigo de mi padre, fingió buscar un control remoto perdido en el sofá para acariciarme las piernas y el trasero. Durante otra noche, me frotó sin mi voluntad, mientras seis niños dormían en el suelo junto a nosotros.

A menudo me quedaba sola con el hijo de la novia de mi padre, que tenía 16 años cuando yo tenía 7. Me llamaba "Sexy Lexy" y también me follaba en seco cuando su madre salía de compras. Lo vi unos días después y no pude soportar mirarlo mientras pasaba junto a nuestro coche. Sentí una vergüenza profunda y dolorosa.

Cuando visitábamos la casa de Greg, un amigo de la familia, él requería que le "hiciera cosas" si quería jugar videojuegos o ver televisión. Si yo protestaba, él decía: "Bueno, supongo que no lo quieres tanto". Tenía unos ocho años en ese momento. Si me quedaba a pasar la noche -- y no hay una manera fácil de escribir esto -- podría esperar ser violada. Él usaba bolsas Ziploc como condones. Aprendí temprano y con frecuencia: si quería algo, tenía que renunciar a una parte de mí a cambio. Aunque esto sucedía con tanta frecuencia en casa, nunca se sintió normal. Algo incluso más profundo que la vergüenza te dice que este tipo de incidentes son incorrectos, patológicos, incluso criminales. Al mismo tiempo, otra parte de su cerebro se insensibiliza para poder sobrevivir.

Una vez, mientras jugaba al escondite con mi hermano, Zach, y su mejor amigo, me escondí detrás del sofá y el amigo "me encontró". Él comenzó a besarme y a tocarme por todo el cuerpo. Solo tenía cinco o seis años cuando pasó esto. Cinco años después, cuando tenía 11 años, el mismo niño vino a mi departamento cuando mi papá estaba en el trabajo. Mi madrina, a quien llamé "tía Bev", vino a ver cómo estaba y como no cerré la puerta de entrada, nos encontró acostados juntos en la cama. Estaba lívida - gritando que saliéramos y que yo estaba castigada porque ella no podía confiar en mí. Estaba increíblemente agradecida cuando nos descubrió. No hubiera querido hacer nada más que intercambiar besos, y no tenía idea de si él estaría dispuesto a dejarlo así, ya que estaba tratando de bajarme los pantalones mientras yo apartaba su mano.

Después que sucediera eso, tuve un novio que vivía en nuestro complejo de apartamentos. Es difícil de creer, pero mi papá me permitió dormir en su casa. Yo dormía en el sofá y mi novio dormía en el suelo a mi lado. Nos quedábamos despiertos toda la noche besándonos y hablando de tener sexo. Era agradable sentirse querida, por cualquier motivo, por alguien de mi edad. También me sentí rebelde; sabía que mi padre explotaría si supiera que estaba permitiendo que otro hombre me tocara de esa manera.

Cuando estaba en sexto grado, había un niño que yo y mi mejor amiga amábamos llamado Jaylen. Vivía en el edificio directamente enfrente de mí. Fui a su casa una vez para ver si quería jugar baloncesto o pasar el rato conmigo. Después de dejarme entrar, cerró la puerta. Lo miré a los ojos y me di cuenta de que algo era diferente. No estaba sonriendo y feliz como solía hacerlo. La cautela y el miedo recorrieron mi cuerpo. Sabía que algo estaba mal. Cuando me acerqué a la puerta, la bloqueó y me tiró al suelo, abrazándome mientras se desabrochaba los pantalones. Luché con él hasta que pude sacarlo de encima, lanzándome hacia la puerta mientras me agarraba el tobillo antes de que pudiera abrir la puerta y escapar. Nunca le conté a mi mejor amiga lo que pasó. No solo eso, sino que solo le dije que debería mantenerse alejada de él.

Este patrón de abuso continuó incluso en la universidad. Cuando estudié en el extranjero en la República Dominicana, mi clase y yo nos quedamos en un resort con todo incluido. Nunca antes había bebido alcohol y de repente, me ofrecieron bebidas ilimitadas. Me subí a un bote con mis compañeros de clase y un hombre adulto del resort comenzó a entregarme bebidas. Cuando estaba casi demasiada borracha para ponerme de pie, me arrastró detrás del bote, trató de bajarme la parte baja de mi traje de baño y me puso mi mano dentro su pantalón. Estaba tan desesperada y tan borracha que mi conciencia entraba y salía. Me peleé con él, y cuando vi a un compañero de clase, grité: "¡No me dejes tomar más bebidas!". Me desmayé, vomité en el barco y me desperté en mi habitación. Mi primer pensamiento no fue: "¿Cómo llegué a mi habitación? ¿Alguien me hizo algo? No ... Fue, "Dios mío, ¿y si Shawn se entera?" El abuso fue secundario al terror de perder a mi novio.

Cuando tenía poco más de veinte años, fui víctima de nuevo. Un sábado por la mañana, después de que Justin y yo empezamos a salir, fui a recibir un masaje a un spa local. Durante el masaje, comencé a quedarme dormida como solía hacer, pero luego me despertó una mano que rozaba mi vagina debajo de la sábana. Mi cuerpo se apretó y me quedé paralizada, esperando a que terminara el masaje. No sabía si lo había inventado en mi cabeza o si lo había soñado, así que ni siquiera se lo conté a Justin hasta que vi un artículo de noticias con la cara de la masajista en la parte superior. Supe de qué se trataba el artículo incluso antes de leer el título.

Es normal que las mujeres jóvenes y vulnerables sufran abuso con regularidad. Al entrar en la edad adulta, cargamos con estas experiencias oscuras y aterradoras que nos han alterado drásticamente, reduciendo nuestro autoestima y capacidad para formar relaciones significativas y saludables con los demás. Apenas somos conscientes de cuánto cambiamos profundamente, no solo por las experiencias en sí mismas, sino por la carga continua de llevar el recuerdo de ellas. Como niñas y adolescentes, internalizamos los crímenes que se han cometido contra nosotras y los procesamos como una vergüenza, como si hubiéramos hecho algo mal, en lugar de haber sido agraviados cuando éramos niñas. Casi inevitablemente, la vergüenza de esa niña se expresa en un comportamiento tóxico ya cuando sea adulta. Las personas que se encuentran con niños abusados cuando son adultos, mostrando lo peor que han aprendido, asumen que somos personas inherentemente tóxicas, sin saber nada de lo que hemos superado y cómo eso da forma a nuestro comportamiento. Mientras tanto, hay otro yo, en lo más profundo: la persona real, enterrada bajo la vergüenza y el dolor.

Mi hermano y yo tenemos padres diferentes. Cuando tenía unos cuatro años, mi padre biológico construyó una casa en un campo de golf cerca de las Cataratas del Niágara, donde vivían mi madre, mi padre biológico y mi hermano Zach mientras mi padre trabajaba en General Motors (GM). No supe hasta años después que mi papá fue despedido por vender cocaína en el estacionamiento del trabajo. Perdimos la casa que había construido y se declaró en quiebra. Después, mi madre nos llevó a Zach y a mí de regreso a Michigan para mudarnos con mi tío Jeff, quien vivía al otro lado de la calle del padre de Zach.

El 30 de mayo del año 2000, estaba en la guardería en Flint cuando el padre de Zach vino a recogernos. Aún recuerdo mis pensamientos exactos - "esto es extraño, Jeff nunca nos recoge. Nuestra mamá nos recoge de la guardería todos los días".

Al día siguiente, fui a clase como de costumbre en la Escuela Primaria Cody.

"¿Disculpe, Señorita Rhodes?", preguntó una voz familiar, la ignoré; yo estaba perdida dentro mi pintura. Por lo general, mi madre se ofrecía como ayudante de la maestra en mi clase de jardín infantil, pero no se presentó ese día.

"¿Está Alexis Sulzman en esta clase?" (Sulzman era el apellido del padre de mi hermano, y mientras vivía con mi madre, era mío). Otra voz - una que yo conocería en cualquier parte - la de mi padre. Miré hacia arriba, sorprendida, e incluso desde la distancia, me di cuenta de que algo andaba mal. Me di cuenta de que la otra voz pertenecía a la hermana de mi padre, la tía Kristy, que todavía tenía puesto su uniforme policial.

Ahora estaban susurrando con mi maestra. No pude entender las palabras, pero vi la angustia pasar por el rostro de mi maestra y un nudo se formó en mi estómago. Su mano voló hasta su boca. Luego bajó la mano y vi que pronunciaba las palabras "Lo siento mucho".

Lo que sucedió en los días siguientes fue borroso. *¿Dónde estaba mi mamá? ¿Dónde estaba yo?* Este cuarto parecía vacío, solo con mi papá, Zach y yo en él, y una gran caja de madera sentada en frente. La caja era de color marrón oscuro con barandillas plateadas a los lados. El estuche rectangular parecía como si alguien lo hubiera cortado por la mitad, dejando al descubierto el interior, que era de un hermoso color crema o marrón claro. También había una almohada grande allí, con alguien descansando encima de ella.

"¿Está durmiendo?" Le pregunté a mi papá. Hizo una mueca, pero nunca respondió. Él estaba de pie a mi lado, mirándola con una mirada distante y sin vida en su rostro. Su barbilla temblaba y sus ojos rojos. Todavía no podía comprender lo que estaba pasando. Ella estaba ahí acostada con las manos cruzadas, una encima de la otra, sobre su pecho.

Murió el 31 de mayo del año 2000. Más tarde, mirando los registros judiciales, descubrí que mis padres habían estado peleando por mi custodia. Nunca descubrí los detalles. Tal vez mi padre solo quería hacerle la vida más difícil a mi madre, o tal vez no quería verse obligado a pagar la manutención de los hijos. El caso se cerró en marzo del 2000, apenas dos meses antes de su muerte.

Diez años más tarde, durante mi segundo año de secundaria, corrí en el equipo de atletismo y me preparé para un relevo 4x200. Por lo general, mi mejor amiga India era la ida y yo era el ancla, pero esta vez fui la ida. Mi tío Jeff y mi hermano me apoyaron durante esta competición, solían hacerlo una vez al año, ya que estaba a una hora en coche de Flint. Justo antes de la competición, estaba en el vestuario preparándome cuando mi tía me dijo por teléfono que mi madre se había suicidado. Le envié un mensaje de texto a mi hermano, que estaba sentado en las gradas. Él respondió: "Sí, lo sabía". Me sentí traicionada. Teníamos la promesa de que si alguna vez sabíamos la verdad sobre mamá, seríamos los primeros en decirnos el uno al otro. Durante años, nos dijeron que se cayó en el trabajo y se rompió el cuello. No me tragué la mentira porque cuando les preguntaba a los miembros de la familia sobre la muerte de mi madre, me decían que le preguntara a mi padre o "ya lo sabes". Mi mamá desapareció y asumieron que aceptaría su muerte sin explicación y de alguna manera lidiaría con ella.

Me quedé en el vestuario, perdiendo mi relevo y otras carreras. Ya no me importa la carrera. Mi entrenadora, la Sra. Pollini, vino a ver cómo estaba y después de contarle la verdad, me preguntó si me gustaría sentarme durante el resto de la carrera. Me impresionó porque ella nunca nos daba permiso de faltar a las prácticas y mucho menos a las competiciones. Apenas podía hablar entre lágrimas, pero logré decirle que quería estar sola.

En documentos judiciales que encontré más tarde, mi padre culpó del suicidio de mi madre a su despido del trabajo. "Mi vida ha sido destruida por alguien que me acusa de dos transacciones de cocaína ... Me han despedido [de GM] y ahora mi exnovia y madre de mi hija se ha suicidado por este asunto". De nuevo en otro documento, "Por favor, investigue mi caso. Mi hija y yo - su madre se suicidó - realmente lo agradeceríamos".

Me habían dicho que se había resbalado y caído, rompiéndose el cuello. En realidad, se ahorcó en el trabajo, en un restaurante llamado Ponderosa en Flint, donde trabajaba como mesera. Los ahorros de toda su vida (exactamente $ 15,600 en billetes de cien dólares) estaban metidos en su delantal verde adornado con botones fotográficos con la cara mía y de Zach.

Zach y yo nunca recibimos el dinero que estaba destinado a nosotros. *¿Se suicidó porque sabía de lo que mi padre era capaz? ¿Estaba tratando de protegerme? ¿O estaba tomando el camino más fácil, abandonándome en el proceso?*

Años después, mientras trabajaba en Target, escuché a compañeros de trabajo hablar sobre sus experiencias laborales más locas. Una mujer, Tameka, dijo que tuvo que seguir trabajando después de descubrir a alguien que se había ahorcado en el baño.

Me quedé helada. Luego corrí a la vuelta de la esquina.

"¿Eso pasó en Ponderosa en Flint?"

Ella pareció sorprendida. "Sí ¿Por qué?"

"¿Se llamaba Linda?"

"Sí."

"Esa era mi mamá".

Corrí al baño y me senté en el suelo. Finalmente había conocido a alguien que la conocía.

Tameka me ayudó a contactar a otras personas que habían trabajado con ella. Quería intentar llenar los vacíos de quién era mi madre y qué sucedió realmente.

Me dijeron que mi madre tenía un miedo increíble cada vez que un hombre en particular entraba en Ponderosa y se sentaba en la cabina trasera. Corría a la cocina y le decía a un compañero de trabajo que no se sentía segura, que un hombre la estaba mirando desde atrás. Estoy segura de que mi padre biológico estuvo involucrado de alguna manera.

Antes de que mi madre muriera, solo había pasado los fines de semana con mi padre. Después, tuve que mudarme con él a tiempo completo. Comencé una búsqueda de una figura materna, llamando a casi todas las mujeres de mi vida "mamá". Noté que mi hermano hacía lo mismo: solo salía con madres solteras.

Nos mudábamos mucho, y recuerdo al menos una vez cuando mi padre y yo estábamos sin hogar, yendo de un sofá a otro por las casas de sus amigos. Pero lo que recuerdo con más claridad es que fue entonces cuando comenzó mi abuso.

Siempre olí whisky de la marca Canada House en el aliento de mi padre. Tomaba al menos un vaso cada noche. Primero, vertió un poco de hielo, luego un poco de coca, y luego el licor, removiendo con el dedo antes de succionar el licor, un sonido que nunca olvidaré. Fácilmente podría beber un quinto al día. Una noche se emborrachó tanto que se cayó camino a la cama y se abrió la cabeza contra el marco de la puerta.

Lo que comenzó como "solo" tocarme empeoró con el tiempo. Primero me tocaba la pierna como su forma de señalizar: es hora. Se aclarabaó la garganta antes de entrar a mi habitación, y luego olía el alcohol en su aliento, flotando a través de la oscuridad. Después, escuchaba que se desabrochaba el cinturón y se desabrochaba los pantalones. Me congelaba, recostada como un palo encima de la cama, boca abajo, con los brazos cruzados debajo de mi pecho y cruzaba mis piernas a la altura de mis tobillos, esperando que esto lo disuadiera. Tocaba mi pierna. *Aquí vamos de nuevo. ¿Cuándo terminará? Dios, por favor haz que se detenga.* Empezaba a pensar sobre las cosas que tenía que hacer al día siguiente: jugar baloncesto, estar con amigos, cualquier cosa que ayudara a mi mente a escapar de lo que me estaban haciendo.

Mi padre biológico abusó sexual, mental y físicamente de mí durante ocho años.

Cuando terminaba de violarme, volvía a su habitación. Si me escuchaba llorar, gritaba a través de la pared: "Deja de llorar antes de que te dé algo por lo que llorar".

Me metí en problemas en primer grado por pasar notas sobre tener sexo. Cuando el director me preguntó de dónde saqué estas ideas, culpé a mi hermano mayor por hablar de sexo a mi alrededor.

En sexto grado, mientras vivíamos en los apartamentos llamados Maplebrook en Flint, encontré pornografía en la habitación de mi padre. Creo que mi papá quería que la encontrara. A veces miraba pornografía mientras me hacía cosas, preguntándome si quería probar las cosas que los adultos hacía en la película. Me enseñó a darme placer en la ducha e incluso se quedaba allí a verme de vez en cuando.

Al vivir en el piso inferior de nuestro edificio de apartamentos, era fácil ver el interior de nuestro apartamento si las persianas estaban levantadas. Por la noche, mantenía mi ventana abierta con las persianas levantadas solo unos centímetros. Una noche, mientras estaba acostada en la cama, me di la vuelta y vi a un niño mirando por la ventana. *¿Cuánto tiempo había estado allí sentado? ¿Me vio desnudarme?* Grité, lo que hizo que mi padre corriera a mi habitación y que el chico se escapara. Pasaron algunas semanas cuando me di cuenta de que el mismo niño nos miraba por la ventana después de que mi padre había terminado. Oh no, *¿vio lo que acaba de pasar?* Tenía miedo de que supieran lo que yo hacía. Ya había internalizado el crimen de mi padre como si fuera mío y me sentía profundamente avergonzada por el tiempo que me obligaba a pasar con él.

Años después, le conté sobre mi trauma a un niño llamado Deon, él era varios años mayor que yo, y reaccionó a mi historia de una manera extraña. "Vaya", dijo, "tu padre tiene corazón por mirarte a los ojos mientras te hacía eso". La expresión significaba coraje: Deon estaba expresando admiración por la desvergüenza de mi padre. Fue impactante y grotesco, pero ahora sirve como un recordatorio de que gran parte de mi comunidad estaba impregnada de patología. Hubo muchos otros niños, y adultos, que no respondieron a mi difícil situación con el horror o la indignación que yo esperaba. Si bien no todos los niños estaban siendo abusados por su padre, ahora tengo claro que había un sistema de valores patológicos dentro de los círculos en los que viajábamos, algo que corroía la seguridad y la felicidad de los niños que crecían dentro de ellos.

Contemplé matar a mi padre varias veces. De la cocina, cuando descargué el lavavajillas, podía ver la parte de atrás de su cabeza mientras bebía y miraba la televisión. Sosteniendo un cuchillo, me encontré imaginando cómo sería ser libre. ¿Qué pasaría si pudiera terminar con el abuso sexual, los gritos, el ser llamada perra una y otra vez? Traté de imaginarme el cuchillo deslizándose dentro de él, ¿funcionaría siquiera? ¿Qué pasa si me quita el cuchillo y me mata? Traté de imaginarme las sirenas y la ambulancia y los coches de la policía rodando por nuestra calle, las luces en las ventanas, pero no pude hacerlo. Las consecuencias de ir a la cárcel superaban la libertad.

Nunca hablábamos realmente, solo nos gritábamos el uno al otro a todo pulmón. Nunca se llamó a la policía; los vecinos solo golpeaban nuestro techo con escobas o sus pies para tratar de hacernos callar.

Empezó a tener más coraje. Cada verano, íbamos a Carolina del Norte con familia y alquilábamos una casa en la playa. Mi papá y yo siempre compartíamos una habitación y él me violaba con la familia en la habitación de al lado. Siempre me decía que actuara feliz y yo fingía una sonrisa cuando había gente cerca.

Le tenía un miedo mortal a mi padre. En sexto grado, recibí una B- en una clase y durante el último día de clases, no me fui hasta que había negociado mi camino hasta una B. Me quedé una hora para completar la asignación de crédito adicional requerida, porque sabía lo que me esperaba en casa si no lo hacía.

En séptimo grado, usé tanga para ir a la pista de patinaje un viernes por la noche. Cuando salí del auto, me incliné para agarrar mi bolso y él vio la tanga. Me hizo salir del auto, inclinarme para que él pudiera verlo, volver al auto y luego me dio una cachetada en la cara. Estuve castigada durante cuatro días.

Pensé que el abuso era normal. No me di cuenta de que no hasta que le dije a dos de mis mejores amigas en el séptimo grado. Empecé a enviarles mensajes de texto diciendo "Pasó de nuevo" cada vez que me atacaba.

Grabaron esto en sus calendarios telefónicos, sin que yo lo supiera. Esto ayudó a mi caso, una vez que finalmente se lo dije a las autoridades.

Todas las noches escuchaba "Imagine Me" de Kirk Franklin. Tocaba la canción después de que mi papá terminara su rutina, mientras envolvía mis brazos alrededor del cuello de mi perro Jake, llorando en su pelaje blanco y negro de mármol. Me dio esperanza. Me hizo sentir segura. Escuché esta canción una vez cuando fui a la iglesia con un amigo y me aferré a la letra ...

> Imagíname
> Amar lo que veo cuando el espejo me mira porque yo
> Me imagino
> En un lugar sin inseguridades
> Y finalmente estoy feliz porque
> Me imagino
> Dejando ir a todos los que me lastimaron
> Porque ellos nunca me merecieron
> ¿Me imaginas?
> Decir no a los pensamientos que intentan controlarme
> Recordando todo lo que me dijiste
> Señor, ¿puedes imaginarme?
> Sobre lo que dijo mi mamá
> Y sanado de lo que hizo mi papi
> Y quiero vivir y no volver a leer esa página
> Imagíname, siendo libre, confiando totalmente en ti, finalmente puedo
> Imagíname
> Admito que fue difícil de ver
> Estás enamorado de alguien como yo
> Pero finalmente puedo
> Imagíname
> Siendo fuerte
> Y no dejo que la gente me derribe
> No obtendrás esa alegría esta vez
> Puedes imaginarme

¿En un mundo (en un mundo) donde nadie tiene que vivir con miedo?
Por tu amor, el miedo se fue
Me imaginas
Dejando ir mi pasado
Y me alegro de tener otra oportunidad
Imagíname de Kirk Franklin
*Traducción Libre

Mi padre biológico siempre amenazaba: "Si alguna vez me pasa algo, te irás a vivir con Mark y Karen (mi tía y mi tío)". Yo respondía: "Sobre mi cadáver".

Nunca me gustó ir a su casa. Siempre demostraban sonrisas falsas, sin conexiones reales, y mi padre siempre decía cosas horribles sobre ellos. El abuso empeoró tanto en sexto grado que le dije a un consejero en la escuela. Cuando CPS vino a mi casa, negué que me hubieran abusado.

Esa noche, recibí una de las peores palizas de mi vida. Me pateó con sus botas con punta de acero, que usaba porque trabajaba en la construcción. Pateó la pared, dejando un agujero. Se fue y tuve que limpiarlo a pesar de las lágrimas y el dolor. Fui a ver a mi vecina, que era la madre de mi amiga y también mi niñera en ese momento, y le dije que me había pateado y que tenía que ir a limpiarlo. Todo lo que dijo fue: "Será mejor que hagas eso antes de que él llegue a casa".

A partir del sexto grado, se me permitió ir al centro comercial durante horas y horas. Mi padre nos dejaba a mis amigas y a mí cuando el centro comercial abría y nos recogía cuando cerraba, o tenía que estar en casa a las 9:30 p.m. si encontrara un aventón a casa. No le importaba cómo llegara a casa, solo eso. Por supuesto, nos metíamos en problemas en el centro comercial, paseábamos en carritos, nos echaban y nos prohibían volver. Mis amigas tenían sexo en los baños, y buscábamos los números de los chicos y nos besábamos en el costado del edificio. No podía entender por qué siempre fui la última opción cuando los chicos venían a hablarnos.

Un sábado, nos iban a dejar y tenía a todas mis amigas en el coche. Estoy segura de que dije algo y mi padre me golpeó con tanta fuerza que me empezaron a sonar los oídos. Me llamó perra y me llevó a casa. A veces se sentaba en su silla Lazy Boy frente al televisor y me obligaba a pararme a su lado izquierdo para que estuviera lo suficientemente cerca para abofetearme y degradarme, gritando que yo era una perra *igual a mi madre*. Me estremecí de miedo cuando el escupitajo de sus palabras aterrizó en mi rostro. Mi cerebro juvenil trató de darle sentido a esto. ¿Podría ser su resentimiento hacia mi madre lo que lo llevó a abusar de mí?

Mientras mi situación seguía deteriorándose, mi amiga Jasmine le contó a su madre lo que me estaba pasando. Su mamá me llamó para invitarme a cenar, y como pasaba el rato allí todo el tiempo, a veces pasando la noche, no pensé en eso. Cuando llegué allí, Jasmine no estaba en casa. Solo éramos su mamá y yo. Me preguntó si había algo que quisiera decirle y me prometió que no se enojaría. Pensé que tal vez me había pillado haciendo algo que no debería haber hecho. Luego reveló que Jasmine le había contado todo. Yo sabía que ella sabía. Ella me dijo que tenía una semana para contárselo a alguien antes que ella lo hiciera.

Casi una semana después, el 1 de junio del año 2007, fui al concierto de Soulja Boy con algunas amigas. Tuve que discutir con mi papá porque él no quería que fuera a ningún lugar con una multitud de gente afroamericana. Además de sus otras toxicidades, mi padre era racista y estaba lleno de odio. La madre de mi amiga logró persuadirlo de que me dejara ir.

Al día siguiente, me dejó en el Courtland Mall, como de costumbre. Me había metido en una mala pelea con una de mis amigas cercanas, Mya, y nadie en mi grupo social quería hablarme. Para colmo, vi al primer chico con el que había tenido relaciones sexuales: mi primer "amor" en el centro comercial con otra chica. Fui al Staples de al lado para estar sola, llorando en el baño y aterrorizada de ir a casa porque ya no tenía transporte y el centro comercial iba a cerrar pronto. Mi amiga Aaliyah vino a buscarme y me llevó a casa. Nos apuramos, pero aún así llegamos unos minutos tarde. Estaba borracho de nuevo. Lo sabía, porque cuando entré por la puerta, él inmediatamente comenzó a golpearme, empujándome contra la pared. Me caí y cuando volví a levantarme, me tiró contra la pared y escuché un *pop*. Me había dislocado el hombro. Había un estante de pelotas de golf en la pared y él las agarró y comenzó a arrojármelas con toda su fuerza, las pelotas golpeándome o rebotando en la puerta detrás de mí. Me agitaba, y yo intenté cubrirme la cara, con la pierna levantada tratando de bloquear los golpes.

Le rogué que me llevara al hospital esa noche, me obligó a seguir mi rutina normal de limpiar el baño y sacar al perro a pasear con poco o ningún movimiento en mi brazo. Llamé a todos mis amigas y les conté lo que había sucedido. Ya no me importaba. No pude ocultarlo más. Afortunadamente, no estaban enojadas conmigo y solo quisieron ayudarme.

Al día siguiente, me desperté para ir a la iglesia con Aaliyah, como hacía a veces. Fue insoportable tomar una ducha. Ya no podía llorar en silencio por el dolor. Él me escuchó, e irrumpió en mi habitación diciendo:

"¿A dónde diablos crees que vas?"

"¡Voy a la iglesia!"

"¡No, diablos, no vas a ir a ninguna parte!"

Salí corriendo de la casa sin nada más que la ropa en mi espalda y me negué a parar de correr hasta que llegó la mamá de Aaliyah. Antes de que terminara el servicio de la iglesia, fui al baño y traté de calmarme. No tenía idea de qué hacer. Solo sabía que no podía regresar a casa.

Salí del baño y mi amiga me dijo que mi brazo estaba azul. Traté de ocultarlo, pero era difícil hacerlo con una camiseta cuando un brazo era claramente diferente al otro. Todo el mundo parecía tener prisa por seguir con su día, pero yo estaba entrando en pánico. No pude ir a casa. Subimos al auto de la mamá de Aaliyah. Había al menos siete personas en el auto, los hermanos de Aaliyah, sus padres y el mejor amigo de su hermano. Estaba enviando mensajes de texto frenéticamente a Aaliyah (que estaba sentada en el asiento trasero más alejado) diciéndole que no podía ir a casa y que no sabía qué hacer. Dijo que se lo iba a decir a su madre, que resultó ser policía. Le rogué a Aaliyah que, en su lugar, convenciera a su madre de que me dejara ir a casa con ellos, pero dijo que no era una opción porque tenían planes ese día. Aaliyah, aterrorizada ante la idea de que me fuera a casa, le gritó a su madre en la parte delantera del coche.

"¡Mamá, Alexis no puede ir a casa!"

"¿Por qué?", preguntó su madre. Me congelé en el asiento trasero, sin creer que eso estuviera sucediendo realmente.

"¡Su papá ha estado entrando en su habitación por la noche y la toca inapropiadamente!"

Todos voltearon a mirarme, yo estaba congelada por el miedo de lo que sucedería, pero también aliviada de que el secreto hubiera sido descubierto. Nadie dijo una palabra.

Su madre inmediatamente detuvo el auto. Volteó hacia mí.

"¿Es eso cierto?", preguntó en voz baja. Estaba increíblemente asustada de admitirlo. Otra amiga me susurró que si así fuera, podría irme a vivir con ella. Esto me dio valor y logré susurrar la palabra "sí".

La madre de Aaliyah me llevó de regreso a su casa y llamó a la policía. Llegó una ambulancia para llevarme al hospital, y recogieron los teléfonos móviles de todas como posibles pruebas. No tenía nada más que la ropa que había usado para ir a la iglesia.

En el hospital, me desnudé, me puse una bata y levanté las piernas en los estribos. La enfermera me limpió la vagina con un kit de violación. Jasmine y su madre estaban cerca para apoyarme. Debido a que habían pasado unos días desde el último incidente, no encontraron ninguna evidencia. Les dije que si iban a mi casa y probaban las sábanas, encontrarían algo.

El médico entró y dijo: "Tu tía está de camino a recogerte". Mi corazón dio un vuelco. Podía escuchar a mi papá decir: *"Si alguna vez me pasa algo, tendrás que irte a vivir con Mark y Karen. Es un acuerdo familiar"*. No habría dicho nada si hubiera sabido que tendría que vivir con ella. Mi papá siempre había usado eso como una forma de hacer que me quedara callada. Me sentí completamente traicionada, mi amiga me había prometido que podría vivir con ella. Era demasiado joven para entender que legalmente no podía mudarme a donde quisiera.

Ahora, tendría que alejarme de todo lo que conocía y amaba para vivir con personas con las que odiaba pasar las vacaciones y tendré que asistir a mi novena escuela diferente (la secundaria es mi décima). A Jake lo habían dejado en su jaula durante días porque habían arrestado a mi papá y no teníamos a nadie que fuera a ver cómo estaba. Tenía hambre y era agresivo y hubo que sacrificarlo en la perrera. Lo único que me consoló a través del abuso de mi padre, murió.

Jasmine, con quien se suponía que debía vivir, la única justificación que tenía para contarlo, se mudó fuera del estado poco después. Algo en mí se rompió después de esto y me aparté de cualquier impulso consciente de encontrar una figura materna.

Durante los meses siguientes, mi padre biológico llamaba a la casa de mis tíos, tratando de hablar conmigo, hasta que establecimos una regla de no contacto. Cada vez que sonaba el teléfono fijo, el corazón se me caía al estómago con una ansiedad insoportable.

Entre este momento y su juicio, tuve que dar una declaración al menos cinco veces a varios oficiales y a una trabajadora social. Luego, el 21 de octubre de 2008, testifiqué contra mi padre en un tribunal de justicia. Recién había comenzado el noveno grado. Esta fue una de las cosas más difíciles que he tenido que hacer: recordar, frente a familiares y extraños, cada detalle de mi abuso.

Le había escrito una carta al juez antes del juicio, pidiéndole que solo le concedieran ocho años, la duración exacta de su abuso. Al concluir el juicio, se puso fin a su patria potestad. Oficialmente era huérfana. Cuando se llevaron a mi padre, también dejé de buscar una figura materna o alguien que me protegiera. Sabía que tenía que resolverlo todo por mí misma.

El 24 de noviembre de 2008, volví a Flint para asistir a su sentencia. Pensé que testificar era difícil, pero esto podría haber sido aún más difícil. Se disculpó por lo que hizo y dijo que había encontrado a Dios. Dijo que esperaba que lo perdonara. Salí corriendo de la sala del tribunal llorando. No le creí. Le había mentido a tanta gente, había negado el abuso durante tanto tiempo, me había lastimado de muchas maneras. ¿De repente había encontrado a Dios? Todavía intentaba retrasar su condena al cambiar de abogado y apelar. No se arrepintió y no pude perdonarlo.

Recibió seis cargos de abuso infantil en primer grado, el más grave de los cargos de abuso infantil, y fue sentenciado a un mínimo de 15 a 25 años de prisión.

Nunca me tomé un tiempo fuera de la escuela durante este proceso. Mi tía Karen y mi novio en ese momento, Shawn, me apoyaron y simpatizaron con la tensión que esto me estaba causando. La escuela fue una distracción y me sirvió como mecanismo de afrontamiento. **Mi educación era lo único que nadie podría quitarme.** Solía sacar la cantidad máxima de libros de la biblioteca escolar y los leía todos a la vez. Cuando vivía con mi tía, creaba tareas extra para mí además de mis asignaciones diarias y hacía un seguimiento de la práctica para no tener que participar o socializar. *No puedo meterme en problemas por no hablar o no participar si estoy haciendo la tarea, ¿verdad?* Me sentaba a la mesa inmediatamente cuando llegaba a casa desde la práctica de atletismo hasta que llegara la hora de dormir, todas las noches.

Después de que mi papá fuera a la cárcel, le escribía cartas a la familia. Encontré estas cartas en 2018, mientras limpiaba la casa de la tía Bev después de su muerte. Él había escrito que lo había inventado todo porque quería mudarme y vivir con mi mejor amiga. Ahora estaba demasiado metida entre las cartas, escribió, y no podía retractarme de mi historia. Añadió: *No sé qué más pensar. He estado destrozando mi cerebro como loco tratando de resolver esto. Realmente pensé que nuestros problemas pasarían y que todo esto era solo una fase de su vida que pasaría. Todavía no puedo creer que me odiara tanto como para hacerme esto. Realmente creo que ahora está demasiado asustada para echarse atrás".*

Por supuesto. Lo inventé todo, ¿verdad?

A menudo digo que tengo suerte porque mi familia me creyó inequívocamente. Me han dicho que han habido señales a lo largo de los años: él les decía a los parientes que yo tenía "bonitas tetas" o un "culo regordete", y que actuaba de manera diferente cuando él estaba cerca.

Después de unos meses, fui a visitar a Aaliyah. Su madre me preguntó: "¿Estás molesta por irte a vivir con tu tía porque no puedes ser" rápida?" refiriéndose a ser promiscua a una edad temprana.

Me quedé sin palabras. ¿Era alguien que había sido abusada sexualmente a la edad de 13 años simplemente "rápida"? ¿Era esta una pregunta apropiada para una joven que había sido violada y victimizada por su propio padre durante casi una década? La madre de Aaliyah era agente policial. Si ella no tenía idea de cómo entender la perspectiva de un sobreviviente de abuso, lo confuso que ya era mi mundo por lo *joven* que *todavía* era, ¿quién lo haría?

¿QUÉ ME DIJERON SOBRE MI IDENTIDAD?

La comunidad negra comprende aproximadamente el 40% de la población sin hogar, el 50% de la población carcelaria y el 45% de los niños en el sistema de acogida.

Casi el 70% de las familias negras son hogares monoparentales.

JUSTIN

MI IDENTIDAD ERA imitar a quien recibiera más atención a mi alrededor. Mis padres estaban ocupados haciendo lo suyo y los traficantes de drogas de nuestro vecindario nos cuidaban regularmente. En mi vecindario de Dexter Ave en Detroit, los traficantes de drogas tenían todo: el dinero, las chicas y la atención. Aproximadamente a los siete u ocho años, en realidad quería ser uno. Me vestí como ellos se vestían y hablaba como ellos hablaban. Cuando tenía ocho años y tenía un cabello súper suave que nunca cepillaba, me veía tonto usando un durag, pero se había convertido en un reflejo de en quién me estaba convirtiendo.

Los traficantes de drogas a veces son vistos como villanos monstruosos por la gente fuera del barrio. Pero la mayoría de los niños que crecen en el barrio idolatran a los traficantes de drogas locales, viéndolos como lo más cercano al éxito. En barrios como el mío, estos tipos eran como celebridades. Glorificamos sus relojes Rolex, nuevos Jordans y autos exóticos. Mis hermanos y yo siempre les hacíamos favores. Si se estaban relajando en la cuadra y querían comida, nos daban una factura de $50 para ir al restaurante Coney Island a la cuadra cercana por una hamburguesa con queso deluxe de $5. Después de traer la comida, nos decían que nos quedáramos con el cambio. Esto les dio un impulso de ego y nos hizo adorarlos aún más.

Teníamos un aro de baloncesto frente a nuestra casa que siempre usaban. Era un borde viejo y chungo donado por una iglesia. La mayoría de los distribuidores nos pagaron para usarlo a pesar de que eran intimidantes y realmente no necesitaban preguntar. Creo que querían mostrar respeto o hacer alarde de algo de su dinero. Apostaban cientos de dólares en tiros en suspensión. Después de perder su dinero, lo duplicaban, gastando aproximadamente $500.00 USD o $600.00 USD apostando en juegos. Todos los niños se reúnen alrededor de nuestra casa para ver quién ganaba. Se convirtió en un espectáculo con todo el bloque como público. Yo era el niño que atrapaba rebotes y se los pasaba, solo tratando de llamar la atención.

Tener el aro de baloncesto frente a nuestra casa hizo que nuestra casa fuera conocida en todo el vecindario. Parte de la razón por la que idolatramos a estos tipos era porque nos cuidaban. Vieron cómo vivíamos, así que algunos de los comerciantes nos dieron su ropa vieja y, a veces, un poco de dinero si les hacíamos un favor. Éramos niños sucios en la cuadra que fácilmente éramos los más pobres de nuestro vecindario.

Los distribuidores con los que pasábamos el tiempo no le vendían drogas a mi madre. Eso puede parecer extraño, pero hicieron que nuestra situación fuera menos estresante. Algunos de los distribuidores se mostraban tranquilos y se sentían mal por nuestra familia, pero otros no. Los traficantes que le vendían a mi mamá siempre eran amenazantes e intimidantes. Recuerdo que unos traficantes llamaron a la puerta buscando a mi madre. Asustada por el peligro que podrían infligir, susurró con un tono de voz tembloroso: "Si 'tal y tal' llaman a la puerta, dígales que no estoy aquí". Sabía que les debía dinero y la violencia de la comunidad se arrastró hasta nuestra puerta principal.

Los problemas de mi madre empezaron a afectarme personalmente cuando me quitó dinero cuando era niño. Incluso en ese entonces, tenía una mentalidad emprendedora: vendía chetos y dulces que compraba en la tienda a un precio más alto y reinvertía el dinero que ahorraba. Apenas gasté el dinero en mí mismo, ahorrando cada centavo que ganaba en un tarro de galletas transparente en la mesa de la sala. Lo dejé allí sabiendo que podía confiar en todos en la casa. Cada dólar que obtuve de los traficantes también lo guardaba en el tarro de galletas, casi ahorré $30.

En un pánico repentino, mi mamá me dijo que necesitaba el dinero para pagarle a mi abuela. Sabía que era mentira, pero obedecí sus deseos y le entregué el dinero. Después de intentar relanzar mis ahorros, mi hermano André me robó la mayor parte para comprar marihuana. Con numerosas adicciones en un hogar, tener dinero en casa se convirtió en un proyecto fallido.

La adicción a las drogas de mi madre nos llevaría a un punto en el que uno de los traficantes del barrio amenazó con disparar contra nuestra casa. Inmediatamente fuimos a la casa de un amigo a unas cuadras de la calle hasta que las cosas se calmaron. Cuando era niño, no estaba tan preocupado por la situación. Me había familiarizado con sus amenazas y pensé que no pasaría nada. Lo único que recuerdo es que nos quedamos al lado de una cancha de baloncesto y que la gente con la que vivíamos comía cereal. Mientras disfrutaba del dulce sabor de Frosted Flakes casi tres veces al día, no me molestaba.

Mi transición al sistema de crianza juvenil fue salvaje. Mi madre y padre estaban separados durante este tiempo y mi madre se juntó con un novio que le apoyaba su adicción junto con otros malos hábitos. A principios de octubre del 2005, mi madre le dio la bienvenida a una ex-compañera de trabajo para que se quedara con nosotros mientras escapaba de una relación abusiva. Mi madre tenía un corazón para aquellos que sufrían abuso físico porque había lidiado con problemas similares con mi padre. Aunque era adicta a las drogas, mi madre consolaba a los débiles y necesitados. Si una amiga nuestra se quedaba sin hogar, sin dudarlo le ofrecería un sofá o nuestro cuarto como refugio. Mi mamá trató de asegurarse de que nadie a su alrededor tuviera que sufrir. Desafortunadamente, la adicción la cegó del verdadero sufrimiento que vivimos bajo su techo.

Su ex-compañera de trabajo solo se quedó con nosotros por una semana, pero sí notó la calidad de vida que llevábamos. Estuvimos atrasados en el alquiler durante meses y regularmente sin agua caliente ni calefacción. El refrigerador siempre estuvo vacío hasta que llegara el primer día del mes cuando recibimos nuestros cupones de alimentos. Cientos de cucarachas se dispersaban en las habitaciones una vez que se encendía la luz. Vivíamos con cucarachas, chinches y cualquier otra cosa que se te ocurra.

Cuando la adicción a las drogas de mi madre empeoró con su nuevo novio, su ex-compañera de trabajo realmente nos vio vivir nuestro peor momento.

Uno o dos días después de que se fue, los Servicios de Protección Infantil (CPS) llamaron a nuestra puerta. Asumimos que llamó porque nunca supimos de CPS hasta que ella vino. Todo el vecindario conocía las condiciones en las que vivíamos. La mayoría de los padres de nuestro vecindario se ganaban la vida con el dinero de las drogas o con algún trabajo sin futuro. Los niños de mi vecindario siempre bromeaban con que mi mamá era adicta al crack. Nuestras circunstancias no solo se normalizaron, sino que también resultaron cómicas para los niños de nuestra comunidad. Aunque todas las señales estaban ahí, nunca creí que mi madre consumiera drogas. Cuando fue a rehabilitación por un corto tiempo y CPS hacía visitas regulares, mi corazón nunca me permitió aceptar que era adicta a las drogas hasta que realmente dijo las palabras, años después.

Para mantener su papel de proveedor, mi padre nos visitaba cada dos semanas para llenarnos de McDonald's, KFC y otras comidas rápidas que nos distraían de su constante comportamiento abusivo. Esto nos emocionaba cada vez que venía. A pesar de que su abuso fue la razón por la que se vio obligado a irse, extrañamente se convirtió en el héroe.

A medida que CPS se hizo más consciente de nuestra situación, finalmente regresamos a nuestro antiguo vecindario en el suroeste de Detroit como un escape. A finales de los 90 y principios de los 2000, mis padres vivían en la calle 25, mientras que mis tíos y tías vivían en la 23. En las décadas de 1950 y 1960, cuando la familia de mi padre vivía allí, el vecindario era hermoso. Mis abuelos se mudaron del sur y criaron a mi papá y a sus cinco hermanos en la calle 23. Mi abuelo abandonó la escuela a los 12 años para comenzar a trabajar y ayudar económicamente a su familia. Cuando mi abuelo conoció a mi abuela, tenían una familia tradicional de clase trabajadora: mi abuelo era el sostén de la familia y mi abuela se ocupaba de los niños. Después de que Detroit comenzó su etapa de dificultades económicas, la tasa de criminalidad aumentó y la mayor parte de la ciudad comenzó a deteriorarse.

Hoy, nuestro viejo bloque parece como si le hubiera caído una bomba. Quizás haya dos o tres casas por cuadra. El resto de la cuadra está llena de casas abandonadas plagadas de abuso de drogas.

Después de que mis abuelos murieron a finales de la década de 1990, el vecindario, junto con su antigua casa, fue abandonado. Huyendo de CPS, mi madre y dos hermanos mayores, Khalil y Andre, finalmente se quedaron dentro una de esas casas abandonadas a solo unas cuadras de la antigua casa de mis abuelos. El novio de mi hermana embarazada vino a vivir con nosotros. Éramos seis viviendo juntos en una casa abandonada. No teníamos agua, ni calefacción, y no teníamos ninguna fuente de ingresos. Mi madre se iba con regularidad, por lo que mi hermana Tiffany y su novio asumieron el papel de nuestras figuras parentales a los 18 y 20 años.

Aunque a veces era una figura materna, creía que Tiffany anhelaba la atención de los hombres porque nunca conoció a su padre biológico. Siguiendo el camino que mi madre le propuso, abandonó la escuela en octavo grado y quedó embarazada de su primer hijo a los 18 años. Aunque mi padre la aceptó como suya, siento que siempre hubo un vacío por llenar.

En ese momento, mi hermano Andre tenía problemas de comportamiento impulsivo que lo metían en problemas. Al igual que mi padre, a veces lo alimentaba el orgullo y el resentimiento, y se comportaba como si el mundo le debiera algo. Su comportamiento imprudente lo llevaría a convertirse en padre a los 14 años. Su novia empezó a pasar la noche con nosotros en la casa abandonada durante su embarazo.

Mi hermano mayor, Dylan, vivía solo y desconocía nuestra situación de vida. Dylan se convirtió en un solitario distante que se guardaba para sí mismo. Abandonado por mi madre antes, siento que encontró consuelo en los cómics de Marvel y DC mientras se mimaba en todo lo que se perdió de niño.

Poco después de comenzar este nuevo viaje, mi papá regresó. Esto me dio una esperanza instantánea. Después de que CPS se involucró, el novio de mi mamá rápidamente huyó de la escena. Esto abrió la puerta para que mi papá regresara, y mis hermanos y yo estábamos emocionados. Mi papá siempre fue uno de los tipos más respetados de nuestro vecindario. Se relacionaba fácilmente con todo el mundo y se llevaba bien con todos los traficantes de drogas en nuestro vecindario. No pude encontrar mucha gente a la que no le agradara. Mi papá y yo solíamos ver viejas películas de Kung-Fu en nuestro polvoriento reproductor DVD e imitábamos lo que veíamos, jugábamos a los caballos después de que terminara la película. Todos mis hermanos lo conocían por llevar una Colt 45 en una bolsa color café en la mano. Era extraño verlo sin su querida Colt, especialmente un sábado por la noche. Cuando estaba ebrio, nos contaba a mis hermanos y a mí historias divertidas sobre su infancia mientras estábamos sentados con él en el porche y lo veíamos beber toda la noche. Mis padres solían decir: "Haz lo que digo y no lo que hago".

Nos daba esperanza de que mi papá conocía los pormenores de la reparación de casas, al igual que su promesa de restaurar la casa abandonada en la que vivíamos. Cuando era niño, creía cada palabra que él y mi mamá me decían. La idea de tener una casa nueva, una que mi papá construiría, sonaba increíble. Este sueño me sostuvo en esos años de vivir en esa casa oscura y abandonada. Esta no fue la primera vez que nos quedamos sin hogar. Con frecuencia nos echaban de las casas. Aunque nuestra casa en Dexter es donde nos quedamos más tiempo, era común estar sin calefacción ni agua. La Navidad sin calor fue especialmente devastadora; loss regalos eran en lo que menos pensábamos.

La promesa de mi padre de arreglar la casa en la calle 25 hizo que las cosas fueran diferentes esta vez. Regresamos a nuestro antiguo vecindario y quería creer que era un nuevo comienzo. Poco a poco, hicimos nuestra la casa, colgamos fotos de nuestros abuelos y pusimos muebles en la sala. Me apegué a eso. Mis padres habían vuelto a estar juntos y sentí que todo estaba bien. Soñé con mi papá arreglando nuestra casa y creando un resurgimiento dentro del vecindario.

Mi sueño era restablecer lo que habían construido mis abuelos. Creí que esta casa podría ser la casa que siempre quisimos y necesitamos. Esta podría ser la casa donde mis sobrinas y sobrinos crecerían y mis hijos algún día visitarían. Pensé que esta casa se conocería como la casa de la abuela y el abuelo de mis hijos y bisnietos. Esta idea provocó el sueño de reconstruir nuestro vecindario y devolver la gloria a la ciudad de Detroit. No estaba exactamente seguro de lo que quería hacer en la vida, pero a la edad de ocho, sabía que era nuestra responsabilidad reconstruir la ciudad y nuestro vecindario.

Desafortunadamente, las malas influencias de la comunidad solo empeoraron el uso de drogas de mi madre. Extraños en todo el vecindario que también eran adictos se presentaban regularmente en nuestra casa. Mi papá continuó con su tráfico de drogas y esta fue la primera vez que lo vi en acción. Crecí rodeado de distribuidores, por lo que descubrir que mi padre también era uno de ellos no significó mucho para mí. Nuestra casa se conoció oficialmente como un fumadero, una casa en la cuadra conocida por el uso y el tráfico de drogas. Los adictos se sentaban en el sofá junto a mí mientras esperaban a que llegara mi padre. A veces trataban de charlar conmigo, pero yo los ignoraba la mayor parte del tiempo porque sabía que eran adictos.

Desde afuera mirando hacia adentro, estas pueden parecer situaciones extremas, pero tengo que admitir que me divertí bastante durante esos momentos. Tenía ocho años y no iba a la escuela, lo cual, pensé, era genial. UJsábamos un cable de extensión de la casa de un vecino para enchufar un televisor y jugar videojuegos. Mis padres se habían ido o se habían escondido en su habitación, así que no tenía a nadie que me dijera qué hacer. Creí que mi padre eventualmente haría de esto un hogar real. Pero, sobre todo, ignoraba lo que pasaba a mi alrededor. No sabía nada fuera de la vida que vivíamos y las circunstancias extremas se convirtieron en actividades cotidianas. Ver adictos en nuestra casa se volvió normal y no me molestó después de un tiempo. Curiosamente, la vida parecía buena.

Cuando comenzó el invierno de Michigan, comencé a palear nieve para ganar un poco de dinero. Vivir en una casa abandonada durante el otoño no estaba mal, pero cuando llegó el invierno, las cosas no fueron bonitas. Los vientos invernales de Detroit son brutales. Vivir en una casa sin calefacción se volvió insoportable. Sin agua corriente, tuvimos que quitar la nieve del suelo, llevarla adentro en cubos y esperar a que se derritiera para usarla como duchas improvisadas. Nadie en la casa tenía una cama, por lo que regularmente apilábamos ropa para dormir para evitar sentir la madera y los clavos afilados que sobresalían del piso. Vivíamos de mortadela, pan con mantequilla de maní y mermelada, cualquier cosa que que fuera fácil de preparar. Hasta el día de hoy, el olor a gasolina me recuerda esos calentadores de gasolina que usábamos para calentar nuestra cena dentro las casas abandonadas.

A finales de enero, todos en la casa estaban enfermos. Tanto Khalil como Andre tenían virus estomacales miserables que me pasaron. Poco después, también me enfermé, vomitando y teniendo diarrea al mismo tiempo. Nuestras condiciones de vida estaban afectando nuestra salud. Mi hermana Tiffany estaba a solo unos meses de tener a su bebé y mi hermano Andre podría tener a su hijo en cualquier momento; a los ocho años comencé a darme cuenta de lo mala que era nuestra situación. Mientras tanto, mi mamá nos dijo que hiciéramos los arreglos para su funeral, instruyéndonos sobre la música que quería que sonara y otros detalles.

Cuando llegó la primavera, los Servicios de Protección Infantil de alguna manera descubrieron dónde nos estábamos quedando. Mi padre había estado poniendo excusas durante meses de por qué no podía arreglar la casa y recurrió a esconderse de CPS. Empecé a perder la fe en mis padres. Nos dijeron que tendríamos la casa arreglada para cuando CPS volviera a visitarnos. Nunca tuvieron ningún plan para arreglar la casa, y mis sueños de convertirla en un hogar se habían ido. Pensé que arreglar la casa sería la primera parte de convertirnos en una familia feliz. Cuando CPS finalmente nos visitó, nuestros padres nos dijeron que nos escondiéramos. Me agaché detrás del sofá de la sala por si se asomaban por las ventanas. Todos permanecimos en silencio cuando escuchamos a la trabajadora social llamar a la puerta. Hicimos nuestro mejor esfuerzo, pero mis padres no tuvieron más remedio que dejarnos ir. Un mes después, ingresamos en hogares de acogida a principios de la primavera. Como los dos hijos menores de cinco hermanos, mi hermano Khalil y yo, a la edad de 11 y nueve años, ingresamos juntos al sistema de cuidado de crianza y viajamos a través del sistema durante años. Como él era dos años mayors, se convirtió en mi modelo a seguir. Cuando decidió jugar fútbol a los 12 años, hice lo mismo. Una vez que se dedicó a la música a los 13 años, lo seguí rápidamente. Viajando a través del sistema de cuidado de crianza, Khalil desempeñó el papel de una figura paterna y yo imité todos sus movimientos. Tuvimos un vínculo inquebrantable hasta que nos separamos a los 17 años.

Mi hermana Tiffany, de 18 años, se estaba preparando para formar su propia familia. Ella dio a luz a su primer hijo en abril. Mi hermano Andre, de 14 años, vivió temporalmente con mi tío durante unos meses. Siempre tuvo un conflicto en cada hogar en el que fue asignado, no había condiciones de vida que resultaran como unasolución viable a largo plazo para él. Finalmente, se desapareció. Los cuatro nos separamos en nuestros caminos individuales; Depende de nosotros descubrir la vida por nuestra cuenta, con la base establecida por nuestros padres. Todavía me aferraba a la fe que había tenido en mis padres. Al mismo tiempo, sentía que me habían defraudado por completo. Aquí comenzaron mis problemas con la confianza. Si no podía confiar en mis padres, razoné, ¿en quién podría confiar?

DESESPERADOS POR AMOR

Uno de cada tres adolescentes en los EE. UU. es víctima de abuso físico, sexual, emocional o verbal por parte de una pareja romántica.

ALEXIS

Ser sexualizada a una edad temprana influyó en mi pensamiento y comportamiento. En la escuela media y secundaria, permitía que los chicos me tocaran el trasero y me abrazaran con fuerza casi todos los días. Acepté e incluso me gustó cuando los chicos me llamaban "Snowbunny", sin saber que era un nombre de stripper. La mayoría de los días, me cambiaba de ropa una vez que llegaba a la escuela. Estaba obsesionada con mi forma de vestir. Un atuendo típico: una falda corta a cuadros rosa, negra y blanca, con tacones altos. Con una tanga debajo, usé un brasier que me levantaba el pecho con una camisa con cuello en V para terminar el conjunto. Me maquillaba todos los días y siempre me ponía un listón en el cabello. Pensé que era aún más linda con mi abrigo Baby Phat marrón y dorado; era mi estilo. Una vez, mis tacones altos me fallaron mientras corría a clase.

Expuesta a la pornografía desde muy temprana edad, desarrollé una imagen distorsionada de lo que hacía deseables a las mujeres, y mi misión era emular esa imagen. Las relaciones sexuales y otros actos sexuales que había sufrido con mi padre eran, por su propia naturaleza, violentos y deshumanizantes. Como es común con los niños abusados sexualmente, me volví excelente en la disociación, sacando mi cerebro de la habitación para escapar del horror, apagándome para evitar sentir el dolor de todo. Pero los abrazos y besos que experimenté en la escuela me ofrecieron un verdadero placer y de alguna manera me hicieron sentir amada y digna. Tenía hambre de afecto, de validación, de un abrazo reconfortante. Lo que ofrecieron los chicos fue una sensación de dulzura que se sintió como un bálsamo después de la violencia ebria de mi padre. Pero esto también me preparó para otros tipos de abuso, como el tormento emocional de Shawn.

Estaba obsesionada con los chicos. Tenía un registro en mi agenda de los chicos que estaban interesados en mí. Incluso intenté robar los novios de mis amigas porque quería el amor y el cariño que les veía recibir. Quería que alguien me abrazara y me besara como ellos. Cuando lo logré, arruine dos de mis amistades más fuertes. En el fondo, no quería sexo de todos modos. Quería intimidad, seguridad y amor.

Casi todos los viernes por la noche, mis mejores amigas y yo íbamos a la pista de patinaje de la esquina. Pasábamos la noche hablando con chicos, bailando y coqueteando. Me encantaban los encierros nocturnos porque entonces podías hablar con los chicos toda la noche e incluso quedarte dormida con un chico abrazándote mientras estaban acostados en el suelo. Un viernes por la noche, después de que nos dejaran en la pista de patinaje, terminamos yendo a la bolera de al lado. Yo tenía 13 años y mi novio en ese momento, Troy, tenía 16 o 17. Él y su amigo salieron a fumar marihuana y los seguimos. Llegó la policía y corrimos alrededor del edificio, escondiéndonos entre los arbustos. Miré hacia abajo y chasqueé los labios. *¿Cómo demonios ya arruiné las nuevas Nike Air Forces que acabo de recibir ese día?* No estaba tan preocupada por ser atrapada. Hay cosas que puedes manejar y comprender como pre-adolescente, y cosas que realmente no puedes comprender.

A los 12, recibía fotos de chicos y hombres desnudos. Algunos de ellos tenían el doble demi edad. Se enojaban porque me negaba a mostrarles el tipo de fotos que querían a cambio.

En mi cumpleaños número 13, invité unos amigos a mi apartamento. Eran mediados de enero en Michigan, la nieve blanca y fresca cubría el suelo afuera. Como vivíamos en el primer piso, podía ver que se acumulaba en el alféizar de la ventana. Poco después de que comenzó la fiesta, mi papá se fue y nos dijo que no hiciéramos demasiado ruido. Troy me preguntó si quería ir a mi habitación. Nos acostamos juntos en la cama mientras esperaba a que él diera el primer paso. Realmente no sabía qué hacer. Aunque había experimentado la mecánica del coito cada vez que mi padre me violaba, no sabía cómo era el sexo con alguien que te gustaba o sentías que amabas. Estaba asustada. Troy comenzó a quitarme los pantalones mientras se ponía encima de mí y me besaba mientras entraba en mi cuerpo.

De repente, los faros brillaron a través de las persianas y escuché a mi amigo golpear la puerta del dormitorio, gritando: "¡Tu papá ha vuelto!". Nos apresuramos a ponernos la ropa de nuevo. Por alguna razón, no pude meter mi otra pierna dentro de mis pantalones. Salí corriendo de la habitación y luego Troy salió corriendo detrás de mí. Mi papá estaba parado ahí. No sabía si nos vio salir o no. Él dijo: "Está bien, la fiesta terminó, todos vamos". Se envió a todos a casa y no dijo nada al respecto.

Troy rompió conmigo poco después. Dejó de hablarme por completo y les dijo a sus primos que no contestaran el teléfono de la casa cuando lo llamara, cosa que hice, probablemente cinco veces al día. Estaba desesperada por escuchar su voz. ¿Cómo pudo dejarme después de lo que acabamos de hacer? Me dijo que me amaba y que quería estar conmigo.

Antes de mi cumpleaños, pasé varios días en su casa. Le dije a mi papá que estaba saliendo con la prima de Troy cuando, en realidad, solo estaba allí para ver a Troy. Me sentaba en su regazo con mis piernas envueltas alrededor de él, besándome mientras él tocaba mi cuerpo.

Pensaba que eso era normal: andar a escondidas, jugar con los chicos, fumar, muchas otras personas que conocía también lo estaban haciendo. No había nadie allí que me dijera que el agujero en mi corazón no podía llenarse persiguiendo chicos o ganando su atención temporal.

En 2008, en el verano entre octavo y noveno grado, estaba en una bolera en Flint con un par de amigas cuando un chico de piel clara entró sonriendo, caminando con mi amigo. Dijo que se llamaba Shawn y me estrechó la mano. De repente, yo estaba sonriendo de oreja a oreja.

Se sentó en la pared, sus hermosos ojos cafés fijos en mí, mientras me preparaba para jugar a los bolos. Me dio escalofríos. Que alguien me mirara de la forma en que lo hacía Shawn me hacía sentir como si fuera la única chica del mundo. Me pidió mi número, su sonrisa siempre estaba presente. Me tenía hipnotizada.

Él vivía en Flint y yo vivía en Rochester Hills con mi tía y mi tío a unos 45 minutos de distancia. Pasamos todas las horas de vigilia hablando por teléfono o enviándonos mensajes de texto. Estábamos perdidamente enamorados. Yo solo tenía 14 años y él 16. Todo lo que quería hacer era hablar con él y verlo. Tenía una sensación de esperanza cada vez que hablaba por teléfono con él, como si tuviera tanto amor como un futuro. Cada pocos fines de semana, tomaba el autobús hasta el centro comercial Great Lakes Crossing y mi tía me dejaba para que pudiera verlo. Me hizo sentir como una reina: feliz, buena, amada, adorada.

Fue mi roca durante el juicio y la sentencia de mi padre, me ayudó a lidiar con mi tía y mi tío y el estrés de la escuela secundaria, e incluso me acompañó a visitar la tumba de mi madre durante el Día de la Madre. Después de unos seis meses de citas, comenzó a hablar mucho sobre sexo. Me pedía que me tocara mientras me escuchaba por teléfono. Hacíamos eso juntos con frecuencia. Un fin de semana, planeamos que me colara en la casa de su abuela y yo le dijea mi tía que iba a visitar a mi hermano en Flint. Tuvimos sexo. Tenía miedo porque lo amaba y me preocupaba que no encontrara atractivo mi cuerpo desnudo. Pero fue gentil y amable y me dijo que yo era hermosa y que me amaba.

Después de unos meses, la ternura de Shawn se evaporó. Se volvió posesivo, celoso y cruel. Nuestra rutina nocturna era dormir juntos por teléfono. Siempre le he tenido miedo a la oscuridad, y nuestras conversaciones antes de acostarme ayudaron a aliviar la ansiedad de ir a dormir sola. Esto comenzó como algo relajante y romántico, pero se volvió degradante. Quería quedarse en el teléfono solo para asegurarse de que no estaba hablando o durmiendo con nadie más.

En la escuela secundaria, Shawn solía terminar nuestra relación y cortar los lazos conmigo antes de clase, admitiendo más tarde que esta era una táctica para molestarme y disuadirme de hablar con otros chicos durante el día.

No podría contar las cientos de horas que pasé llorando y suplicándole que se quedara conmigo después de decirle cuánto lo necesitaba y que estábamos destinados a estar juntos. Pasé varias noches llorando en la lavandería, llamándole durante horas. Desesperada porque no me devolvía las llamadas, dejé innumerables mensajes de texto y mensajes de voz.

Su descuido y abandono fueron una forma de castigo, me trató como si fuera niña. Ignoraba mis llamadas durante semanas, me bloqueaba en las redes sociales y solo se comunicaba conmigo por correo electrónico cuando le convenía. *Cuando* podía demostrar que era digna de confianza, le decía a la gente que estábamos juntos. Después de las vacaciones, veía fotos publicadas en las redes sociales solo de él a pesar de que nos tomamos fotos juntos, diciendo que estaba con la familia, aunque era un viaje que planeé para nosotros.

Siempre me sentí como una segunda opción, él tenía vergüenza de estar conmigo y fácilmente fui desechable para el hombre que estuvo conmigo durante los momentos más desafiantes de mi vida. Guardaba todos los mensajes de texto y correos electrónicos en caso de que fuera el último. Me aferré a ellos, los imprimí, en caso de que la tía Karen tomara mi teléfono, para leerlos como un recordatorio de que me amaban y cuidaban, incluso si solo era digna de eso momentáneamente. Solía tener ojos solo para mí, ahora tenía ojos para cada chica que pasaba.

Por las mañanas me despertaba como en una pesadilla, tan angustiada que me daba náuseas. Este sentimiento fue paralizante. Me tardaba treinta minutos para levantarme de la cama porque necesitaba consolarme antes de empezar el día.

Había tanta tensión en mi cuerpo que me costaba respirar y moverme, como si todos mis músculos estuvieran constantemente apretados juntos.

El verano entre mi segundo y tercer año, fuimos aún más intermitentes. Rompió conmigo dos días después de nuestro segundo aniversario e ignoró mis llamadas durante más de una semana.

Mientras visitaba a mi primo para un juego de softball fuera del estado, Shawn finalmente contestó el teléfono. Estaba extasiada de escuchar por fin su voz. Pero una mujer descolgó el teléfono.

"¿Hola? ¿Dónde está Shawn?"

Con risas de fondo, ella respondió: "Está ocupado en este momento".

Fui a Facebook, donde encontré fotos de Shawn con otra mujer. Me congelé mientras lágrimas corrían por mi rostro.

Mi mundo se derrumbó a mi alrededor. Toda mi existencia estaba envuelta en él y ahora se había ido.

Visualicéque un carro me atropellaba en la calle para finalmente terminar con mi dolor y sufrimiento. No tendría que soportar más la agonía que me ofrecía la vida. Acepté mi vida por lo que era y acepté mi destino

Me encerré en el baño hasta que mi tía Karen me convenció a abrir la puerta. Mientras me consolaba, le dije que quería dejar de vivir. Ella sugirió llevarme a un hospital en Flint, para asegurarse de que aceptaran mi seguro médico. En secreto esperé que me rescatara Shawn. Con esto en mente, dije que sí, forzando una sonrisa mientras salía del baño. Cuando llegué al hospital, el médico me preguntó si quería ser paciente interno o ambulatorio. Supuse que eso significaba que podría quedarme en el hospital durante la noche, en mi propia habitación, y finalmente disfrutar de la paz y la tranquilidad por un tiempo. Pero me metieron en una ambulancia y me llevaron a un hospital psiquiátrico, donde me pusieron bajo vigilancia de suicidio y me prescribieron múltiples medicamentos. Me pusieron en contacto con un psiquiatra y recibí puntos por bañarme, alimentarme y por hacer mi cama. La penumbra del lugar me fastidiaba y supliqué que me dejaran salir. Se me permitían 30 minutos de tiempo telefónico al día, en los queque solía llamar a Shawn. Finalmente, respondió mi llamada y me dijo que no quería tener nada que ver conmigo.

Después de salir del hospital, pasé el resto del verano aislada del mundo, pasé el tiempo durmiendo, haciendo rompecabezas y pintando con kits de números, hice todo esto para escapar de mis pensamientos. Seguía tomando medicamentos pero seguía deprimida. Perdí 9 kilos y solo pesaba 130 libras para empezar. A veces, me sentaba en la sala con la esperanza de que Shawn apareciera de repente en su auto para verme o para llevarme con él.

Parecía que siempre estaba decepcionando a todos los que me rodeaban. Pensaba que, estando sola únicamente me podría decepcionar a mí misma. Después de aproximadamente un mes, Shawn me envió un correo electrónico para invitarme a su graduación. Pensé que esto significaba que volveríamos a estar juntos, especialmente porque yo sería parte de la celebración familiar.

Unas semanas después, mi tía Karen vio el correo electrónico. Decepcionada por haber empezado a asociarme con Shawn de nuevo, llamó a mi tía Bev y le dijo que iba a empacar todas mis cosas y las dejaría en la calle. Afortunadamente, el vecino de la tía Bev estaba dispuesto a conducir una hora para ayudarme a recoger mis pertenencias.

Era el verano entre mi tercer y cuarto año en la preparatoria y estaba aterrorizada de tener que ir a una nueva escuela y comenzar una nueva vida una vez más, lejos de todo lo que conocía y amaba. Por otro lado, me convencí de que la desaprobación de Shawn por parte de mi tía Karen era la razón por la que no nos habíamos llevado bien. Una vez que ella estuvo fuera de la escena, me convencí de que Shawn y yo finalmente podríamos ser felices.

Unos días después, me mudé a 35 minutos de mi escuela para vivir con Kim y Brian, mis nuevos padres adoptivos, solo para recrear viejos hábitos. En la segunda noche de vivir en mi nuevo hogar, salí a escondidas para ver a Shawn. Aunque realmente se preocupaban por mí y confiaban en mi juicio, mi lealtad estaba en Shawn. Él era un maestro manipulador y, con lo mucho que yo deseaba amor, era una marioneta dispuesta. *¿No me extrañas, Alexis? ¿No quieres verme?* A veces teníamos sexo a las dos de la madrugada en la parte trasera de su auto o en el cine durante los fines de semana. Me sentía adicta al sexo, aunque ahora me doy cuenta de que solo buscaba afección.

    Tuve al menos tres sustos por embarazo durante mi adolescencia. No estoy 100% segura, pero creo que una vez tuve un aborto espontáneo. Con mi vida sexual en secreto, tenía miedo y vergüenza de contárselo a alguien. Buscando soluciones en Internet, decidí darme un puñetazo en el estómago. También consideré tomar pastillas o tirarme por las escaleras.

    Unas semanas antes de mi graduación, Shawn y yo platicamos sobre planes de tatuarnos nuestros nombres. Me apresuraba a hacerlo antes de graduarme, esta fue su forma de marcarme y disuadirme de hablar con otros hombres en la universidad. Tengo su nombre, la fecha de nuestro aniversario y un lirio en mi espalda baja. Tenía mi nombre en su hombro derecho. Finalmente le pertenecía y por fin me reclamó como su novia.

    Durante mi último semestre, asistí a una conferencia de fin de semana donde recibiría una prestigiosa beca de $ 20,000. Siendo una de las 102 personas elegidas entre más de 70,000 solicitantes para recibir el premio, estaba feliz de volar a Washington D.C. para aceptarlo. ¡Vi mi nombre en el periódico! Se publicaron fotos mías en toda la escuela y en su sitio web. Me sentí realizada y exitosa. Shawn, por otro lado, vio mis logros como una amenaza a su masculinidad.

    Hablamos con un juez de la Corte Suprema y también hablamos con una variedad de celebridades dentro de la conferencia. Esos dos días estuvieron llenos de soledad y resentimiento, con Shawn amenazando con terminar nuestra relación todos los días. Pasé la última noche de la conferencia llorando sola en mi habitación. Lloré abiertamente en el aeropuerto al día siguiente, esperando que incluso un extraño me preguntara si estaba bien. Pero todos evitaron el contacto visual. Tenía dieciséis años y me sentía completamente sola.

    Cuando llegue a Michigan, Shawn me recibió con los brazos abiertos y besos. Me hizo girar como si estuviéramos en una película y me entregó una tarjeta que decía cuánto me amaba acompañada con un ramo de flores. Fue como si nada hubiera pasado. *¿No acaba de romper conmigo? Quizás todo esté bien ahora.* Me dije a mí misma que le había dado demasiada importancia a nuestra pelea. Nos sentamos en los asientos traseros del coche durante el camino a cenar con mis abuelos adoptivos, traté de tomar su mano. Empujó mi mano y dijo, "Para de joder y no me toques". Estaba perpleja. Me di cuenta de que todo era una fachada para mis abuelos adoptivos. Shawn fue increíble al disfrazar sus inseguridades. Durante la cena, sonrió y bromeó. Después de que los dejamos, caminamos hacia nuestro auto, preparándonos para conducir de regreso a Flint. Shawn gritó: "¡Métete en el maldito auto!" Comenzó la pelea.

Gritamos durante todo el viaje a casa. Exigió que detuviera el auto en medio de la carretera. Hice lo que me pidió y él comenzó a caminar por el costado de la carretera, solo para demostrar su punto de que sería mejor que lo escuchara la próxima vez. Corrí tras él, tratando de disculparme por cualquier cosa que haya hecho mal.

Esto se convirtió en una ocurrencia regular. Se volvió normal que nos sentáramos en el auto durante horas mientras me degradaba, llamándome ingenua, irresponsable, egoísta e inmadura. Me dijo que, la única razón por la que seguía volviendo conmigo era su esperanza que algún día todo sería mejor - pero *yo* lo arruinaba todo el tiempo. Me recordaba que no valía nada sin él. Siempre me sentía en deuda con él. Constantemente le demostraba que me merecía su amor. Aplaudiendo con cada palabra, decía "HAZ TU PARTE", mientras profundizaba su voz.

Las exigencias de Shawn llenaron mi cabeza: *"No te quejes por 30 días. Empieza con 24 horas y progresas a nuestra meta. Para que podamos volver a estar juntos, primero debemos estar saludables. ¿Por qué no puedes ser una de esas chicas que pueden conseguir y mantener a su hombre? Me da ganas de dispararme en la cara al hablar contigo".* Una noche, me envió un video por correo electrónico sobre cinco cosas que puedes hacer para mantener a tu hombre.

Después de graduarme, volví a Flint para alquilar un apartamento con Shawn, ingenuamente emocionada por la próxima etapa feliz de nuestra vida. Poco sabía que este apartamento se convertiría en un infierno.

Desesperada por hacer que Shawn se sintiera lo más bienvenido y cómodo posible, amueblé el lugar con un juego de dormitorio nuevo, un juego de sala y un televisor. También pinté las paredes. Quería algo que se sintiera permanente; algo que estableciera el santuario que tanto deseaba. Cuando comprábamos cada mueble, Shawn decía: "Entonces, ¿qué pasará con esto si rompemos?" A veces decía: "¿Qué pasará con esto cuando terminemos?" Protestaba, "¿Por qué dices cuándo? ¿Puedes decir "sí" la próxima vez? " Teníamos nuestra rutina bajo control; y él conocía todas mis señales.

Si no dejaba de intentar abrazarlo o tocarlo, me decía que volviera a mi lado de la cama, o que durmiera en el sofá o al pie de la cama como si fuera un perro. Todas las mañanas me despertaba asustada; sus estados de ánimo cambiaban día a día. Me acostaba en la oscuridad, congelada, tratando de evaluar su estado de ánimo, observando atentamente su comportamiento en busca de señales de cómo iría nuestro día.

Hubo momentos en los que hablaba por teléfono sobre una oportunidad de beca o un trabajo potencial y Shawn me reprendía en segundo plano, "Perra, cállate la boca". "Perra" se convirtió en mi segundo nombre.

Shawn a menudo me dejaba afuera durante la noche. Si intentaba regresar a nuestra casa, me tiraba la puerta con fuerza en la cara. Al llegar a la puerta de la casa de familiares o amigos, minimizaría el abuso como algo menor. *¿Quizás estaba avergonzada? ¿Sabía que esto era malo? ¿O creía en lo que decía, lo internalizaba y esperaba que los demás no descubrieran lo poco digna de ser amada y lo difícil que era?* Estaba jugando un ciclo de anhelo de amor, huyendo del abuso, encubriendo a mi abusador y regresando a la escena del crimen de otra persona, una y otra vez. Había aprendido este ciclo, por supuesto, y mi papel en él, del hombre al que había llamado "papá".

Shawn me compró un anillo de promesa como táctica para darme esperanza de un futuro juntos. Desde que era pequeña, había querido que un hombre me diera un anillo. No mucho después, furioso porque interrumpí su juego de PlayStation, explotó y, en un momento de rabia, tiró mi preciado anillo por el inodoro. Me quedé indefensa.

Shawn rompía todas nuestras fotos y las arrojaba en una caja, luego la colocaba encima de un basurero. Luego me enviaba un mensaje de texto para informarme de lo que había hecho. Me salía del apartamento a escondidas para volver a pegar las fotografías con cinta, con la esperanza de que nos reconciliáramos.

Pensé que si usaba el dinero de mi beca para comprarnos una casa y ayudar a Shawn a conseguir un trabajo, él se quedaría y confiaría en mí, pero se negó a buscar trabajo. Creé un currículum por él y solicité trabajos en su nombre sin ninguna garantía de que aceptaría o se presentaría si recibía una oferta. Incluso le compré un coche. Haría lo que fuera para que me amara.

"Tú eres mi chica. No debería tener que pedirte que me ayudes, deberías hacerlo", decía Shawn.

Pensé que el amor significaba comprarle comida y darle refugio. Era casi como si me hubiera convertido en el padre que él nunca tuvo. Shawn había crecido en un hogar monoparental donde su madre era su única fuente de amor. No fue hasta más tarde que descubrió cómo se ganaba la vida. Uno de sus amigos más cercanos le informó que ella era una prostituta después de pagar por sus servicios. Con su madre siendo la persona más cercana en su vida, esto lo quebró. Recibí la peor parte de su persistente ira.

Mi relación con Shawn era una montaña rusa, por decir lo menos, pero hubo suficientes altibajos para mantenerme aferrada. El sexo se convirtió en una adicción para los dos. Se convirtió en una rutina discutir y tener relaciones sexuales inmediatamente después, casi como si estuviera planeado. La montaña rusa nos distrajo de nuestras luchas, la constante volatilidad en realidad nos protegió de verdades aún más aterradoras.

Mi cuerpo comenzó a reaccionar negativamente a los anticonceptivos y el sexo perdió efectividad después de un tiempo. Esto provocó una de nuestras mayores discusiones. Shawn me humilló frente a la casa de su abuela. Gritó delante de todos que nuestra vida sexual se había vuelto miserable y que quería a alguien que pudiera complacerlo. Estaba tan avergonzada que vomité. De frente, mientras continuaba con su perorata, me dijo que era inútil. Me quedé allí indefensa; una situación inquietantemente similar a cuando mi papá me humillaba.

Nuestra relación se convirtió en un ciclo de separarnos y volver a estar juntos.

Por la noche leía blogs sobre cómo podría ser mejor pareja. *¿Qué estoy haciendo mal? ¿Por qué soy siempre el problema?* Me culpé a mí misma por todo. *¡¿Cómo puedo hacer que el hombre que amo se sienta así?! Dios por favor ayúdame. Lo siento, ha de ser difícil amarme.*

Shawn se me acercó sin poder articular sus palabras y apestando a marihuana. Sabía que seguirían los problemas...

"Hablé con algunos amigos sobre ti y tu papá y todos pensamos que podrías haberte ido si quisieras, lo que significa que querías que sucediera". Dijo, buscando destruirme aún más.

Necesito que lo admitas.

Mírame a los ojos y dime a la cara que podrías haberte ido si quisieras.

Todo esto fue culpa tuya.

No estaré contigo hasta que me digas que esto fue tu culpa, que podrías haber hecho más y te hubieras ido si quisieras.

Nunca estaré contigo si lo perdonas por lo que te hizo".

Me preguntó más sobre mi pasado la noche anterior al Día de Acción de Gracias. Shawn me llamó y me preguntó si mi papá alguna vez me había hecho realizar actividades sexuales específicas. Decidí ser sincera, sabiendo que no podía cambiar el pasado. A regañadientes dije que sí. Colgó y no respondió a ninguna de mis llamadas. Aún apareciendo en la casa de mi hermano para compartir el viaje para la cena de Acción de Gracias, todos entraron, pero Shawn me dijo que necesitábamos tener una charla. Shawn gritó a todo pulmón, llamándome repugnante y sucia, como si hubiera consentido en ser abusada por mi propio padre. Me dijo que necesitaba lavarme la boca con cloro. Sin nadie en mi familia salvándome de sus ataques, me sentí desprotegida y disgustada. Si nadie me defendió, entonces debe significar que me lo merecía ¿verdad? Interioricé sus comentarios y acepté que su perspectiva estaba justificada. Permití que mi padre me agrediera sexualmente. Soy asquerosa, sucia y alguien que no merece ser amada. La identidad que me formó Shawn permitió que su abuso continuara durante cuatro años más.

La humillación pública se convirtió en lo habitual después de ese Día de Acción de Gracias. Ese diciembre, Shawn me visitó en la Universidad de Michigan-Flint, donde asistí a mi primer año de universidad. Hicimos fila en la cafetería e impulsivamente le ofrecí mi cambio a un estudiante, en un gesto casual de bondad. Shawn estalló en una rabia celosa. Sabía que había metido la pata, y que Shawn explotaría. Pero resultó ser una bendición. Algo comenzó a cambiar dentro de mí ese día. Parte de mi determinación se disolvió. Me humilló profundamente delante de todos mis compañeros, y cuando terminó el semestre, sentí que nunca podría volver a UM-Flint cómodamente. Aunque aún no se había desarrollado más drama, esto marcó el comienzo del fin. Y cuando, enteramente debido a esta humillación, me transferí a la Western Michigan University (WMU) ese otoño, no me imaginaba que la mudanza cambiaría el resto de mi vida.

Shawn me siguió a Kalamazoo ese otoño, pero nos separamos en octubre. Salí con otro hombre brevemente, un viejo amigo de la escuela secundaria, que me trató con tanta amabilidad y amor que me sentí como una reina. Conducía a través del estado hasta su casa y descansé profundamente, sintiendo que había llegado a un lugar seguro, por fin. Su nombre era Tony, y disfruté el tiempo que pase con él, vestirme para él, sentirme bella y especial. Desafortunadamente, mientras yo dormía, él salía en mi auto para conseguir drogas. Cuando descubrí esto, rompí nuestra relación, sintiéndome más tonta e impotente que nunca porque seguí adicciones similares a Shawn. ¿Descansaré algún día? ¿Tendré suerte en el amor? ¿Estoy destinada a elegir a hombres malos que se aprovechen de mí?

Mientras tanto, Shawn dormía en su coche fuera de mi apartamento. Me envió mensajes de texto disculpándose, afirmando que no podría soportar vivir sin mí. Nuestro psicodrama debía tener su acto final y sentí que me envolvía una vez más como una telaraña.

Shawn incluso fue a la casa de Kim y Brian, gritando que estaban arruinando mi vida al decirme que no debería estar con él. Que no sabían qué era lo mejor para mí, y él sí. Fuimos novios desde los 13 años. Después, Brian me preguntó si Shawn tenía un arma y le pidió al vecino que vigilara la casa.

Quería finalmente terminar y cortar todos los lazos. Lo único que aún nos conectaba era el tatuaje de su nombre en mi espalda. Hice una cita con el primer tatuador que pude encontrar. Estaba un poco escéptica cuando llegué a la casa de alguien y bajé al sótano, pero no me importó. Esto se debía tapar sin importar qué. Lloré mientras lo hacía porque cubrir su nombre simbolizaba liberarme del peso de nuestra relación. Fui liberada de la esclavitud y finalmente fui libre. Después del encubrimiento, me hice un tatuaje en el hombro que decía: "Siempre hay esperanza", para recordarme cada mañana.

Cubrí su nombre, pero ¿estaba realmente lista para lidiar con mi pasado? El viaje de curación era demasiado aterrador para afrontarlo, dejando la puerta abierta para que Shawn volviera a entrar en mi vida.

DESESPERADOS POR EL AMOR

---

*Más del 40% de las mujeres afro americanas
sufrirán violencia doméstica en su vida.
Las mujeres afro americanas tienen 2,5 veces más probabilidades
de ser asesinadas por hombres que las mujeres blancas.*

JUSTIN

CUANDO LOS PADRES están ausentes, parece haber un agujero en el corazón del niño; se vuelven inseguros de sí mismos y siempre cuestionan sus propias decisiones. Esto deja a muchos niños vulnerables y desesperados por amor, anhelando el afecto de cualquier fuente disponible. Sin entender lo que significaba el amor, confundí la atención con el amor.

De niño, nunca recibí mucha atención de mis padres, me convertí en uno de esos niños, desesperado y vulnerable. Siempre parecía que otras cosas llamaban su atención, y a veces con razón. Cuando la pobreza, la adicción a las drogas y la violencia doméstica son generacionales, la mayoría de los niños no reciben la atención y la crianza que necesitan. Antes de ingresar al sistema de cuidado de crianza, mi mamá estaba consumida por su estilo de vida hasta que me metí en problemas en la escuela. Por lo general, me imponía algún tipo de castigo, mientras que mi padre era más estricto. Nos pegabaen el trasero en un abrir y cerrar de ojos. Al igual que la mayoría de los niños negros en el barrio, recibíauna buena cantidad de nalgadas e historias que las acompañan.

Recuerdo el momento en que recibí mi peor reprimenda. Tenía unos seis años y mis hermanos y yo estábamos teniendo una pelea de agua frente a la casa de nuestro abuelo en el lado noroeste de Detroit. Vivíamos con mi abuelo del lado materno en ese momento. Durante este período de la vida, nos mudamos bastante, mi abuelo siempre estaba dispuesto a dejarnos quedarnos con él hasta que ~~muriera~~ murió unos dos años después.

Era un día soleado en junio de 2003 y todos los niños jugaban afuera. Mi papá llegó a casa del trabajo y no quiso que lo molestáramos. Mi mamá me advirtió que mi papá no estaba de humor para jugar y que no debería molestarlo. Le dije que lo iba a involucrar en la pelea de agua de todos modos. Ella se rió y me advirtió que una vez que comenzaran los gritos no podría ayudarme. Ignoré su consejo y continué con la lucha por el agua. Mi papá bajó a nuestra casa con su Colt 45 en la mano y se sentó en el porche molesto; algo había sucedido en el trabajo. Finalmente en casa y listo para relajarse, corrí detrás de él y le eché un vaso de agua sobre su cabeza, empapando completamente su camisa.

Me escabullí riendo, esperando que esto de alguna manera iluminara su día. Cuando miré detrás de mí, lo vi persiguiéndome, gruñendo entre dientes. Agarró la parte de atrás de mi camisa y las cosas se fueron cuesta abajo desde allí. Arrancando mis pantalones y mis calzones, agarró mi pierna y me sostuvo cabeza abajo. Con el otro brazo, agarró su famoso cinturón, cubierto con signos de dólar de metal, de su cintura y comenzaron los golpes.

Todos los niños del vecindario presenciaron mi golpiza antes de continuar con sus actividades. No era raro. De hecho, muchos de mis amigos y yo intercambiamos cómicamente historias de ocasiones en las que recibimos nuestras peores palizas. Es seguro decir que cuando llegó el momento de ser golpeado, obtuve toda la atención de mis padres.

Mis padres, siempre peleando, nos dejaron a mis hermanos y a mí en busca de alguien que nos quisiera. Con su atención dispersa, los cinco crecimos desesperados por amor. Se enzarzaban en terribles discusiones sobre dinero, incluso por cantidades tan pequeñas como cinco dólares. Decía siempre, "te pagué este dinero" o "te compré esta comida". Sus prioridades estaban alejadasde nosotros y necesitábamos aprender a adaptarnos a la vida sin su afecto. Su relación consistió en abuso emocional, mental y físico que duraría décadas.

Tenía seis años cuando vi a mis padres pelear físicamente por primera vez. Estaba sentado en el suelo de la sala, a centímetros de la televisión, viendo las caricaturas de los sábados por la mañana, como solía hacer. Mi mamá generalmente me tocaba la cabeza y me decía que me alejsrsde la tele antes de quedarme ciego, pero se estaba absortamás en la discusión entre ella y mi papá. Los escuché discutir en su cuarto y me dirigí a la sala. Las discusiones no eran nada inusuales, así que seguí disfrutando de las caricaturas. Pero esta vez, no tuve más remedio que enfocarmi atención hacia su pelea.

Mi padre la llamaba nombres degradantes como "asquerosa", "perra sucia" y más. Mantuve mis ojos en la pantalla de televisión, pero sus voces se habían vuelto más fuertes que el volumen de la televisión, y esto me obligó a escuchar cada palabra que salió de su boca. Volteé mi cabeza hacia ellos en el momento en el que empezó a amenazar a mi madre. Mi padre siguió degradando a mi madre repetidamente y la amenazó con escupirle en la cara. Ella dijo: "¡Si me vas a escupir, hazlo!" Hizo gárgaras tanto como pudo y escupió directamente en su cara, cerrando la puerta detrás de él mientras mi mamá y yo nos quedamosen la sala, atónitos.

Mi papá fue forzadoa alejarse de la casa con regularidad después de cada pelea. Empecé a jugar afuera con más frecuencia para evitar quedar atrapado en medio de sus disputas. Después de regresar de mis actividades fuera, vería el daño hecho dentro de la casa mientras mis padres peleaban una vez más. Mi papá se fue por un período prolongado una vez que mis hermanos lo obligaron a irse.

La situación ocurrióun año después de alejarnos de mi abuelo en 2004. Tenía siete años y jugaba baloncesto al aire libre con amigos. Yo era uno de esos niños que usaba una diadema con la camiseta de la NBA, Steve Nash, para ser específico, aunque en realidad no podía jugar al baloncesto. Todos sabíamos que los niños que usaban la camiseta de baloncesto con diadema no podían jugar realmente. Ya que el aro de baloncesto estaba justo en frente de nuestra casa, todos mis amigos pudieron escuchar la disputa. Escuché a mis padres discutir, así que intenté distraer a mis amigos desviando su atención hacia el juego.

"¡Oye! ¿Quién está en mi equipo? Tenemos el balón nosotros". Dije, esperando que la situación se aquietara

Pero después de que comenzó la pelea real, todos nos quedamos allí llenos de angustia. Mi mamá le gritó que se apartara de ella. Me congelé y no supe qué hacer.

La parte complicada de la violencia doméstica entre tus padres es que te sientes obligado a ser leal tanto a tu madre como a tu padre. Incluso con mi papá golpeando regularmente a mi mamá, todavía lo amaba y nunca me involucré. Mirando hacia atrás como adulto, siento que podría haber hecho más para proteger a mi madre. Al mismo tiempo, yo era solo un niño cuando ocurrió todo esto y no sabía qué hacer.

Mis hermanos no fueron tan amables e indulgentes. Mis hermanos Khalil y Andre corrieron adentro para atacar a mi papá, mi hermana y su novio los siguieron. Poco después de que entraron, escuché a mi papá gritar a todo pulmón. Sabía que las cosas se habían puesto feas, incluso peor que antes. Segundos después, vi a mi papá correr afuera cubierto de sangre. Más tarde me enteré de lo que hizo mi hermana. Ella lo apuñaló para quitarlo de encima a mi madre.

Mis amigos y yo nos quedamos congelados durante la pelea. Mi papá se escapó cubierto de sangre y mis amigos me miraron sin palabras, como si tuviera respuestas a lo que ocurrió. Sus padres los llamaron a casa cuando terminó el espectáculo. Los padres no estaban tan sorprendidos o alarmados como sus hijos. Al principio, nos conocían como la casa con el aro de baloncesto donde jugaban baloncesto los traficantes. Después, nuestro vecindario nos llegó a conocer por nuestras situaciones dementes. Veían a mis padres peleando y discutiendo, a mis hermanos peleando entre sí o con otros niños en el vecindario, o no nos quitaban la mirada mientras nuestros padres nos golpeaban en frente de todos en el vecindario.

Cada semana había otro incidente. Literalmente tuvimos peleas en las que toda nuestra familia peleaba con otra familia. Curiosamente, esa fue una de las formas en que nos unimos como familia. Hasta el día de hoy, mi familia habla de las peleas clásicas que tuvimos, casi como si fueran recuerdos alegres.

Podría contarte un millón de historias locas sobre nuestra vida en Dexter. Cuando tenía ocho años, solo podía llamar la atención si causaba problemas. Esto me obligó a pelear, abusar, y a causarle el mal a otros. Yo sabía que sólo de esa manera tendría la atención que tanto necesitaba. Era casi como si estuviéramos tratando de ver quién podía llevar el trauma, el abuso y la violencia al siguiente nivel. Cada dos semanas nuestra familia tenía otro enemigo. Necesitaba sumarme al caos. Con el tiempo, esto se volvió normal y me empezó a gustar pelear con otros niños. Era tan fácil usar la violencia para resolver nuestros problemas que parecía la única opción. Después de tener conflictos con casi todas las familias de la cuadra, perdí a todos mis amigos y eventualmente me quedé solo. Esto me hizo sentir aún más desesperado por el amor y la atención de mi familia y aún más desesperado por su aprobación.

Mis maestros en la escuela sintieron el impacto de mis problemas en casa. Como estudiante de tercer grado, me empezaron a gustar las niñas. No me bañaba por semanas, usaba la misma ropa, y regularmente usaba zapatos sin calcetines Además, no tenía idea de cómo hablar con las chicas, así que imité a los chicos del vecindario e hice lo que ellos les hacían a sus novias: les agarraba el trasero a las chicas para llamar su atención. Mis amigos y yo contábamos cuántos traseros podíamos tocar durante cada día. Se convirtió en un juego normal, casi tan normal como jugar al escondite. Mis amigos me desafiaron a tocarle el trasero a la chica más linda de la escuela y lo hice sin dudarlo. Mis amigos en la escuela siempre me desafiaban a hacer y decir las cosas más locas.Sabía que lo que hacía era loco pero siempre aceptaba por voluntad propia. Hacía lo que hiciera falta para seguir siendo el centro de atención y que ellos no se alejaran de mí.

Como cualquier otro niño, abusaban regularmente de su poder sobre mí, haciéndome robar bocadillos de la tienda o darles las respuestas de los exámenes. No me importaba cumplir con lo que me pidieran, todo lo que sabía era que tenía amigos. . Nuestra amistad no les impidió burlarse de mi apariencia. Además del mal olor, nunca me cepillé el pelo. Los adultos de la cuadra solían llamarme *Beedabeed*, un apodo para hacer referencia a lo seco y alborotado que estaba mi cabello. Con el tiempo, el apodo llegó a mi escuela y mis amigos comenzaron a llamarme Beedabeed también. Una vez que los niños de la escuela comenzaron a hacer más bromas y a avergonzarme frente a toda la clase, empecé a pelearme con todos y cada uno. El chico que lideró la ráfaga de chistes fue el mismo que me pidió robar por él y darle las respuestas de los exámenes. Fue la primera de muchas de mis peleas escolares. Un día hizo una broma sobre mi cabello.

"Vaya, parece que eres un vagabundo . ¿Tu mamá nunca te cepilla el pelo?

Me congelé cuando los niños de la clase se rieron de sus bromas. No se detuvo allí.

"Miren a este negro tonto, el tipo ni siquiera tiene calcetines".

Otros comenzaron a intervenir.

"¡Sí, y esa es probablemente la quinta vez que usa esa camisa, que sucio es!"

Salía vapor de mis oídos mientras mi sangre comenzaba a hervir. Yo era el hazmerreír de la clase y me odiaba a mi mismo. Esperé hasta más tarde mientras estábamos en clase y tomé represalias. Quería avergonzarlo como él me había avergonzado a mí. La clase estaba en silencio y todos estaban trabajando en una tarea. Me mantuve calmado mientras atravesaba el salón fingiendo que iba a afilar mi lápiz. Antes de que pudiera mirar hacia arriba, le di un puñetazo en la cara y se cayó de su asiento. Empecé a pisotear su rostro contra el suelo con todas mis fuerzas. La ira que se había acumulado a partir de sus bromas se liberó en ese momento. No me detuve hasta que la maestra nos separó.

Era el niño más popular del tercer grado y todos lo admiraban. Después de golpearlo y avergonzarlo frente a todos, me convertí en uno de los niños más populares de nuestro grado. Niños que nunca había conocido comenzaron a hablarme y a ser amables conmigo, incluidas las chicas con las que siempre quise hablar. Se sentía bien ser el centro de atención. Se sentía bien ser temido y ser el matón. Era como si finalmente estuviera recibiendo el amor y el respeto que había querido. Este amor llenó el vacío de lo que faltaba en casa.

No estoy seguro si los maestros notaron mi ropa sucia y las otras señales de negligencia, pero estoy seguro de que notaron mi comportamiento. Quería ser el matón de la clase porque eso era lo que les gustaba a todas las chicas. Creo que incluso las chicas de la escuela vieron que estaba fingiendo. Una vez, nuestra clase estaba en la fila para ir al baño y un niño se interpuso frente a mí. Le di un puñetazo y lo pisoteé violentamente mientras estaba en el suelo. Cuando tenía ocho años, esto se convirtió en quien era, un pilar de mi identidad.

Cuando Andre descubrió por qué me habían suspendido de la escuela, se rió y me animó. Me celebraron por golpear a los niños. Me preguntaba: "¿Era así como llamaré su atención?" Eso no estuvo tan mal. Empecé a abusar de todos los niños del barrio. Ahogué a los niños con cables de extensión, golpeé a los niños más grandes y abofeteé a los niños que no me gustaban. Me volví extremadamente violento, reflejando el comportamiento de mis hermanos.

Una tarde, usamos a nuestro gato como juguete para nuestro nuevo perro, solo para poner a prueba sus límites y ver qué tanto aguantaría. El perro agarró al gato por el cuello y lo sacudió hacia adelante y hacia atrás hasta que le partió el cuello. Arrojamos el cuerpo sin vida del gato al otro lado de la calle, en el patio de nuestros vecinos y seguimos con nuestro día. Me sentí un poco incómodo, pero me uní a la risa de mis hermanos para evitar ser diferente a ellos. Mi madre regresó a casa furiosa porque su gato había sido asesinado, pero pronto lo superó

Mi violencia fue su entretenimiento: mis hermanos mayores me hacían pelear con los hermanos menores de sus amigos. Apostaban dinero para ver quién ganaría la pelea. Lo más vergonzoso fue que un niño mucho más joven que yo me ganó. Él tenía una cabeza enorme y no sentía mis golpes. Después de esa pelea, empezaron a perder la fe en mí. Perdí su atención, pero en realidad sentí que estaba perdiendo su amor. Costara lo que costara, necesitaba recuperar el amor de mis hermanos. Mi comportamiento solo empeoró y eventualmente le di una paliza al niño para obtener venganza y sentirme empoderado . Hasta que tuve unos diez u once años, luché contra mis problemas con fuerza física. No fue sino hasta que ingresé al sistema de cuidado de crianza que mi comportamiento violento comenzó a disminuir. Llevaba aproximadamente un año en el sistema de acogida cuando me separaron de la mayor parte de mi familia.

Cuando me mudé con mi hermano mayor Dylan, me sentí mal por haberlo hecho pasar por las suspensiones y las llamadas telefónicas a casa desde la escuela. Solo tenía 26 años en ese momento y no estaba lo suficientemente preparado para el estrés de criarnos a Khalil y a mí. No quería arriesgarme a que me echaran de su casa. Pero sin violencia, ¿cómo podría ganarme la atención de alguien? Mientras vivía con mis padres, éramos la familia de la cuadra conocida por la violencia. De hecho, me estoy dando cuenta de esto mientras escribo, pero siempre quise hacer algo para llamar la atención de mis padres, ya sea para bien o para mal. Quería tanto a mis padres que traté de recibir la atención que necesitaba de ellos en la escuela. Intenté descubrir quién era a través del dolor. Fui callado y aislado, un payaso de clase o un matón mientras estaba en la escuela.

DIGNIDAD

*Las relaciones abusivas promedio duran 7 años y el sobreviviente
intenta irse 7 veces antes de irse definitivamente.
1 de cada 3 mujeres y 1 de cada 10 hombres sufrirán
violencia doméstica a lo largo de su vida.*

ALEXIS

ACEPTAMOS LO QUE creemos que nos merecemos. Las víctimas suelen volver con su pareja abusiva a medida que se acostumbran a sus métodos de abuso. Había sido abusada desde que era niña y no conocía el significado de tener una relación sana. El proceso de descubrir la felicidad parecía agotador.

Con la esperanza de hacerme sentir lástima mientras se aprovechaba de su título como mi primer amor, Shawn se acercó a mí cuando su departamento se incendió, buscando un lugar donde quedarse. Kim me advirtió que era una trampa. Cuidadosa de sus intenciones, fui a desayunar con él en Kalamazoo para tener una idea clara de lo que quería. Dejó caer una bomba, diciéndome que embarazó a otra muchacha. Mi corazón dio un vuelco, y esperé escuchar una risa salir de su boca. Salí del restaurante inmediatamente. Shawn corrió detrás de mí riendo. "Relájate, fue una broma. Necesitaba ver si todavía te preocupabas y sentías algo por mí. Yo sabía que la Alexis que tanto amaba todavía estaba dentro de ti".

En 2015, me estaba preparando para mi primer programa de estudios en el extranjero en República Dominicana. Shawn sugirió que pusiera todas mis pertenencias en su apartamento, prometiendo que cuidaría de mis gatos hasta que yo regresara. Nuestro acuerdo duró poco e inmediatamente lamenté la decisión. "Saca tus porquerías y estos gatos antes de que los deje afuera", dijo Shawn una vez que sus celos regresaron. Presa del pánico, llamé a Brian y le rogué que cuidara a los gatos.

Siempre me decía "Si te portaras bien y me hicieras sentir amado, tal vez no te deje". Esto sólo me llevó a esforzarme más para ganarme su amor.

Me levantaba a las 3 de la mañana para prepararle el desayuno y el almuerzo antes de que se fuera al trabajo, con la esperanza de poder recibir un beso antes de que se fuera. Como nunca respondió a mis mensajes de texto y llamadas telefónicas, no estaba segura de si volvería a casa después del trabajo o si saldría con amigos. Le dejaba notas adhesivas alrededor de la casa para disculparme si había hecho algo mal. Traté de ser más "divertida" para no ser siempre la novia que quedaba atrás. Esto significaba que debía fumar marihuana, beber alcohol y participar en cosas que contradecían mi estilo de vida.

Debido a que nunca salí con él cuando estaba con sus amigos, nunca supe de sus incontrolables atracones de alcohol. . Una vez que lo confronté, me gritó diciendo: "¡Y te preguntas por qué no te invito con mis amigos!"

Lívido e imprudente en su embriaguez, empezamos una gran discusión que culminó cuando se encerró en el baño. Estaba de rodillas golpeando la puerta del baño rogándole que *por favor* me contestara. Sentí que me había dejado por fuera durante horas. Abrió la puerta, mirándome sentada en mi propio charco de lágrimas, y dijo; "¡Levántate y cállate!", mientras salía del apartamento.

Trató de hacerme elegir entre él y mis amigos. Shawn encontró razones para odiar a mi familia de acogida y tenerme para él solo cuando sintió que no le estaba prestando suficiente atención, incluso cuando la atención no era lo que él quería.

Cuando me fui a República Dominicana, las inseguridades de Shawn nuevamente alcanzaron una fase destructiva. Mientras empacaba mi equipaje, revisó mi maleta para aprobar cada prenda. Durante mucho tiempo había vigilado mi ropa de trabajo y de la escuela; esto no era nada nuevo.

Tuve que ser muy consciente de dónde estaban los hombres en las fotos que nos tomábamos durante el viaje. No quise ser "atrapada" estando demasiado cerca de otro hombre. Si me enviaba un mensaje de texto y no respondía de inmediato, comenzaba a preguntarme qué estaba haciendo y dónde estaba. A menudo, le enviaba un mensaje de texto para notificarle con fotos de dónde estaba y a qué edificios estaba entrando, para demostrar que no había hecho nada malo. Este tipo de territorialidad y posesividad es muy común en los casos de abuso doméstico, y aunque la mujer puede darse cuenta de que es patológico, puede encontrarse atrapada en la "comodidad" de estos patrones predecibles. Claramente todavía no estaba libre de Shawn, a pesar de mis pasos hacia la independencia.

"¿Por qué no estabas aquí conmigo cuando te necesitaba?"

"¿Por qué me decepcionaste?"

Estas fueron las preguntas subyacentes detrás de cada una de las acusaciones de Shawn. Desde comprarle un vehículo hasta pagar sus facturas, sabía que quería que yo encarnara el papel de su madre, una mujer que lo había defraudado una y otra vez. **Yo era tanto un saco de boxeo como una sustituta, destinada a decepcionarlo constantemente, precisamente porque era la sustituta de una madre que él odiaba.**

Realicé otro programa de estudios en el extranjero en Sudáfrica en 2016. En ese momento, Shawn se estaba quedando en mi apartamento y presuntamente cuidaba a mis gatos. Cuidarlos y ser amada por ellos fueron partes cruciales de mi recuperación. Ni siquiera me había ido durante dos días antes de que él rompiera conmigo una vez más, y siguió con comentarios como "Estoy tan solo. No tengo a nadie que me acaricie o me abrace. Necesito a alguien." Se aseguró de que yo supiera que él estaba involucrado con otras mujeres y que él solo hacía esto para castigarme por ser independiente.

Como castigo adicional, dejó de enviarme fotos y videos de mis gatos antes de ignorarme por completo durante semanas. A miles de millas de casa, de Kim y Brian, de mis queridas mascotas, nunca me había sentido tan desamparada y sola. Sentí un intenso odio a mí misma, abandonada solo para hundirme en la inseguridad durante horas y horas. Le envié mensajes de disculpa y promesas de "mejorar", cayendo directamente en sus manos y en el ciclo interminable y agotador de nuestra disfunción.

Durante horas antes de dormirme e inmediatamente después de despertarme, me sentaba a leer nuestros mensajes de texto y correos electrónicos una y otra vez, como una línea de vida en busca de respuestas o consuelo.

Como último intento desesperado, decidí invitarlo a visitarme durante las vacaciones de primavera en Botswana y Zimbabwe. Naturalmente, pagué su vuelo. Mirando hacia atrás, es difícil imaginar cómo pude programar una situación tan emocionalmente abusiva. ¿Cómo no sentía, en el fondo de mis huesos, que el viaje sería un desastre? Estoy segura de que, en algún nivel, lo sentía.

Shawn llegó a la casa y se negó a abrazarme. "Entremos" me dijo. "¿Por qué no te peinaste ni te maquillaste para impresionarme?" Sacó su teléfono y me mostró una foto de mí durante el fin de semana anterior cuando estaba con mis amigos, donde mi cabello caía suavemente sobre mis hombros y mi maquillaje envolvía mis brillantes ojos azules. Él dijo: "¿No soy lo suficientemente especial para que te arregles?" Luego jaló la parte inferior de mis shorts y dijo:

"¿Por qué llevas shorts tan cortos? ¿Quieres que cualquier chico se fije en ti?"

Le respondí: "Me puse esto para ti, bebé. Me peiné y maquillé ¡para ti!"

"¿Por qué no te planchaste el pelo como me gusta, entonces?", respondió.

Apenas estaba comenzando.

Shawn husmeaba en mi iPad y revisaba mis fotos, mensajes y cuentas de redes sociales. Vio una foto de mi compañero de cuarto con su brazo alrededor de mi hombro en una foto de grupo y comenzó a crear una historia completa en donde yo estaba acostándome con él y ocultándolo. Salí de clase temprano para volver a casa y consolarlo.

"Sé que te acostaste con él, solo admítelo. Te haría la vida mucho más fácil si lo hicieras". Me quedé sin palabras y me preparé para admitir las acusaciones sólo para complacerlo.

Varias personas en mi casa hablaron conmigo sobre Shawn: la energía en la casa era diferente. Obviamente estaba triste y distraída. Cuando fuimos a la playa con nuestros compañeros de casa, Shawn aprovechó la oportunidad para molestarme por olvidar afeitarme las piernas ese día, diciendo que era "tan repugnante" mientras se reía a carcajadas. Avergonzada, permanecí en silencio. Mi compañera de casa Haley me defendió.

"¿Por qué te importa si se afeita las piernas o no? Es una mujer adulta que puede decidir por sí misma si quiere afeitarse o no".

Antes de que ella dijera eso, yo estaba mirando a mis pies, asimilando sus palabras. Por primera vez, lo miré con la espalda erguida y finalmente respiré profundamente con una oleada de confianza.

Fue difícil equilibrar su presencia con mis estudios. Elegí tomar cinco cursos a diferencia de la mayoría de los otros estudiantes internacionales que tomaron tres.

Durante mucho tiempo, no pensé que la gente me creería si les decía lo cruel que era a puerta cerrada. Shawn podría ser tan encantador y carismático en público. Pero cuando estábamos acampando en Zimbabue, dos de mis amigos se acercaron a mí para decirme que Shawn era un "imbécil" y que las llamó "perras" por no cocinarle huevos durante la hora de desayuno. Me quedé atónita. Algo más en mí se desató. Pensé que Shawn reservaba para mí esa odiosa palabra. Saber que podría llamarle "perra" a cualquiera por cualquier motivo me liberó un poco; tal vez no era una mujer tan terrible después de todo. Quizás él era el problema.

El silencio rodeó el campamento por completo durante esa mañana hasta que Shawn comenzó a gritarme a todo pulmón que yo valía menos que la tierra bajo sus pies. Ya no le importaba quién pudiera oírlo, ya que nunca los volvería a ver. Nunca dejó de recordarme de lo rota que estaba y enfatizaba que nadie más me podría amar con todo lo que había vivido. A pesar de todo lo que dijo, permití que se acostara conmigo esa noche. Lloré todo el tiempo que esto duró.

El sexo fue una de sus formas de castigarme. Me hizo sentir sucia, inútil, insuficiente, y fea, quitándome la dignidad de ser mujer, y la dignidad como su pareja. Realmente creía que merecía sentirme herida y dolorida. Era mercancía dañada.

Mientras mi identidad y valor estuvieran basadas en otro ser humano, al igual que se basaron en Shawn durante todos los años, sabía que continuaría de esa manera.

Finalmente logré romper nuestra relación. Mi amiga me ayudó a cancelar la línea telefónica que usaba Shawn en mi plan familiar, pretendiendo ser yo en una llamada con un representante de T-Mobile. No tuve la fuerza para decir las palabras yo misma y poco después, tuve un sueño...

Viajaba con compañeros de clase cuando olí el agua fresca del océano y el jugo de coco como si estuviera viviendo en un ambiente tropical. Me llevaron a un monumento donde fui separada de los demás. Subí al segundo piso de un edificio misterioso que no estaba permitido visitar. Tan pronto como llegué, apareció la policía y rápidamente intenté escapar. Confundida mientras buscaba una salida, me encontré atrapada en un callejón sin salida. El policía me levantó del suelo mientras le rogaba que me dejara ir. Exigió que me bajara los pantalones o moriría en la cárcel. Obedeciendo sus órdenes, me bajé lentamente los pantalones, pidiendo entre lágrimas que alguien me ayudara. El oficial de policía comenzó a violarme mientras le rogaba que se detuviera. Dijo que no lo haría hasta que me sometiera por completo a sus órdenes. Mientras arrastraba mi cuerpo sin vida al vestíbulo, otro oficial se acercó a nosotros para preguntarnos qué había sucedido. Él respondió con voz severa y segura: "Todo está bien ... Ella ya pagó su deuda".

Este sueño simboliza a los vulnerables y frágiles que están "endeudados" con la sociedad. Operamos toda nuestra vida bajo un microscopio, buscando satisfacer a quienes nos han impuesto su voluntad. El policía representó a todos los hombres de mi vida que imitaban los métodos de engaño de las serpientes. Estaba en deuda con este mundo y mi cuerpo se convirtió en mi ofrenda.

Con el tiempo, mis logros se convirtieron en una forma de pagar esta deuda que me había imaginado. La vida en esta etapa consistía en distraerme de la realidad, sobresalir en la escuela como mecanismo de afrontamiento. El entrenador del Programa de Becas de Seita siempre me empujaba a reflexionar sobre mi necesidad de validación externa, por qué nunca me permití relajarme y pasar tiempo sola. Cuando estás en constante movimiento, no tienes que enfrentarte a las difíciles realidades de la vida. Cuando no escribes las cosas en un diario, en realidad no sucedieron, ¿verdad? Me convertí en una experta ocultando; ocultaba mi dolor al llorar en los baños, mentía sobre cómo me sentía, y ocultaba la triste realidad de mi relación abusiva. Fue más fácil contenerme y mantenerme ocupada que enfrentar lo que escondía. Mantenerme ocupada fue la excusa perfecta para descuidarme a mí misma porque estaba siendo productiva y esto era algo bueno ¿verdad? Cuando recibí algunos de los más altos honores académicos que pueden recibir los estudiantes universitarios, como dos premios Presidenciales Escolares, la beca de Gilman Internacional y el compañerismo de Germán Civic, me pregunté si realmente era digna de recibir tantos reconocimientos. "¿Por qué yo?" El síndrome del impostor que me hacía sentir como un fraude que no merece sus logros lo empeoró todo

Un día, Kim me llamó. "Alexis, sabes que te amaré sin importar lo que logres o no logres. Eres mi hija y sigo estando orgullosa de ti".

Esta fue la primera vez que recibí un reconocimiento tan cálido. Algunos de nosotros estamos en un camino, desde la niñez, hacia el amor y la validación, después de haber sido depravados de la seguridad durante estos primeros años cruciales. Siempre recordaré esta llamada. En ese momento, me sentí amada por ser quien soy, validada e incluso tratada de forma maternal. La llamada también provocó una epifanía: fallar, no alcanzar un logro o errar completamente estaba bien. Mientras disfrute de la vida y me respete en el proceso, la paz y la felicidad serán alcanzables.

DIGNIDAD

JUSTIN

TENER FIGURAS PATERNAS fuertes infunde confianza en uno mismo y un sentido de dignidad. Los buenos padres validan el sentido de importancia de sus hijos y los reconocen como individuos con sus propias necesidades. También guían con el ejemplo y, al hacerlo, inculcan carácter en sus hijos, una comprensión firme de lo que está bien y lo que está mal, y el sentido de seguridad que necesitan para cometer errores y aprender de ellos a medida que moldean sus conciencias. Y, por supuesto, se supone que los padres deben proporcionar estabilidad. Solo pude resolver estas cosas más tarde, al revés, después de reconocer lo que no tuve mientras crecía. Nunca me sentí amado por mis padres y creo que eso me causó el sentimiento de ser inútil a lo largo de mi vida.

Me fui de la casa de mi hermano Dylan a los 11 años. Cuando mi hermano Khalil y yo nos mudamos con él, no me había dado cuenta del grado de responsabilidad que implica la crianza de dos niños. Con su paciencia en declive, Dylan pudo haber esperado que esta fuera una ubicación temporal mientras mi madre estabilizaba su vida, pero nunca sucedió. Además, su estilo de vida de disfrutar de comida rápida o cenas de lujo mientras mi hermano y yo comíamos lo poco que dejaba en el refrigerador se volvió insostenible. Eso, combinado con el hecho de que vivíamos en un apartamento infestado de insectos, hizo que las cosas fueran especialmente incómodas.

Cuando me mudé con mi tía Cheryl a los 11 años, descubrí dónde vivían mis padres y me encantó verlos. Pasó más de un año y estaba desesperado por no tenerlos en mi vida, independientemente de nuestro abrupto pasado. Ignoré nuestros problemas familiares con la esperanza de encontrar la normalidad.

Mi tía Cheryl se ofendió cuando pedí ver a mis padres. Ella sintió que ellos solo querían ser padres cuando les convenía. Sabía que seguían abusando de las drogas y siendo padres irresponsables. Khalil y yo solo queríamos que fueran parte de nuestras vidas. Cuando me convertí en adolescente, conseguía dinero de mi mesada o de cortar el césped en el vecindario solo para tomar el autobús y visitarlos. Desde la perspectiva de la tía Cheryl, ella se convirtió en nuestra enemiga y nuestros padres se convirtieron en nuestros salvadores.

Nuestros padres nos compraban cualquier comida que quisiéramos con sus cupones de alimentos, y hacíamos lo que queríamos sin ser regañados. Jugaba videojuegos toda la noche, comía toneladas de comida chatarra y escapaba de los problemas que tenía en la casa de mi tía Cheryl. En la casa de la tía había demasiadas reglas y regulaciones. Aunque eran por nuestro propio bien, Khalil y yo odiábamos seguir las reglas porque no estábamos acostumbrados. Ya sea comiendo juntos en familia o haciendo las tareas del hogar rutinariamente, nos tomó años acostumbrarnos a una cultura familiar ideal.

Como nueva madre de crianza temporal, fue difícil para mi tía adaptarse. Su casa era esaa casa miserable y aburrida donde necesitábamos hacer los quehaceres y compartir nuestra comida. En la casa de mi mamá y mi papá, comíamos cuando queríamos y hacíamos lo que queríamos. Había poco o ningún equilibrio y vivíamos en dos mundos completamente diferentes.

Me convertí en una persona bajo tutela del estado hace años y los derechos de paternidad de mis padres se terminaron. Además de perder la custodia, para mis padres era ilegal estar cerca de niños. Independientemente, mi tía sabía cuánto queríamos tener una relación con ellos y no quería interponerse en eso. Incluso con el uso de drogas de mis padres, ella sentía que era necesario darles la oportunidad de ser padres. Eventualmente, comenzó a llevarnos a mi hermano y a mí a su casa cuando nos portábamos mal. Ella no sabía que esto solo nos dañaría aún más, causando resentimiento dentro de nuestra casa regular. Visitamos con frecuencia a mis padres. Se convirtió en una ocurrencia de una o dos veces al mes. Por mucho que disfrutaba visitarlos, tenía preguntas que debían ser respondidas. La comida chatarra ilimitada y los videojuegos eran geniales, pero todavía tenía esa sensación vacía dentro de mí. Esto provocó una gran pregunta para mi mamá, pero no me atrevía a preguntarle, así que le pregunté a mi papá, sin saber cómo respondería. Sentado en la habitación de mis padres, pregunté:

"¿Mamá sigue usando drogas?" Mi tono era tímido y mi voz muy tranquila.

Sentado a mi lado en la cama fumando un cigarrillo, mi papá dijo: "Esa es una pregunta que debes hacerle a ella".

Fue por ella a la sala. Entró y se sentó a mi lado, sabiendo que sería una conversación difícil. No podía mirarla a los ojos. Ella dijo: "¿Querías preguntarme algo, hijo?" No recuerdo si siquiera le hice la pregunta. Solo recuerdo estar sentado allí en silencio. Su estilo de vida se parecía al que vivían en Dexter; ya sabía la respuesta ...

Cuando tenía unos diez años y vivía con mi hermano mayor Dylan, mi madre hizo un intento honesto de volverse sobria y cambiar su vida. Teníamos reuniones familiares para reconectarnos y construir una base sólida. Sucedió un día cuando estábamos en una reunión familiar con mi hermano Khalil, mi mamá, una trabajadora social y yo. La trabajadora social hizo una serie de preguntas, pero solo pude recordar la primera y la segunda. Ella preguntó: "¿Por qué razón sus hijos ingresaron al sistema de cuidado de crianza?" Mi mamá respondió: "Porque *tenía* un problema de adicción a las drogas". Luego, la trabajadora social preguntó: "¿Qué droga específicamente?" Mi mamá dijo: "Yo era adicta al crack". Mi corazón dio un vuelco y sentí como si me hubieran quitado todo el aliento de los pulmones. Viví en negación durante tanto tiempo que no lo quise creer hasta que lo escuché salir de sus labios.

En ese momento, mi madre vivía en una casa de recuperación, con otras mujeres que luchaban contra la adicción. Nunca la vi tan fuerte y saludable en mi vida. Durante los meses siguientes, iba a visitarnos con regularidad. Incluso nos llevó a conocer a sus compañeras de casa. Recuerdo que vino a visitarnos una vez y nos habló del versículo bíblico que la ayudó a recuperarse. A partir de ese momento, me sabía de memoria ese versículo bíblico: Salmo de David.

"El Señor es mi pastor, nada me falta; en verdes pastos me hace descansar. Junto a tranquilas aguas me conduce; me infunde nuevas fuerzas. Me guía por sendas de justicia por amor a su nombre. Aun si voy por valles tenebrosos, no temo peligro alguno porque tú estás a mi lado; tu vara de pastor me reconforta. Dispones ante mí un banquete en presencia de mis enemigos. Has ungido con perfume mi cabeza; has llenado mi copa a rebosar. La bondad y el amor me seguirán todos los días de mi vida; y en la casa del Señor habitaré para siempre."

Leerlo me transporta a la época en que mi mamá mejoró. Nos dio a Khalil y a mí la esperanza de que podríamos superar cualquier obstáculo o dificultad que enfrentáramos.

Sin embargo, eventualmente mi madre dejó de asistir a nuestras reuniones semanales y la trabajadora social no pudo encontrarla. La casa de recuperación nos informó que mi madre se había ido. Poco después, descubrimos que había vuelto a la casa vieja en la calle 25 con mi padre. Khalil y yo teníamos que seguir adelante con nuestras vidas.

Cuando estábamos deprimidos, solos y débiles, recitamos nuestra escritura, el Salmo 23. Nos ayudó a través de más de nueve años juntos en el sistema.

Cinco años después, cuando tenía 15 años, me senté a su lado y le pregunté si todavía era adicta a las drogas. Escuché las palabras de nuevo, pero esta vez me dolió más que la última vez. Me dijo que todos sus hijos (mis otros cuatro hermanos y yo) estaban fuera de casa y que ella solo era responsable de sí misma, lo decía como si todos nos graduáramos y nos fuéramos a la universidad. En realidad, CPS nos llevó a todos, y tuvimos que luchar para algún día salir del sistema de cuidado de crianza.

Mi hermano Khalil y yo teníamos 15 y 17 años. Mi hermano Andre y mi hermana Tiffany llevaban estilos de vida apenas sostenibles porque solían entrar en relaciones tóxicas que causaban que se mudaran de casa en casa. Dylan, era el único que tenía cierto sentido de estabilidad e independencia, habiendo vivido solo desde los 16 años. Dylan llamaba a mi mamá por su primer nombre, sin identificarla nunca como su madre. Nunca lo escuché llamar a mi mamá su madre.

Estaba perdido, ansioso y en búsqueda de lucidez. Que mi mamá me dijera que ella podía consumir drogas si quería porque estábamos todos fuera de la casa fue el golpe que me sumergió en una depresión profunda. Como adulto, ahora tengo una mejor comprensión de la adicción a las drogas y cómo funciona, pero a los 15 años, solo deseaba el amor y la atención de mis padres y haría literalmente cualquier cosa para obtenerlos. A medida que la relación entre mis padres y mi tía empeoraba, era más difícil encontrar quien nos llevara a la casa de mis padres. Si no los visitábamos, no los veríamos. Me preguntaba si realmente querían venir a vernos. Por favor, vengan a mis partidos de fútbol. Vengan a visitarme a casa. Por favor, mamá… Demuéstrame que me amas. Que yo existo. Dicen que lo opuesto al amor no es el odio, sino la indiferencia, y la indiferencia fue exactamente lo que sentí de mi madre cuando fácilmente se lavó las manos de cualquier responsabilidad por sus hijos.

A través de mis más de nueve años de experiencia en el sistema de bienestar infantil de Detroit, siempre me pregunté por qué mis padres nunca pensaron en ver cómo estaba. Mis padres vivían a unos 30 minutos. Todos vivíamos en el lado oeste de Detroit y no recuerdo una sola visita de ellos. Me sentía inútil y llegué a tener pensamientos de suicidarme.

Hubiera sido más fácil aceptar la ausencia de mis padres en mi vida si hubieran fallecido. Eso sería una buena excusa para no venir a vernos. Ya sea que tomara el autobús en un clima de -9.44 grados o tomara un taxi de ida y vuelta de $50 USD, me aseguré de poder ver a mis padres. No importaba su negligencia, adicciones o egoísmo, siempre quise estar cerca de ellos.

Ahora me doy cuenta de que quería ser validado por ellos. Quería que mi mamá me dijera que me amaba y que estaba orgullosa de mí. En realidad, mis padres siempre me dijeron que estaban orgullosos de mí, pero se sentía vacío e insustancial.

Durante una de mis últimas visitas a mis padres cuando era adolescente, mi padre finalmente dijo una verdad que ocultó por mucho tiempo. La gente dice que cuando estás borracho, normalmente, dices lo que piensas y papá siempre supo cómo herir fuertemente cuando estaba borracho. Mis padres estaban en medio de una fuerte discusión que casi resultó en violencia. Él le llamó todo tipo de apodos degradantes, lo que ya era normal para entonce. Mi mamá mencionó que no deberían estar discutiendo frente a nosotros. Y él respondió con la verdad. Dijo que no le importaba y que solo éramos una carga que no quería. Me quedé allí indefenso, sintiendo que no tenía razón para vivir.

Aunque pasaba las vacaciones en la casa de mis padres, el sentimiento de inutilidad me persiguió hasta cuando ya era adulto. Recuerdo haber comprado mi primer auto en 2017. Durante el proceso, quería que mi papá estuviera a mi lado, ya que percibí este momento como algo que debería ser compartido entre padre e hijo. Mientras salía del estacionamiento, tuve un ataque de pánico. Asumí que lo arruinaría y que no era digno de algo tan bueno. No podía respirar y todos los músculos de mi cuerpo comenzaron a temblar. En medio de este ataque de pánico, le pregunté a Dios *"¿Por qué yo? ¿Fui solo un producto de dos personas que se unían para tener sexo? ¿Por qué estoy aquí y por qué merezco sufrir?"*

PARTE 3: DEFINICIÓN DE AMOR

Lo que dicen las estadísticas:
Por medio, 24 personas por minuto son víctimas de violación, violencia física o acoso por parte de una pareja íntima en los Estados Unidos.

Qué dice Dios:
"El amor es paciente, es bondadoso. El amor no es envidioso ni jactancioso ni orgulloso. No se comporta con rudeza, no es egoísta, no se enoja fácilmente, no guarda rencor. El amor no se deleita en la maldad, sino que se regocija con la verdad. Todo lo disculpa, todo lo cree, todo lo espera, todo lo soporta.
(Corintios 13:4-12)

VENDIDO

ALEXIS

NUESTROS PADRES DECLARARON las bases y el estándar del amor. Ellos deben enseñarnos cómo amar y cómo recibir el amor. Pero si los padres no conocen al amor saludable, es inevitable que los niños hereden inconscientemente hábitos y patrones insostenibles de sus padres. **Este ciclo permite a las personas que no están familiarizadas con una definición saludable del amor, que definan lo que es el amor para las generaciones que siguen.** La familia juega el rol más íntimo en la formación de nuestros valores, morales y hábitos; en consecuencia, son quienes más pueden dañarnos. Muchos adultos pasan toda su vida recuperándose de su infancia, anhelando el amor, la aceptación y el elogio que no les brindaron sus padres.

Cuando murió mi mamá, me fui a vivir con mi padre. Fue entonces cuando me enseñaron por primera vez que el amor duele. Es violento, impredecible, viola los límites y establece patrones de miedo y desesperación. Algunas ideas, como llenar los vacíos con dinero, comenzaron en la casa de mi padre. Mi familia siempre ha sido transaccional. Para recibir debes dar; preferiblemente en efectivo. Cada Navidad, recibía más de $500 en regalos y aún así nunca estaba satisfecha, especialmente cuando veía a mi primo o un amigo recibir algo que yo no había recibido. Por supuesto, mi papá me compraba regalos y me daba todo lo que "quería" como táctica para que me quedara callada o racionalizara lo que me estaba haciendo durante años. Sin embargo, la lección seguía ahí: demuestras cuánto amas a alguien a través de cosas materiales. A medida que me volví más consciente de esto, comencé a notar esto con otros miembros de la familia y su estilo de crianza o sus relaciones íntimas. Mi hermano le regalaba a su novia un regalo de $300 USD y si ella solo gastaba $250 USD, le pediría la diferencia. Para mí, esto se sentía transaccional y... vacío.

Cuando Justin y yo pasamos nuestra primera Navidad juntos, gastamos más de $200 USD el uno en el otro porque así era como ambos esperábamos que fueran el amor y las relaciones. Esa noche, hablamos sobre la falta de sentido que fue ese gasto, que debemos mostrar nuestro amor a través del tiempo juntos y las experiencias. No necesitábamos demostrar nuestro amor hacia el otro con el dinero gastado o las cosas adquiridas. Hemos visto a demasiadas personas tratando de demostrar cuánto aman a su pareja o a sus hijos a través de regalos. Queremos romper ese patrón. Los regalos pueden ser símbolos de amor, pero darlos no equivale a amar. Ternura, respeto mutuo, admiración, y estabilidad: estos son algunos de los signos del amor entregado y recibido.

Mi hermano Zach dejó embarazada a una mujer. Inmediatamente le llamé para preguntarle si era suyo. Con la cultura de la misoginia en las raíces profundas de la familia, dijo que ella no tenía ningún valor fuera de los agujeros en su cuerpo y que él no tenía espacio para un asiento de bebé en su motocicleta.

Publicó memes en las redes sociales del "Plan C", lo que significaba golpear a una mujer embarazada en el estómago. Se mantuvo firme en que este no era su hijo. Al igual que mi padre, nunca se hizo responsable de sus acciones. Cuando le dije que le creía a la muchacha, hizo lo que todos los hombres de mi vida habían hecho. Una vez que establecía su punto a través de mensajes de texto, redes sociales y correo electrónico, me bloqueaba para que no pudiera responder. Escribió:

Viniendo de Snowbunny que amaba la vida en el barrio y ahora es toda una cristiana falsa, ya no es la misma y quiere un estilo de vida suburbano. ¿Recuerdas el estilo de vida que llamaste aburrido y cojo cuando eras niña? ¡Te vendiste! ¿Crees que porque mamá murió tengo un trastorno psicológico? Perra, por favor. Lo superé desde que murió, apenas si lloré. Así que supéralo. Únete al mundo real, has estado condenada y te han lavado el cerebro para que creas la mierda que persigues.

Aunque hizo todo lo que pudo para evitar la verdad, el niño sí era su hijo. Reflexioné sobre cómo trataba a las mujeres de su vida. Yo conocía muy bien cómo actuaban los hombres con masculinidad frágil. Había visto cómo la ira crónica podía afectar a los hombres. Podía ver su trauma desarrollándose. Resentía a nuestra madre por morir y buscó nuevas figuras maternas en sus novias, de las que luego abusó por resentimiento retributivo. Conocía ese patrón demasiado bien. Le molestaban mis esfuerzos de construir una nueva vida para mí, por salir de la pobreza mental y espiritual en la que nos habíamos criado. Esto reflejaba el pesimismo inherente de la cultura en la que crecimos. En lugar de inspirarse para aspirar a cosas más grandes, su objetivo era derribar a cualquiera que intentara dejar el nido de disfunción y patología. Justin ha visto la misma tendencia dentro de su comunidad. Mi hermano tenía un trastorno de personalidad antisocial. Nos criaron en un ambiente en el que la gente creía que estaba mal darle amor a sus hijos porque los haría "débiles". El alma rota de mi hermano era claro ejemplo de los resultados.

No tuve más remedio que dejarlo atrás. Dejé atrás la cultura familiar que alguna vez consideré normal para comenzar un camino de curación que dependía de mí misma.

En 2011, mi tercer año en la escuela secundaria, perdí al único hombre al que siempre había admirado y en quien siempre había confiado. Mi tío Giles era más un padrino que ayudó a criarme desde que tenía solo cinco o seis años. Meses antes, había visto al tío Giles toser sangre, y cuando le pregunté qué le pasaba, dijo que estaría bien. Cuando le pregunté si vendría a mi graduación, dijo: "No me lo perdería por nada del mundo". Ver su cuerpo alto y saludable marchitarse frente a mí sin explicación o reconocimiento me destrozó.

Su esposa, la tía Bev, se convirtió en la persona más cercana a mí. Unos años después, en medio de la clase, recibí una llamada de la mejor amiga de la tía Bev, quien me dijo que si quería despedirme de la tía Bev, tendría que venir de inmediato ...

Salí corriendo de la clase sin hacerle caso a mi maestro, conduciendo a más de 100 millas por hora, con la esperanza de que se curara milagrosamente por verme. Cuando entré, dijo "¡Alexis! Estoy tan contenta de que llegaste a tiempo. Ahora puedo estar con el tío Giles, así que no estés triste por mí". Ni siquiera dos horas después, vi a los médicos retirarle el soporte vital.

Su casa siempre fue mi hogar. Cuando la gente me preguntaba de dónde venía o dónde estaba mi hogar, decía que mi hogar es su casa. Ahora ambos se han ido. ¿Dónde está mi hogar ahora?

VENDIDO

*"El SEÑOR, el SEÑOR, Dios compasivo y clemente, lento para la ira y
abundante en misericordia y fidelidad; el que guarda misericordia a millares,
el que perdona la inequidad, la transgresión y el pecado, y que no tendrá
por inocente al culpable; el que castiga la inequidad de los padres sobre los
hijos y sobre los hijos de los hijos hasta la tercera y cuarta generación."*
(Éxodo 34:6-7)

JUSTIN

EL TRAUMA NO resuelto puede transmitirse fácilmente de generación en generación. El trauma se puede transmitir como cultura al ser normalizada entre familia. La razón por la que permanece dentro de una familia durante tanto tiempo es porque frecuentemente no se identifica y luego se etiqueta incorrectamente. Varias familias han etiquetado su trauma como amor. Cuando identificas al trauma como amor, aceptas todo lo que viene con él.

A lo largo de mi vida, mi papá y sus hermanos siempre elogiaron y honraron a nuestros abuelos, asegurándose de nunca criticar su relación. Según lo que escuché de muchas de mis tías y tíos, tenían la familia perfecta y eran felices juntos. Creo que una pequeña parte de esto podría deberse al hecho de que querían respetar a sus padres fallecidos, pero la idea de que no hayan cometido errores era sospechoso. Por las historias que contaban de mis abuelos, siempre me pregunté si había más en su historia de lo que se decía. **¿Por qué nunca escuché nada malo sobre ellos cuando tantos de**

mis tíos y tías han mostrado un comportamiento tan violento a lo largo de sus vidas?

Mi madre me contó una vez una historia sobre cuando estaba embarazada de mí o de mi hermano Khalil (no estoy exactamente seguro de cuál). Mi mamá estaba ya bastante avanzada en su embarazo y tuvo una fuerte discusión con mi padre. Cuando mi mamá y mi papá discutían, siempre hacían y decían cosas horriblemente crueles. Después de la discusión, mi papá le dijo a sus hermanas que el bebé podría no ser suyo para evocar una respuesta vengativa de su familia. La tía Cheryl agredió físicamente a mi madre por mentir sobre quién era el padre. Este tipo de incidentes ocurrían regularmente y mi mamá seguía contándome historias sobre los hermanos de mi papá.

Al vivir con mi tía Cheryl, siempre escuché historias sobre mis abuelos y cómo ella adoraba su relación. Dijo que nunca había visto a alguien amar a una mujer como su padre amaba a su madre. De vez en cuando, mencionaba que mi abuela y mi abuelo solían discutir. Decía poco o no daba ningún detalle sobre lo qué sucedía o sobre qué discutían, aparte de describir sus peleas como "muy intensas". Luego dijo que mi abuelo se mudó de su casa en la calle 23 a una al final de la cuadra debido a la intensa discusión. Siempre quise más detalles sobre su relación y cómo criaron a sus hijos.

Es muy probable que mi padre haya aprendido a lidiar con su enojo de la misma manera que lo hicieron mis abuelos. Esto significa que la violencia doméstica ha pasado por al menos tres generaciones en mi familia. Siempre me pregunté por qué tales historias de violencia eran normales entre mis tíos y tías. Desde tiroteos y apuñalamientos hasta atropellamientos vehiculares, la mala conducta se había normalizado.

El significado de "familia" es complicado de definir. Mis parientes creían que la familia significaba permanecer unidos, pase lo que pase. Al crecer en la casa de mi tía Cheryl, recuerdo que toda la familia de mi padre conocía las escrituras bíblicas como la palma de su mano, pero yo aún no sentíaí el amor de Dios mientras estaba con ellos. Crecí rodeado de religión. Mi tía, su hijo, mi hermano Khalil y yo íbamos a la iglesia todos los domingos. Incluso nos unimos al coro por un tiempo. Fuimos a una antigua iglesia bautista tradicional donde el servicio podía durar desde las 10 am hasta casi las 2 pm (lo que me hacía perder el inicio del juego de los Detroit Lions todos los domingos). Amábamos las tradiciones del cristianismo, pero nos faltaba una relación espiritual con Dios. Nos vestíamos para la iglesia gritando mientras recibíamos el Espíritu Santo, diciéndoles a otras personas cuándo necesitaban estar bien con Dios. Pero no teníamos la sensación de paz y el propósito que más tarde encontraría en el cristianismo. Ir a la iglesia nunca detuvo los chismes familiares, la violencia familiar y nuestra violencia hacia los demás, o el odio que muchos miembros de la familia sentían entre sí. Cuando mis tíos y tías tenían problemas entre ellos, las cosas se ponían feas. Si no ocurría un altercado físico, había una abrumadora cantidad de chismes dentro de la familia. Los profundos y oscuros secretos de un miembro serían revelados casualmente por otro en medio de sus juegos de venganza.

Debido a esto, me tomó un tiempo comprender el amor desde una perspectiva piadosa. Nuestra familia hablabaó de lo dulce y asombroso que era Dios, pero nunca vi mucho de eso dentro de nuestra casa. El problema era que rara vez nos sumergíamos profundamente en las escrituras y practicábamos de manera inconsistente lo que aprendíamos de ellas. Mi primera conexión con Dios comenzó cuando tenía diez años y vivía con mi hermano Dylan. Él era ateo, pero nunca se minimizó mi curiosidad por una conexión espiritual. Comencé a visitar la iglesia apostólica en la misma calle todos los domingos. Después de un tiempo, mi hermano Khalil comenzó a acompañarme al servicio, supongo que también buscaba alguna forma de satisfacción. Parecíamos locos al irr a la iglesia porque no entendíamos la etiqueta que se esperaba. Iba vestido con mi camiseta de la WWE y pantalones cortos de baloncesto. Mi hermano se vestía un poco mejor con un polo y jeans. Aparte de nuestro uniforme escolar, no teníamos la ropa adecuada para ir a la iglesia.

Aunque no éramos conscientes del atuendo apropiado de la iglesia, nuestro deseo de tener una relación con Dios era auténtico. Cuando nos mudamos con mi tía y tratamos de llevar esa misma ropa a la iglesia, ella inmediatamente nos llevó a comprar un traje y ropa de vestir para el servicio del domingo. Al vivir con mi tía, la iglesia y la religión parecían algo forzado. Si mi hermano y yo usábamos un atuendo "inapropiado" en la iglesia o nos atrevíamos a cuestionar la Biblia o cualquiera de las creencias religiosas de mi familia, tendríamos grandes consecuencias. Es por esto que los jóvenes de nuestra generación se han alejado de Dios. Mucha gente ha seguido la religión ciegamente sin hacerse preguntas. Con estas estrictas tradiciones religiosas, la población joven se ha alejado de Dios para buscar respuestas fuera de la iglesia. Para mí, hay un componente filosófico en la vida religiosa, una fuerte necesidad de hacer grandes preguntas y buscar el sentido de la vida. Se trata de estudiar analíticamente las escrituras bíblicas más que un entretenimiento sin sentido, prolongadodurante el servicio que aleja la atención de Dios. También se trata de coherencia. Si vas a la iglesia y te sientas durante el servicio, tienes que escuchar las palabras, interpretarlas y aplicarlas a tus propias acciones en la vida. La iglesia no es solo un espectáculo, ni solo para las vacaciones, ni para disfrazarse. **Se trata de comportamiento y elecciones, comunidad y significado.**

La religión estricta no me impidió hacer preguntas. Seguí haciendo preguntas, pero busqué en Dios las respuestas. Sentí mucha curiosidad y comencé a leer la Biblia todo el tiempo. Incluso comencé a llevar mi Biblia a la escuela y oraba en silencio en la clase antes de mis exámenes. Mi deseo de leer la Biblia y acercarme a Dios comenzó cuando era preadolescente. Pero cuando era adolescente, mi desesperación por el amor y la aprobación de mis compañeros eclipsó mi amor por Dios. Ser el niño piadoso que oraba y leía la Biblia antes y después de la clase no era genial y no me ayudaba a conseguir chicas. Y créeme, es muy solitario ser el niño que no habla con las chicas.

Cada año que Khalil y yo vivíamos con mi tía, nuestra relación empeoraba. Llegó un punto en el que ya no éramos sus sobrinos, sino dos niños adoptivos que vivían en su casa. Khalil y mi tía Cheryl chocaban con regularidad a medida que él crecía y su interés por las chicas también aumentaba. Mi hermano salía todas las noches con chicas, ignorando las reglas de la casa durante el proceso. Khalil no asistía a la escuela (y a veces a la práctica de fútbol) para pasar el rato con las chicas. Eventualmente, lo atraparon y rompió por completo su confianza con la tía Cheryl. Nuestra relación con ella se volvió más distante cuando mi hermano y yo nos volvimos contra ella. La tensión era obvia y ella no la ocultabaa. Ella nos faltaba al respeto abiertamente sin remordimientos, degradándonos mientras hablaba por teléfono con otros miembros de la familia. Llamarnos perezosos y decir que no hacíamos nada dentro la casa era normal. Nos convertimos en el tema de los chismes en nuestra familia. Khalil y yo visitábamos a nuestros primos y escuchábamos rumores inquietantes sobre nosotros.

"Escuché que están volviendo a Cheryl loca otra vez".

Sí, escuché que está a punto de echarlos a los dos".

O si pasaba por la cocina cuando visitaba a otra tía, alguien diría

¡Sí! Escuché que se están comiendo toda la comida de Cheryl, que no vengan acá a comerse toda nuestra comida."

Era el epítome de la humillación.

Era común que mi tía regresara a casa gritando por una tarea que no estaba hecha y nos amenazaba con echarnos en la calle. Casi todos los días, cuando llegaba a casa, esperábamos que nos gritara por algo. Esto ya no era un hogar, ni era amor. En ese momento, creo que ella nos permitió seguir viviendo con ella por los estipendios mensuales por cuidado tutelar. Ella estaba sin trabajo en ese momento y el dinero que aportábamos como jóvenes de crianza proporcionaba alimentos para la casa. Después de que quedó claro que nos habíamos quedado más tiempo de lo que esperaba y el amor y el respeto se habían ido, seguí el camino de rebelión abierta de mi hermano al ignorar sus reglas.

En el primer año de la escuela secundaria, era un payaso de clase, expresando mis frustraciones de vida hogareña durante el día escolar. Todos los días, lidiaba con el hecho de que nos podían echar en cualquier momento. Era difícil concentrarme en la escuela y siempre me irritaba en casa. Las constantes amenazas e inseguridades en casa también afectaron mi comportamiento en la escuela. **La fachada que retraté en la escuela, combinada con la guerra mental y emocional que tenía esperándome en casa, a veces me hacía llorar solo en el baño.** Oraba para que Dios aliviara mi carga y me diera esperanza y felicidad. Con lágrimas corriendo por mis mejillas, me ponía mis audífonos para ahogar el ruido del mundo, escuchando la letra de una de mis canciones favoritas: *The Vent* de Big KRIT.

> Sé que has estado deprimido tanto tiempo
> Entonces seré más fuerte por ti
> Sé que has estado deprimido tanto tiempo
> Porque yo también he estado deprimido
> Síi entiendo
> Lo que estás viviendo
> Sí entiendo
> Porque yo también lo estoy viviendo*

*Traducción libre

Estas palabras me reconfortaban, asegurándome que Khalil y yo no estábamos pasando por estas situaciones solos. Escuchaba a mi mamá diciéndome estas letras y la imaginaba rescatándome de los estragos y privaciones del sistema de cuidado de crianza. Nunca me acerqué a mis padres con la idea de volver a vivir con ellos porque sabía que no iba a suceder. Luchaban por sobrevivir ellos mismos, no podían cuidar de nadie más.

Las cosas se derrumbaron al final de mi segundo año de secundaria. Fui a la Old Redford Academy en ese momento, una escuela autónoma en Detroit. Los chicos tenían que usar trajes completos como uniformes. Las niñas vestían faldas, camisas de vestir abotonadas y un chaleco. Si los niños olvidaban algo tan pequeño como su cinturón en casa, el director nos mandaba a casa. Es seguro decir que nuestra escuela era bastante estricta. Dos semanas antes de los exámenes finales, me suspendieron de la escuela por jugar a pelear y por darle al guardia de seguridad un nombre falso como si fuera a escapar de la situación.

Me suspendieron de la escuela y me sentí indiferente con las consecuencias que siguieron. Salí con mi hermano Andre, buscando aún más problemas. Le dije que quería perforarme las orejas, una decisión que sabía que causaría aún más disturbios en casa. Mi tía no quería que nos hiciéramos tatuajes o piercings para que eventualmente pudiéramos encontrar un buen trabajo. Ella siempre nos dijo que esas eran decisiones de adultos y que todavía no teníamos la edad suficiente para tomar esas decisiones. Decidí hacerme un piercing de todos modos. Cuando volví a casa, lamenté mi decisión, pero ya era demasiado tarde. Estaba en la cocina lavando los platos, con los audífonos tapándome las orejas, cuando mi tía me hizo una pregunta. Los bajé lentamente y la miré a los ojos, temiendo su respuesta.

Durante los seis años que vivimos con mi tía, ella nos gritaba mucho, pero yo nunca la había escuchado gritar así. El tono de su voz me dijo que nuestro tiempo juntos había terminado. Sus ojos parecían brillar en rojo. Una enorme vena palpitó en su frente. "¿QUÉ? ¿QUÉ?" Ella dijo. No recuerdo nada más aparte de que gritaba a todo pulmón. Inmediatamente, llamó a nuestro trabajador social; teníamos dos semanas para encontrar un lugar donde vivir antes de que nos echaran. Esta no era la primera vez que teníamos una reunión como esta, así que esperaba que la situación se calmara.

Por mucho que me molestara mi tía, temía vivir con otra persona. Por un lado, necesitaba un cambio. Por otro lado, corría el riesgo de separarme de mi hermano y vivir con extraños. Volvimos a hablar sobre nuestra situación de vivienda unos días después, y su actitud no había cambiado. Estaba cansada, agotada y, a sus ojos, había hecho todo lo que podía. Después de vivir con mi tía Cheryl durante seis años, llegó el momento de que Khalil y yo nos mudáramos a otra casa.

Unos cinco días después, nos dijo que nos despertáramos a las 7 am para cortar el césped. No quería irme con mala nota, así que me preparé para hacerlo. Khalil se sentía diferente. Estaba enojado y amargado, se negó a hacer las tareas del hogar desde que ella decidió echarnos. Me quedé dormido y me desperté a las 7:35 am, presa del pánico. Sabía que mi tía esperaba que fuéramos rebeldes y no cortáramos el césped, pero quería demostrarle que estaba equivocada. Me desperté con ella gritándole a alguien por teléfono llamándonos "negros perezosos" que necesitaban salirse de su casa. Irrumpió en nuestra habitación cuando comenzamos a empacar nuestras maletas. No teníamos idea de adónde íbamos, pero sabíamos que teníamos que irnos. Antes de que pudiera explicarle que me había despertado tarde, empezó a gritarnos a mi hermano y a mí.

"¡Así que no cortarán el césped! ¡¿DE VERDAD?!"

"¡POR SUPUESTO QUE NO!" Dijo Khalil.

Sacó nuestra ropa del armario y comenzó a tirarla en bolsas de basura.

"Bien, los ayudaré a irse de mi casa".

El altercado se intensificó cuando mi hermano y mi tía comenzaron a discutir en la cocina. Pronto, ella le había sacado un cuchillo. Agarramos lo que pudimos y salimos corriendo por la puerta, justo cuando nuestro hermano Andre llegaba a recogernos. Debíamos quedarnos en la casa de nuestra madre hasta que pudiéramos encontrar otro lugar a donde ir.

EL CICLO

ALEXIS

Después de que arrestaron a mi padre en 2007, me mudé con mi tía Karen y el hermano de mi papá, el tío Mark. El parecido entre mi papá y mi tío me trajo recuerdos de abuso. Cosas simples como la forma en que caminaban y comían eran extrañamente similares. Incluso la forma en que me gritaban fue casi idéntica. Después de hablar del abuso de mi padre, el tío Mark no me quiso aceptar en su casa. Comprensiblemente, temía que mi trauma interrumpiera la estabilidad emocional de sus hijos. Su esposa, la tía Karen, abogó por mí.

Siendo mi fuerza en tiempos de angustia, mi tía Karen y yo formamos un vínculo que me permitió ser vulnerable cuando me mudé a su casa. Preparábamos masa para galletas con chispas de chocolate cada vez que surgía algo con mi padre biológico. Una noche, hubo una tormenta y se cortó la luz en todo el vecindario. Hicimos masa para galletas a la luz de las velas y las disfrutamos juntas en su cama, mientras hablábamos hasta la madrugada.

Ella me apoyó durante el juicio de mi padre y permaneció a mi lado todo el tiempo mientras yo luchaba por testificar en su contra. Se sentó allí y escuchó los detalles del abuso sexual y físico de mi padre.

No todo el tiempo que viví allí fue terrible. Definitivamente pasamos buenos momentos de "familia" en los que me sentí amada y como parte de la familia. Estoy agradecida de que me aceptaron cuando lo hicieron, y en sus mentes, hicieron lo mejor que pudieron. Sin embargo, principalmente tengo recuerdos de sentirme como la oveja negra de la familia, el problema, la causa de sus problemas matrimoniales.

Sentí que ella quería ser mi salvadora e identificarme como una muestra de su increíble trabajo. Escuchaba debajo de la puerta de su habitación a altas horas de la noche mientras mi tía hablaba con familiares y amigos sobre lo difícil que era controlarme y lo difícil que era tenerme en casa. Ella decía cosas como "No entiendo por qué no quiere estar aquí, no sé por qué no quiere involucrarse más y juntarse más con sus amigos" y "Estoy haciendo todo lo que puedo hacer."

Aún así, cuando le pedía ir a las casas de unos amigos, ella decía en el auto: "Tengo que arrastrar tu trasero por todos lados...". Si se molestaba, el primer instinto de la tía Karen sería ir al sótano, recoger mi maleta con la que me mudé, y arrojar mi ropa dentro de ella mientras me amenazaba con echarme a la calle. De vez en cuando me recordaba que si iba a otro hogar de acogida, probablemente sería mucho peor que estar con ella, presionándome a aceptar su abuso. Entonces le suplicaba y le pedía perdón, prometiendo que mejoraría. Ella implementó una regla de que cuando volvía a casa del trabajo, yo tenía que salir de mi habitación para saludarla.

Sentí que a ella le importaba más verse como la familia perfecta con una hermosa casa impecable en un vecindario agradable de clase alta, niños involucrados en deportes de viaje, que iban a una buena escuela. Hacíamos fiestas, cenas y reuniones en la casa, pero antes de que entrara gente a la casa, tenía que estar impecable y me decían que "luciera feliz".

Mi tía siempre decía que si alguna vez atrapaba al tío Mark poniéndole los cuernos, lo dejaría instantáneamente. Bueno, ella lo atrapó siendo infiel, recordando sus amenazas, entré en pánico. Yo era la única en la casa que lo sabía; mis primos no se dieron cuenta. Fui a la escuela al día siguiente llorando, angustiada. Llegué a casa y al día siguiente salimos a cenar a Buffalo Wild Wings como si nada hubiera pasado. Estaba sentada allí en silencio porque no podía entender cómo podía actuar como si nada hubiera pasado. Luego, en los meses siguientes, a mi tío no se le permitió llevar su teléfono a los viajes a los que mi tía no iba y me pusieron en medio de sus conversaciones. Por ejemplo, mi tía me llamaba para preguntarme si Mark estaba en casa y qué estaba haciendo. Me pedía que le comunicara algún mensaje, ya que no estaban hablando, todo mientras mis primos no sabían nada de lo que había sucedido.

Antes de uno de mis bailes escolares, mi tía nos dejó a mi mejor amiga y a mí en el centro comercial para comprar mi vestido. Me probé varios vestidos que sabía que no podía conseguir, pero pensé que sería divertido probármelos. Me tomé una foto con el vestido y traté de enviársela a mi amiga cuando se fue a otra tienda. Se lo envié accidentalmente a mi tía y, por alguna razón, creo que se envió varias veces. Mi tía me respondió: "Ya que quieres vestirte como una puta, ¿por qué no haces un letrero y te paras al costado de la carretera y buscas alguien que te lleve a casa? Porque no te voy a recoger" No hace falta decir que estábamos varadas y ahora la mamá de mi amigo nos tenía que recoger. La peor parte fue que cuando llegué a casa, mi tía les dijo a mis primos (justo enfrente de mí): "Alexis no es un buen ejemplo para ustedes. Ella no es alguien a quien deberían admirar". Esto es algo que siempre se me ha quedado grabado. Afortunadamente, creo que esta afirmación me ha motivado a ser una mejor persona.

Mi tío, que es mi tío de sangre, nunca me defendió ni me protegió. Cuando llegué a los campeonatos estatales del club Business Professionals of America, mi tía me dio solo $20 para todo el fin de semana para que comprara comida. Mientras miraba al suelo avergonzadamente, tuve que pedirle a mi maestro que pagara mis comidas porque me quedé sin dinero la segunda mañana después de comer principalmente bocadillos de Starbucks.

Luego, cuando llegué a los nacionales y mis maestros llegaron a la quinta hora de clase para anunciarlo a toda mi clase, estaba radiante de emoción. Pero cuando llegué a casa, mi tía dijo que no podía ir porque dudaba que yo trabajara lo suficiente para ello, ya que solo había quedado en segundo lugar.

Cuando me visitaban mis amigas, bromeaban diciendo que se sentía como si las estuvieran vigilando o que había cámaras en la casa. La tía Karen era buena para hacerte sentir que ella era la racional, y tú no. La vi gritarle a mi prima hasta que lloró, solo para abrazarla y decirle que la amaba justo después. Tengo muchas más historias, como cuando me dijo que me veía gorda con mi vestido justo antes de mi ceremonia de premios de atletismo.

A mi tía siempre le dolió y le ofendió que yo no dejara que me adoptaran.

Realmente, nunca pude sanar del trauma de mi papá, sino hasta llegar a la universidad porque cada vez que iba a terapia era para hablar sobre situaciones en el hogar o sobre mi relación inestable con un novio que me dejaba a cada rato.

Cuando abandonas una situación de abuso y entras en un hogar de crianza, se supone que debes estar en un ambiente saludable para desaprender los malos hábitos, aprender otros nuevos y sanar. Pero mi trauma se agravó. Siempre me sentí como una carga para la gente a mi alrededor. Escribí muchas veces en mi diario preguntando: *"¿Por qué hago la vida de otras personas tan difícil? ¿Por qué pongo tanto estrés en Shawn y otros que amo?"* Creo que esa es otra razón por la que aprendí a ser tan ingeniosa, para no crear más trabajo para nadie a mi alrededor.

No es sorprendente que mi familia impulsara mi confusión y mi lucha contra el amor, pero también estaban enraizadas en mi atmósfera. No recuerdo que una amiga tuviera una relación sana hasta que llegué a la universidad. Todo lo que consumía (películas, medios de comunicación y todo lo demás) me dio pocas expectativas de mí misma como mujer, como joven en hogares de acogida y como sobreviviente de la cultura de la violación dominada por hombres que piensan que está bien "agarrar a una mujer por el coño," Como tan elocuentemente declaró el presidente de los Estados Unidos, Donald Trump.

EL CICLO

JUSTIN

Los jóvenes de crianza son una población vulnerable. La mayoría de los jóvenes adolescentes que no tienen adónde ir suelen entrar en un centro de detención, no porque hayan hecho algo malo, sino porque es muy difícil encontrar personas dispuestas a adoptar a jóvenes adolescentes de crianza temporal. Muchos de nosotros nos mudamos de casa en casa con nada más que una bolsa de basura llena de ropa. Después de instalarnos en un nuevo hogar, en el fondo de nuestra mente siempre esperamos que sea temporal. Esperamos que algo salga mal causando que regresemos a las calles. Se necesita fe para entrar a un hogar creyendo que estás en el lugar indicado. Que tanto tú como la familia con la que estás, están totalmente dedicados a crear un futuro mejor para ti. La mayoría de los jóvenes nunca llegan a ese punto con una familia y, eventualmente, terminan sin hogar o en un centro de detención sin ningún otro lugar adónde ir.

Después de dejar la casa de mi tía Cheryl, mi hermano y yo nos mudamos con los padres del mejor amigo de Khalil. Nuestro tiempo con ellos fue de corta duración, ya que viví con ellos durante solo ocho meses. La familia Bennett estaba bastante harta de mí. En el cuidado de crianza, pueden ser las cosas simples las que te fuerzan a dejar un hogar. Ya sea que se trate de holgazanear en las tareas del hogar, malas calificaciones o, simplemente, el hecho de que criar niños que no son los suyos es extremadamente difícil. Al final, la mamá de la casa quería que me fuera, pero el papá luchó para que me quedara.

El Sr. Bennett me llevó al patio, "Escucha, hijo, mi esposa quería que te fueras, pero luché para que te quedaras. Esto significa que no cometas tonterías. Si te pillo vagueando, te tendrás que ir". Dijo agarrando fuertemente mi hombro. Aprecié que me defendiera, pero estaba viendo demasiadas señales de alerta dentro de esta situación. Sentí que fácilmente podría ser arrojado en medio del conflicto en su matrimonio. Incluso cuando era adolescente, comprendí la importancia del acuerdo en un matrimonio y me convertí en el problema de la casa. Quería evitar ser la causa de sus discusiones y, posiblemente, la razón de su divorcio. Además, tener al papá de la casa sobre mí constantemente sería demasiada presión sobre mis hombros. Sabía que tenía que irme a otra parte, pero el problema era que no tenía ningún otro lugar adónde ir. Estaba atascado y no sabía qué hacer.

Al día siguiente, me reuní con mi trabajador social para evaluar mis opciones. Fue en 2014 cuando me mudé a un hogar grupal a las afueras de Detroit. El proceso de mudarme a una nueva casa fue deprimente y tenía miedo de mudarme de casa por tercera vez en nueve meses. Recuerdo que me entrevistaron antes de mudarme a la casa grupal. El hogar tenía una estructura única: cuatro hombres jóvenes vivían en una casa con dos padres. Mientras estaban en la casa, los padres (junto con varios mentores y tutores) se enfocaban en ayudar a jóvenes como yo durante su transición a la edad adulta. La oportunidad parecía perfecta. El cambio de escenario era extremadamente necesario porque estaba dejando la influencia de mi familia en Detroit para convertirme en mi propio hombre. La parte más difícil de toda la situación era dejar a Khalil. Habíamos estado juntos en el sistema de acogida durante ocho años. No estaba listo para irme, pero no tenía otra opción.

Durante la entrevista, hablamos sobre mis planes e intenciones mientras vivía en la casa, junto con sus expectativas. Para evitar quedarme sin hogar o ser internado en un centro de detención, les dije lo que querían escuchar. Estaba emocionalmente agotado, mentalmente fatigado y mis lágrimas se habían secado. La única parte de la conversación que recordaba era la lista de cosas que tenía que hacer para evitar que me echaran. Mi hermano Andre me había contado historias de terror de su tiempo en un centro de detención de menores. Después de la entrevista con los padres de la casa, me preguntaron si tenía alguna pregunta o inquietud. Sentí que era hora de ser honesto y vulnerable.

"Prácticamente, solo hemos hablado nosotros. ¿Tienes preguntas para nosotros? Dijo la Sra. Cora.

Hice una pausa por un momento, inhalando profundo por la nariz y exhalando por la boca lentamente. Les dije

"Parece una casa increíble con gente estupenda. Realmente no tengo ninguna preocupación. He sentido que muchas personas en mi vida se han rendido conmigo. Todo lo que te pido es que no se rindan conmigo".

Quería que esta relación funcionara más que nada. Si me iban a echar de otra casa, iba a asegurarme de que no fuera culpa mía esta vez.

Más tarde descubrí que tenía la oportunidad de mudarme a la casa grupal después de dejar la casa de mi tía Cheryl. Desafortunadamente, la Sra. Cora leyó un informe de mi tía y mi trabajadora social que detallaba mi comportamiento y decidió que no encajaba bien en ese momento. Enterarme de esto fue deprimente, a nadie le importaba mi versión de los hechos. Me etiquetaron mal y me prejuzgaron. Pero, por el bien de mi vivienda, dejé el pasado atrás. Estaba cansado de preocuparme por hacer algo "malo" que podría causar que me echaran en cualquier momento. *¿Comí demasiado? ¿Olvidé lavar mis platos? ¿Qué hice mal?* **Este tipo de preguntas atormentan la mente de los jóvenes de crianza cuando llegan a un nuevo hogar.**

A pesar de esta conversación temprana, debíamos ser muy cuidadosos. La familia Bennett solía decir: "Estás viviendo en nuestra casa, comiendo nuestra comida". Esto nos hizo sentir como forasteros impotentes. La actitud de "Estás en mi casa, así que sigues mis reglas" había sido una carga para mí durante el tiempo que estuve bajo el sistema de cuidado de crianza. Afortunadamente, los estipendios mensuales para el cuidado de crianza que solía recibir mi tía ahora me los entregaban directamente a mí mientras transicionaba al al Cuidado de crianza voluntario para jóvenes adultos (YAVFC, por sus siglas en inglés). Una política reciente aprobada en Michigan que extendió los beneficios de cuidado de crianza hasta la edad de 21 años, en lugar de 18. Esto les da a los jóvenes de crianza una mayor oportunidad de autonomía.

Cuando entré al hogar grupal, me sentí bienvenido y amado. Todavía estaba desesperado por encontrar figuras parentales y la Sra. Cora y el Sr. Melvin parecían ser perfectos. Me apoyaron de formas en las que nunca antes me había sentido apoyado. Si tenía problemas en la clase de español, la Sra. Cora y otros miembros de nuestra iglesia nos conectaban con un tutor de español.

Quería ir a la universidad, pero mis calificaciones ni siquiera eran lo suficientemente buenas. Mi Promedio de calificaciones fue un escaso 2.3. Después de mi primer semestre viviendo en la casa grupal, obtuve un Promedio de calificaciones de 2.4. De hecho, estaba satisfecho, porque esto era al menos un poco más alto que mi promedio de calificaciones acumulativo. Pero la Sra. Cora no estaba nada complacida. Yo no entendía por qué creía tan profundamente en mi potencial, pero me dijo que esperaba más. Incluso quería castigarme y quitarme el teléfono. Debido a que su función era similar a la de asesora residente y no a la de madre, no tenía jurisdicción para hacerlo. Aún así, me hizo sentir cuidado, esto era muy diferente a la indiferencia a la que estaba acostumbrada de los guardianes que ha tenido. Ella creía en mí. Ella me hacía sentir importante. Esta era una nueva sensación para mí, así era tener un padre atento. Debido a esto, decidí ser la primera persona de mi familia inmediata en asistir a la universidad.

El Sr. Melvin y yo construíamos terrazas y otros proyectos en la casa juntos como lo harían un padre y un hijo. La Sra. Cora me consolaba cada vez que iba a hablar con ella sobre los problemas de mi familia. Sus abrazos eran apretados y cálidos, casi como si te sanara con su toque. Ella prometió que siempre estarían ahí para mí. Mi cerebro me dijo que esperara hasta que supiera que eran sinceros. No estaba preparado para abrirme por completo, ni tener una fe total en ellos. Pero mi corazón se abrió a mi pesar mientras me acurrucaba en sus brazos. Necesitaba desesperadamente una madre.

La carga de vivir bajo el techo de otra persona puede parecer pequeña, pero en este sistema acechan grandes problemas. El apoyo condicional da miedo, especialmente para un niño. A los dos meses de vivir en el hogar grupal, me diagnosticaron sarna, una infestación de pequeños ácaros que se acumulan en la capa superior de la piel, donde viven y ponen sus huevos. La sarna provoca una picazón intensa y constante, que empeora por la noche y provoca un sarpullido furioso.

Sufrí de sarna durante dos años antes de recibir un diagnóstico. Estaba aliviado; finalmente, obtendría una cura adecuada. Le dije a la Sra. Cora de inmediato. Ella creía que lo mantenía en secreto intencionalmente. Ella me acusó de haberlo sabido durante mucho tiempo y de ocultárselo deliberadamente. Su acusación se sentía como una traición a nuestra confianza, no como algo que una madre le lanzaría a un niño. De hecho, pensé que era un eccema. Le dije que no tenía idea de dónde podría haberme contagiado la enfermedad, pero no podía descartar la casa de grupo donde vivíamos. Los únicos lugares en los que había dormido habían sido la casa grupal y la casa de mis padres biológicos.

Me sentí aliviado de tener al menos un diagnóstico, a pesar del conflicto con la Sra. Cora. Mi piel se había vuelto muy seca y agrietada. Me rasqué torpemente durante todo el día y había llegado a la peor etapa de la sarna; mi piel había comenzado a deteriorarse.

La Sra. Cora se sintió insultada por la sugerencia de que mi sarna podría haber venido del hogar grupal. No debería haber ido a la escuela después de mi diagnóstico, pero tenía un examen importante y debía prepararme. Solo trataba distanciarmetodos y actuar como si todo fuera normal. No mucho después de que le dije, llamó a la oficina principal de mi escuela secundaria y pidió hablar conmigo. La Sra. Cora comenzó a interrogarme. Le dije de nuevo que no estaba seguro de dónde venía la sarna, pero no podía descartar el hogar grupal. Ella se enfureció y comenzamos a discutir. La recepcionista de la escuela me miró de reojo; toda la oficina podía oírla regañándome por teléfono. Luchando por contener las lágrimas, me di cuenta de que ella no era la persona cariñosa que parecía ser al principio. Me dijo que pusiera toda mi ropa en bolsas de basura en el garaje cuando llegara a casa.

Incluso antes de este momento, teníamos muchos pequeños conflictos por cosas que me hacían sentir incómodo, pero permanecí en silencio para asegurar mi vivienda. Mi primera semana después de llegar a la casa, instantáneamente se convirtió en la juventud versus los padres de la casa. Cuando llegué por primera vez, la Sra. Cora y yo fuimos a comprar comida y ella me compró la comida que yo quería. Fue genial, pero yo sospechaba. Mientras compraba, me dio un informe detallado de los otros tres chicos de la casa. Sus comentarios fueron degradantes, por decir lo menos. Ella habló sobre su higiene, su falta de atención a los detalles y sus otros defectos. También compartió información personal sobre ellos que sabía que era demasiado privada para compartirla de manera tan casual, y mucho menos con un extraño. Me di cuenta de que no había forma de saber lo que diría de mí una vez que descubriera mis defectos. Más tarde descubrí que ella espiaba a todos los niños de su casa. La privacidad era inexistente.

Tan pronto como descubrí que tenía sarna, quise hacer todo lo posible para proteger a todos los demás en la casa. Dejé mi colchón a un lado de la acera mientras esperaba recibir uno nuevo envuelto en plástico. Gasté más de $50 lavando toda mi ropa en la lavandería, pero me negué a guardarla en bolsas de basura en el garaje sucio con los botes de basura. Le dije a la Sra. Cora que prefería empacar mi ropa limpia y ponerla en el sótano, pero cuando llegué a casa de la escuela, encontré mi ropa limpia tirada en el piso del garaje, derramándose de las bolsas de basura. Estaban justo al lado de los sucios botes de basura, exactamente lo que quería evitar. **Esas bolsas de basura llenas de mi ropa fueron un recordatorio de que yo era solo otro joven adoptivo. Esto no era un hogar, ni era una familia**. Fue solo otra parada en el camino a la universidad. Me senté en el garaje con lágrimas corriendo por mi rostro. ¿Cómo podía dejar que me pasara esto? Le hice un agujero a un guardarropa nuevo dentro del garaje con el puño y luego lloré hasta quedarme dormido.

Fue difícil pedir ayuda porque la Sra. Cora y el Sr. Melvin querían que yo fuera independiente.

Ellos siempre decían: "Deja de depender de otras personas y resuelve las cosas tú mismo".

Entendía su perspectiva, pero tenía que haber un equilibrio saludable. A menudo, decidieron dejarme para resolver las cosas por mi cuenta. Me descuidaron en momentos en los que realmente necesitaba ayuda y esto me confundíao sobre la naturaleza de nuestra relación. Los jóvenes de crianza ya han sido abandonados lo suficiente; no necesitamos que nadie más nos obligue a "resolver las cosas".

Pero seguí esperando y rezando para que pudieran ser los padres que siempre había querido. Siempre decían que éramos como sus hijos y yo les creía. Incluso adoptaron a uno de los chicos de la casa y yo quería algo similar. Me preguntaban: "¿Qué somos para ti? ¿Cómo nos presentas? " Quería ser respetuoso con mis padres biológicos al mismo tiempo que los aceptaba como padres. Les dije que quería que fueran mis padres adoptivos. Este fue un gran paso para mí, pero quería padres en mi vida, personas en las que pudiera confiar. Por un tiempo, me convencí de que eso era lo que eran.

Mantener mi estabilidad emocional fue una lucha. Siempre fue difícil descifrar si nuestros padres domésticos querían convertirse en nuestros padres reales, involucrados emocionalmente e interesados en nosotros, o si querían tratarnos como cualquier otro joven de crianza temporal en el sistema. Varios eventos como el baile de graduación y la graduación se volverían incómodos cuando invitaba a la Sra. Cora y al Sr. Melvin a que vinieran y me apoyaran. Rechazaban esas invitaciones, afirmando que no se sentían cómodos porque eran más eventos familiares. Parecía que invitar a mis padres biológicos era inútil; ellos tampoco podían venir a apoyarme.

Necesitaba desesperadamente un lugar al que llamar hogar cuando me fui a la universidad, vi el hogar grupal como un refugio e ignoré los problemas que teníamos en el pasado. Durante mis primeras vacaciones en el primer año, la Sra. Cora y el Sr. Melvin me recibieron con los brazos abiertos. Estaba emocionado de visitarlos y quedarme con ellos una semana. Aunque tenía otras opciones, como visitar a mi hermano Khalil (que tenía su propio lugar en ese momento) o quedarme en el campus y recibir ayuda del Programa Seita, tomé un tren de dos horas desde Kalamazoo solo para regresar a la casa de grupo. Quería volver a casa con una familia, pero volví a algo diferente. Poco después de llegar, la Sra. Cora me informó que tenía que pagar el alquiler por cada día que estuviera allí durante las vacaciones. ¿Quizás así era como funcionaba la familia?

No fue hasta mi segundo año, cuando obtuve una pasantía en Washington D.C., que supe que tenía que romper la relación con Cora y Melvin. Necesitaba un lugar donde quedarme durante tres días antes de volar a D.C. Dado que vivían a unos diez minutos del aeropuerto, esperaba que la Sra. Cora y el Sr. Melvin pudieran llevarme. El día antes de mi vuelo, le pregunté a la Sra. Cora cuánto dinero necesitaba para la gasolina. Ella me preguntó: "¿Qué crees que deberías dar?" Durante el tiempo que viví con ella, me enseñó a calcular cuánto tenía que pagarle a alguien por el dinero de la gasolina si me llevaban. Calculé que necesitaba alrededor de $5 para el dinero de la gasolina. Le pregunté, vacilante, si le parecía un precio justo, agregando que si necesitaba más, yo estaba dispuesto a ir al cajero automático. Ella dijo que estaba bien.

Llegué al aeropuerto, feliz de que finalmente tuviera el amor y el apoyo que necesitaba. El vuelo estuvo bien y me sentía ansioso, pero emocionado de comenzar mi pasantía en D.C. La mañana de mi primer día del programa, recibí capturas de pantalla del Sr. Melvin. Tenían precios de Uber desde su casa hasta el aeropuerto. Los precios oscilaron entre $50 y $60. Me envió un mensaje de texto: "¿Realmente le pagaste $5.00 a la Sra. Cora por la gasolina? Vaya … ¿Por qué pensaste que eso era suficiente?" Me tomó por sorpresa. Traté de explicar que los viajes en Uber desde el aeropuerto fluctúan según el día y la hora. Junto con esto, la Sra. Cora y yo habíamos acordado un precio. Él dijo: "No, también les pagas a las personas por su conveniencia y su tiempo". No había pensado que eso fuera cierto para las figuras parentales, pero ahora estaba más confundido que nunca y extremadamente herido.

Comencé el primer día de mi pasantía en DC con una nota terrible. Ya no sería vulnerable para las personas que no me apoyaran. Sentí que ya tenía padres que habían abusado de su poder; ya no necesitaba más como ellos.

PUNTO DE RETORNO

Lo que dicen las estadísticas:
En los EE. UU., Hay más de 400,000 niños que viven
en el sistema de acogida sin familias permanentes.
El niño promedio en cuidado de crianza tiene 8 años.

El 40-50 % de los ex jóvenes de crianza se queda sin hogar
dentro de los 18 meses después de salir del sistema.

Casi el 80 % de los reclusos encarcelados en nuestro país han pasado
tiempo en hogares de crianza. Los hombres negros
somos 6 veces más susceptibles de terminar dentro una
cárcel que los hombres blancos e hispanos.

¿Qué dice Dios?
"Aunque mi padre y mi madre me abandonaron,
con todo, Jehová me recogerá.
(Salmo 27:10).

ALEXIS

"Préstele atención a tus propios patrones. Las formas en que aprendes a sobrevivir puede no ser la forma en que quieres vivir".
—Dr. Therna

Viví con mi tía y mi tío durante unos cuatro años y con cada trabajador entrante, pedía cambiar de ubicación. Cada trabajador social me decía "Tienes que hacer que esta casa funcione. Vives en una casa bonita y vas a una buena escuela". Después de preguntarle a unos seis trabajadores de crianza temporal, dejé de intentarlo. No le decíaa a mi tía qué estaba haciendo esto porque no sabía si empeoraría la situación o no.

El 27 de julio cuando estaba en Grand Blanc, un suburbio de Flint, con mi madrina, la tía Bev, estaba luchando con Shawn (este era uno de nuestros días buenos, afortunadamente) y bromeando, no me dejabao ir al baño. Tenía mi teléfono en mi bolsillo trasero. Realmente necesitaba orinar e instintivamente me bajé los pantalones y… mi teléfono se cayó al inodoro. Me asusté, me apresuré y sumergí mi teléfono en arroz por un tiempo. Al ver que no encendía, llamé a la tía Karen para contarle lo que sucedió y cuáles eran mis opciones para reemplazarlo con nuestro seguro.

A las pocas horas, llamó a la tía Bev y le dijo que encontró en los registros telefónicos, así como a través de correos electrónicos, que yo estaba hablando con Shawn nuevamente. En ese momento, tomó la decisión de correrme de su casa, diciendo que no podía volver, que necesitaba quedarme en la casa de la tía Bev hasta encontrarme otro hogar.

En este punto, tenía una mezcla de sentimientos. Estaba aterrorizada de que me enviaran fuera del estado o de vivir con personas horribles como mi tía había amenazado. También me sentía aliviada de estar fuera de su casa, cualquier otra cosa sería mejor que su maltrato. Al mismo tiempo, sentí una abrumadora sensación de alivio: ¿estaba lista para este próximo capítulo de mi vida, o eran sentimientos rebeldes porque, por fin, podría estar con Shawn? Tenía pensamientos acelerados de transferirme de escuela, finalmente poder juntarme con mis amigos de Flint e independizarme.

Mi trabajadora social de ese momento, Tina, me llamó y me dijo: "Alexis, tengo la ubicación perfecta para ti en el condado de Oakland para que puedas quedarte en la misma escuela secundaria. Quédate con tu tía Bev unos días más y confía en mí. No conozco tus creencias religiosas, pero estos padres son cristianos y no te forzarán a pensar igual. Son personas grandiosas y se preocupan por ayudar a las adolescentes en hogares de crianza. Acaban de terminar de cuidar a otra adolescente y pidieron unos días antes de recibir a otra".

Aunque tuve dificultades para confiar en ese momento, Tina abogó en mi nombre más que cualquier otra trabajadora que hubiera tenido antes, así que estaba dispuesta a intentarlo. Estaba feliz de poder quedarme en la misma escuela secundaria. Unos días después, tuve una reunión de colocación de emergencia en la agencia de cuidado de crianza por la que estaba pasando. La tía Bev, Tina y su supervisora estaban presentes en la sala para tratar de encontrar una solución para mis siguientes pasos. Recuerdo estar muy tranquila mientras me sentaba y analizaba a Kim. Tenía una voz suave, ojos amigables y un comportamiento tranquilo. Después de presentarnos, sacó una hoja de papel en la que se leía "Reglas de la casa".

"Puedes quedarte con nosotros si puedes cumplir con estas reglas:"

- No nos insultes.
- No nos golpees.
- No nos robes.

"¡Yo puedo hacer eso!"

Esta lista parecía extremadamente fácil y apropiada. *Me gustaría saber cómo fue el comportamiento de la última chica para entender la causa detrás de sus reglas.*

Me preguntó si me sentía cómoda yendo a su casa por la noche o el fin de semana para probarlo y ver qué pensaba. "¡Iré el fin de semana!" Sorprendidos de lo bien que estaba manejando la situación, salimos con una maleta y nos subimos a su Honda CR-V. Es gracioso poder recordar las pequeñas cosas que ocurren en nuestras vidas, como cuando miraba los pies de Kim mientras cruzábamos esa calle en el centro de Flint y pensaba: "¡Vaya, tiene bonitos pies!"

En ese momento no me di cuenta de que era el día antes del cumpleaños de Kim. Ahora bromea diciendo que yo fui su regalo de cumpleaños ese año.

Manejamos unos 45 minutos hasta Lake Orion, Michigan, hasta que llegamos a una hermosa casa de dos pisos en un vecindario suburbano con calles y aceras recién pavimentadas, pasto verde y lirios amarillos que bordean el porche. Cuando entramos a la casa, vi juguetes tirados, mantas colgando sobre el sofá y platos en el fregadero. Al igual que la ropa de Kim (una camisa gris descolorida, pantalones cortos de color caqui, sandalias de senderismo con punta abierta y esmalte de uñas astillado sobresaliendo por los extremos), su hogar parecía menos rígido y más relajado comparado a lo que estaba acostumbrada. Me di cuenta de que no tenían televisión en la sala de estar. Al principio, pensé que era extraño: la televisión era la pieza central de la vida con la tía Karen. Comíamos alrededor del televisor, nos reuníamos alrededor, pasábamos noches enteras frente a él. Pero el tiempo en familia para Kim y Brian no consistía en apartarnos a través de los electrónicos. La sala era un lugar para hablar y conectarnos como una familia.

Esta era la casa de un extraño, sin embargo, inmediatamente me hizo sentir a gusto, ya que era bastante diferente a vivir con mi tía Karen, que siempre tenía su pelo color café y corto resaltado y peinado a la perfección, con un maquillaje impecable y ropa de oficina.

En ese momento, Kim y Brian solo tenían dos hijos, Anna y Eli, que tenían 1 y 3 años. Kim era ama de casa mientras que Brian trabajaba en una iglesia local. A ella le encantaba cocinar y hornear. Un día, cuando llegué a casa, estaba tan emocionada por la cena que podía oler pan recién horneado desde la puerta principal.

Corriendo a la cocina, pregunté "¿Qué hay para cenar?"

Ella dijo "Sobras".

Confundida y un poco decepcionada, dije: "¿Pero estás cocinando?"

"Esto es para una amiga de la iglesia que acaba de tener un bebé".

Todavía estaba trabajando en Little Caesars en ese momento, a unos treinta minutos de donde vivíamos. Estaba trabajando en la caja registradora cuando vi a Kim y Anna entrar por la puerta. Mi corazón comenzó a latir con fuerza porque pensé que algo andaba mal hasta que ambos me sonrieron de oreja a oreja. Anna corrió hacia el mostrador para darme una bolsita de 2 o 3 mini galletas. Kim explicó: "Anna hizo estos e insistió en darte algunas antes de que llegaras a casa del trabajo, así que decidí traértelas

Estos momentos tuvieron sentido para mí y a menudo me emociono al recordarlos porque me mostraron aún más el amor desinteresado de Kim por otras personas, y me demostraron cómo pone a otras personas antes que a sí misma. Incluso con cinco hijos, encuentra tiempo para organizar cursos de formación para preparar a otras personas que quieran ser buenos padres de acogida.

Un versículo de la Biblia que animó a Kim y a Brian a acoger niños fue Isaías 1:17 "Aprende a hacer el bien; busca la justicia, reprende al despiadado, defiende a los huérfanos, aboga por la viuda". (Curiosamente, Isaías es el nombre de mi hermano de acogida, al que fui la primera en cargarlo tras su nacimiento, y el 17 de enero es mi cumpleaños).

La segunda o tercera noche después de llegar, Brian me invitó a comer mientras conducía su coche a Buffalo Wild Wings. Brian quería conocerme y lograr que me sintiera más cómoda viviendo con un hombre en el hogar. Esto era especialmente importante, ya que nunca me sentí protegida por ninguno de los hombres de mi vida. En la cena, Brian dijo: "Puedes conducir mi coche a la escuela". Pasé de un hogar en el que sentía que nunca podía ganarme la confianza y que había una regla para todo a uno en el que inmediatamente se confiaba en mí. Afortunadamente, debido a la Ley McKinney-Vento, una política establecida para ayudar a los jóvenes de acogida a permanecer en sus escuelas originales, pude obtener tarjetas de gasolina de mi escuela secundaria para conducir a la escuela todos los días.

Yo aprendo quiénes son las personas observándolas. Quería observar sus comportamientos y cómo se trataban entre sí, y quería esperar unos días para ver si sus comportamientos cambiaban, como cambió el de mi tía. Cuando

me mudé por primera vez, me quedaba principalmente en mi habitación y sólo salía para cenar e ir al baño. Esperaba que empezaran los gritos y que cambiara el clima de la casa. Al cabo de unos días, todavía eso no pasaba. Tampoco me presionaron con Dios o la religión, nunca. Nunca me sentí observada, ni me preocupó que se convirtieran en personas diferentes. Así eran ellos. Cuando vivía con mi tía, ella decía que era cristiana y yo me decía que si así era el cristianismo, yo nunca lo sería.

Pero, después de observarlos, me di cuenta de que vivían cada día en la palabra de Dios, iban a la iglesia y se comunicaban de una manera sana (es decir, sin gritos, golpes o chillidos). Después de un par de meses de vivir con ellos, y de sus frecuentes ofertas de ir a la iglesia los domingos, finalmente acepté. Hacía un par de años que no iba a la iglesia y me di cuenta de lo mucho que la echaba de menos. Sabía que quería volver, pero tal vez no a su iglesia. Estaba acostumbrada a ir a una iglesia de estilo bautista.

No fue hasta que me mudé a Kalamazoo, después de transferirme desde UM-Flint, que empecé a ir a la iglesia con más regularidad. Mi amiga Lauren me invitó a ir con ella. Me cautivó el predicador, que habló del poder de la fe y la sanación durante su sermón. Sus palabras me tocaron el corazón, dándome el plan para superar las inseguridades de mi identidad. Lauren y yo nos dirigimos al altar para rezar casi al final del servicio. Tanto el pastor como su esposa pusieron sus manos sobre mis hombros para orar. Nunca había visto a la esposa del pastor ponerse al lado de su marido con tanto poder y autoridad. Me sentí inspirada al instante. Me quedé para hablar con ella y se mostró aún más electrizante durante nuestra conversación. ¿Quién iba a decir que se convertiría en mi mentora y me daría el nombre de mi primer negocio? Desde entonces he estado yendo a esa iglesia.

Cuando Justin y yo empezamos a salir, él también empezó a ir a la iglesia conmigo de buena gana, ya que también estaba buscando una iglesia a la que hacer la transición mientras estaba en la universidad. El pastor principal de nuestra iglesia eventualmente se convirtió en mentor de Justin también. Un ejemplo de lo importante que es la tutoría: Justin y yo nunca imaginamos convertirnos en autores o propietarios de negocios hasta que mi pastor nos plantó la idea, enseñándonos sobre la publicación, el desarrollo de sitios web y más.

Es importante tener buenas personas a nuestro alrededor. Kim y Brian nos presentaron una nueva forma de vivir, de pensar, de dar y de amar incondicionalmente. Fueron las pequeñas cosas, como salir a pasear juntos. Antes, el tiempo a solas siempre consistía en castigar, quitar los teléfonos o los gritos. La primera vez que Kim me invitó a dar un paseo, pensé que estaba en problemas o que algo malo iba a pasar. Me di cuenta de esto porque el tiempo que los padres pasan con sus hijos debería ser un momento de conexión y de construcción de relaciones, no algo que asocien con el miedo o el castigo.

En uno de los paseos con Brian, me dijo: **"Eres nuestra flor porque podemos verte florecer"**. Sentí que acababa de empezar a conectar realmente con ellos cuando Kim y Brian llegaron a casa un día y dijeron: "Nos vamos a mudar". Se me cayó el corazón al estómago y no escuché nada de lo que decían, excepto la palabra "Kalamazoo". Nunca había oído hablar de ella, así que, por lo que sabía, podía ser en otro estado. Me sentí abandonada y no sabía a dónde iba a ir. Sabiendo esto, Kim y Brian se esforzaron por mantenerme en la misma escuela e incluso en la misma familia: me mudé con los padres de Kim, que obtuvieron la licencia para que pudiera quedarme con ellos. Al parecer, antes de que me mudara me habían dicho que existía la posibilidad de que se mudara, pero debí enterrarlo, no queriendo imaginar qué podría ocurrir.

A veces, me sentía como si estuviera en otro planeta cuando estaba en casa de Kim y Brian. Incluso sus hijos nunca habían visto a los adultos discutir o gritar hasta cuando el mayor tenía 10 años. Justin y yo nos mirábamos a uno al otro sorprendidos por las diferentes cosas que notábamos: que a los niños no se les permitía estar frente al televisor todo el día, que escuchaban canciones cristianas y realmente se apropiaban de la letra. Nunca había estado rodeada de gente tan atenta a lo que ponían en sus mentes y cuerpos, y lo que es más importante, en sus almas. Leían, compartían lo que agradecían y rezaban juntos todas las noches. Esta constancia ha sido transformadora para ambos. Cuando éramos niños, nadie prestaba atención a lo que Justin o yo estábamos expuestos, a cómo pasábamos nuestro tiempo, si teníamos planes seguros o a qué hora debíamos llegar a casa. La idea de que los padres son responsables de proporcionar estructura, seguridad y rutina era totalmente nueva para nosotros.

No me di cuenta lo diferente que había sido mi infancia hasta que miré a mis hermanos, de 10 y 12 años, y pensé en que no podía imaginarlos ni siquiera pensando en sexo y en lo celosa que estoy de que estuvieran debidamente protegidos por dos padres increíbles. No me había dado cuenta de lo importante que es que los padres enseñen a sus hijos a regular sus emociones y a comunicar sus sentimientos. Los padres deben traducir las expresiones de dolor de los niños y descifrar lo que necesitan y quieren. Cuando los niños no tienen un puerto seguro en la tormenta de sus propios sentimientos, la ira se vuelve hacia dentro y da lugar a ataques, histeria y otras formas destructivas de buscar atención que a veces son malinterpretadas por los demás, lo que hace que el niño repita formas infructuosas de comunicación con los demás. He visto a Kim y a Brian criar a sus hijos con calma y compasión, y con sentido de responsabilidad. Vi a Kim sacar a mi hermana menor (adoptada), Omanii, de la escuela pública para educarla en casa, sintiendo que necesitaba ese tiempo individual para sentirse amada, reforzar los principios y asegurarse de que su identidad está arraigada en Dios. Pude ver la consistencia en sus acciones cuando hablaba positivamente, colocaba citas en la casa y jugaba con los niños todos los días, incluso cuando no tenía ganas. Me recordó que "no estoy criando niños. Estoy criando adultos, maridos, esposas, empresarios, amigos y hermanos. Nuestro ejemplo será lo que aprendan nuestros hijos, para bien o para mal".

Me sorprendió que Kim y Brian preguntaran constantemente a sus hijos lo que querían -comer, beber, vestirse- y les preguntaran su opinión sobre diversos temas, concediéndoles autonomía. Nunca sentí que tuviera realmente una opción hasta que me mudé y Kim me preguntó qué quería. Antes de Kim, mi vida había estado definida por las decisiones de otras personas; mi tía y los trabajadores sociales me movían según sus procesos de pensamiento y juicio.

Cuando los niños hacen algo mal, Kim les dice: "¿Quieres volver a intentarlo?", dándoles una segunda oportunidad para arreglar lo que han hecho. También me dijo que se da cuenta de que cuando empiezan a portarse mal es porque quieren atención. Para Omanii, lo peor que puede hacer es aislarla y enviarla a su habitación porque eso sólo justifica aún más sus pensamientos inducidos por el trauma de estar sola, abandonada y sin amor.

Hace poco, mi hermano de seis años se metió en un lío por encerrarse en nuestra autocaravana que está estacionada junto a nuestra casa. Corrió al sofá escondiéndose bajo las sábanas, gritando hasta que Brian llegó a casa porque temía que le pegaran o le gritaran. Cuando Brian llegó a casa y le contaron lo que había hecho Isaías, le dijo seriamente: "¿Dónde está Isaías?". Nunca había oído ni visto a Kim y a Brian gritar o pegar a sus hijos, pero ese tono me hizo pensar que iban a hacerlo. Fui a mi habitación y regresé para ver a Brian tumbado en el sofá junto a Isaías, que seguía escondido bajo la manta. Brian le estaba frotando la espalda, haciéndole saber que lo que había hecho estaba mal, pero que seguía queriéndolo y no iba a hacerle daño. Me quedé mirando con asombro. Qué manera tan hermosa de comunicarse con su hijo y hacerle saber que sigue siendo amado y protegido. Aprendí la importancia del perdón y la gracia sólo con ver su comportamiento.

De todas las cosas que tuve que desaprender, la más profunda fue la idea de que no necesitaba que nadie me ayudara. En mi infancia, no tuve a nadie lo suficientemente maduro y responsable a quién recurrir, ni siquiera durante un trauma insoportable, así que aprendí que no podía esperar ayuda de nadie. No era consciente de que la gente existía de una forma totalmente diferente, de forma solidaria y afectuosa, viviendo de forma interdependiente y siendo mutuamente responsables. No sabía cómo eran o cómo se sentían la comunidad y el compañerismo. Con el tiempo, Kim y Brian me enseñaron a aceptar el apoyo. Me enseñaron a dejar de lado el modo de supervivencia que había necesitado de niña y adolescente y a entender que las circunstancias de mi infancia eran profundamente anormales.

PUNTO DE RETORNO

"Dios no llama a los calificados. Él califica a los llamados"
(1 Corintios 1:27-29).

JUSTIN

Los cuatro matrimonios que construyeron el hogar del grupo trajeron una variedad de mentores de diversas carreras para interactuar con los cuatro jóvenes que estaban en transición a la edad adulta. Conocer a numerosos empresarios, abogados, médicos, pastores e ingenieros negros exitosos me inspiró. Cada persona con la que interactué me dijo que yo era un joven brillante que podía ir a cualquier colegio o universidad que quisiera. Era como la lluvia en la tierra reseca. Había empezado a renunciar a la idea de la educación superior. Ahora tenía el apoyo que necesitaba para ganar confianza. Incluso reviví mi sueño de la infancia de trabajar algún día en la reconstrucción de comunidades en Detroit. Tuve que salir de mi entorno familiar para entender y aceptar nuevos conceptos de comportamiento saludable y de las posibilidades de la vida. Por desgracia, mis hermanos no tuvieron el mismo lujo. La cultura de nuestro barrio seguía profundamente arraigada en ellos, impidiéndoles imaginar otras formas de vida.

En mi primer año de secundariao, trabajé el doble de lo que había trabajado en mi vida. A medida que aumentaba mi confianza, también mi rendimiento escolar. Subí mi promedio general de 2.3 a 2.6 casi instantáneamente. Años antes, cuando vivía con la familia Bennett, llevé a casa un boletín de calificaciones de 2.3. Una D, un par de Cs y una única A para equilibrar las cosas. El padre de la casa dijo: "Vaya, esto es mejor de lo que pensé que harías". No es un mensaje que inspire confianza.

Llegó el momento de tomar el ACT; no podía permitirme tener una mala puntuación si quería ir a la universidad, pero una combinación de ansiedad e inercia me impidió prepararme adecuadamente. Tal vez era difícil prever el éxito, y asegurar el fracaso era extrañamente más fácil.

Obtuve una puntuación de 13. Avergonzado y deprimido, oculté mi puntuación a los padres de mi casa. No podía enfrentarme a ellos. Estaba disgustado conmigo mismo. Había desperdiciado mi oportunidad con mi falta de preparación.

¿No te das cuenta de que la mayoría de tu familia vive en la pobreza con poca o ninguna oportunidad de ir a la universidad? ¿Y esto es lo que hiciste con tu oportunidad? Decidí volver a tomar el examen. La señora Cora se negó a llevarme al edificio de preparación del ACT* esta vez. Dijo que quería ver cuánto deseaba tener éxito. Así que después de la escuela, tres días a la semana, caminé seis millas hacia y desde el edificio de preparación del ACT para probarme a mí mismo.

El segundo examen fue completamente diferente. Me vestí como si fuera a una entrevista de trabajo. Me levanté temprano para rezar y entregar mis miedos a Dios. Esa mañana me sentí en paz. Después de tomar el examen, me sentí feliz. Me esforcé al máximo. Este momento me enseñó a ser feliz con el proceso antes de conocer el resultado.

La segunda vez saqué un 19. Me sentí totalmente invencible. Ahora era el momento de elegir a dónde ir. Había decidido dejar de jugar fútbol para seguir la carrera de periodismo, aunque el fútbol siempre sería mi primer amor. Cuando era niño no siempre sabía cómo expresarme verbalmente sobre las cosas que sucedían a mi alrededor. En un ambiente incontrolable y caótico, me volví más fluido a través de la escritura y el periodismo. Escribir se convirtió en mi forma de entender mis sentimientos y descifrar mis pensamientos; me permitió procesar las cosas que sucedían a mi alrededor.

American College Testing (ACT) es un examen estandarizado que los estudiantes de secundaria realizan para prepararse para la admisión a la universidad en Estados Unidos. Los institutos, colegios, universidades y departamentos de educación de los estados utilizan las puntuaciones del ACT para comparar las solicitudes de admisión de los estudiantes.

Con el tiempo, desarrollé una pasión por darle al lector una imagen viva a través de un juego de palabras descriptivo. Aunque nunca puse en práctica mi amor por el periodismo, tenía un deseo ardiente de hacerlo y por fin se me presentó la oportunidad. En mi último año de la secundaria, mi profesor de inglés me sugirió que me uniera al periódico de la escuela. Entusiasmado por la oportunidad, pronto me convertí en el editor de deportes, cubriendo todos los deportes escolares de mi instituto. Quería que mis lectores sintieran las mariposas previas al partido de los viernes en la noche y olieran el césped fresco bajo sus pies.

Los reclutadores de las universidades visitaban regularmente mi escuela secundaria, y yo asistía a todas las presentaciones y llenaba los formularios de cada escuela. Necesitaba demostrarme a mí mismo que podía ser aceptado en cualquier universidad que deseara, pasar de un sueño cada vez más lejano de ir a la universidad a tener una variedad de opciones me dio una oleada de confianza.

Mis mentores me hablaron del programa Seita Scholars de la Universidad de Western Michigan. El programa ofrecía un sistema de apoyo similar al que había tenido en el hogar de grupo. El Programa Seita también ofrecía un entrenador del campus para ayudar a los estudiantes a desenvolverse en la vida académica, ayudarles con el presupuesto y ofrecerles apoyo en general. Además, Seita ofrecía una beca que cubría la mayor parte de la financiación.

Aunque parecía perfecto, estaba indeciso. Uno de mis mentores me aconsejó que asistiera a una HBCU (Universidades Históricamente Afroamericanas, por sus siglas en inglés). Me inspiraron varios graduados exitosos de esas escuelas y me preocupaban las estadísticas que mostraban las pocas oportunidades que tenían los afroamericanos después de graduarse. Pero en última instancia, esas escuelas eran demasiado costosas; no había recibido ninguna beca que me permitiera asistir a una escuela fuera del estado. Ante todo, estaba decidido a no graduarme en la universidad con una montaña de deudas.

Me enteré de que un reclutador universitario de la WMU iba a visitar mi escuela secundaria. Fui el primero de la clase en visitar al reclutador y lo bombardeé con preguntas. Inmediatamente presenté mi solicitud. El martes siguiente, recibí una carta de la Universidad de Western Michigan. Lo abrí con las manos temblorosas. Ahí estaba. Me habían aceptado en la Western Michigan University y en el programa Seita Scholars. A pesar de todos esos años de sufrimiento, ¡ahora mira dónde había llegado! Llamé a mi madre y a Khalil para darles la noticia. *Mamá, ¡lo logramos!*

PARTE 4: REDEFINIENDO LA NORMALIDAD: ROMPIENDO CICLOS

Lo que dicen las estadísticas:
7 de cada 10 muchachas que salen del sistema de acogida se embarazan antes de los 21 años.
Uno de cada tres muchachos afroamericanos nacidos hoy en día puede esperar ir a la cárcel a lo largo de su vida, al igual que uno de cada seis muchachos latinos, en comparación con uno de cada 17 muchachos blancos.

¿Qué dice Dios?
"Porque yo conozco los planes que tengo para vosotros - declara el Señor-, planes de bienestar y no de calamidad, a fin de darles un futuro y una esperanza"
(Jeremías 29:11 NVI)

PARTE 4: INTRO

ROMPER LOS CICLOS generacionales puede ser un proceso solitario y doloroso. Por lo general, los niños aceptan las prácticas de su familia de forma incuestionable; mirar atrás y cuestionarlas más tarde requiere una determinación más fuerte que el dolor de separarse de los únicos valores que han conocido. Para muchos, la decisión de abandonar su entorno para mejorar viene acompañada de ser rechazado o avergonzado por la propia familia. Los niños son esponjas; absorben los mensajes desde el momento en que nacen. Las maneras de pensar y de comunicarse (y las maneras de comportarse en general) se enraízan profundamente en nuestros años de infancia. El mundo social en el que crecemos nos define lo que es normal, aceptable y digno de reconocimiento.

Una cosa está clara: todos queremos ser amados, pero la forma de dar y recibir amor viene dictada en gran medida por quienes nos enseñaron lo que es el amor en primer lugar. **Para los que hemos sido traumatizados en nuestra juventud, tenemos que redefinirnos a nosotros mismos y redefinir lo que es normal**. En nuestras comunidades, soportar y sobrevivir a los abusos era una insignia de honor, una prueba de fuerza y carácter. Los padres que protegían a sus hijos de situaciones tóxicas eran resentidos y condenados al ostracismo, y a sus hijos se les hacía sentir avergonzados por haber recibido tal "privilegio". Nos reíamos de que nos pegaran con zapatos, cables de extensión, ganchos y cualquier otra cosa con la que nuestros padres pudieran golpearnos. De nuevo, la cantidad de traumas que habías soportado era una medida perversa de tu fuerza.

Es fácil pensar así cuando uno es niño hasta que conoces las Experiencias Adversas en la Infancia (ECA). Éstas tienen un tremendo impacto en la violencia futura, la victimización y la perpetración, y la salud y las oportunidades a lo largo de la vida. La puntuación de las ACE (de 0 a 10) es un recuento de los diferentes tipos de abuso, negligencia y otras características de una infancia difícil. Según el Estudio de Experiencias Adversas en la Infancia, cuanto más severa sea la infancia, mayor será la puntuación y mayor será el riesgo de sufrir problemas de salud posteriores, como alcoholismo, obesidad, consumo de drogas, depresión, intentos de suicidio, cáncer, enfermedades cardíacas, etc.

Alexis y yo tenemos cuidado con lo que consumimos. Con nuestras altas puntuaciones de ACE y la adicción en nuestras dos familias, debemos hacerlo.

A pesar de lo duros que fueron esos años, tuvimos suerte de terminar en una casa de acogida y de salir de nuestros hogares violentos y destructivos. ¿Cuántos niños maltratados nunca llegan al refugio de los hogares de acogida porque tuvieron miedo de contar lo que pasaba o porque los adultos de su alrededor no se dieron cuenta de las señales? Nosotros conocemos a decenas de personas.

Los traumas reconfiguran el cerebro y pueden incluso cambiar nuestro ADN.

Demasiados padres piensan que sólo porque proporcionan comida y refugio son buenos padres. O porque lo hacen un poco mejor de lo que sus padres hicieron por ellos, eso los convierte en padres exitosos. No conocí la jerarquía de necesidades de Maslow hasta mi primer año de universidad.

Necesitamos que nuestros padres nos cuiden en varios niveles. Si no lo hacen, nuestras necesidades se filtran a nuestras relaciones íntimas. A veces, esto supone un viaje de por vida para desaprender y reaprender cuál es nuestra definición de amor, familia y crianza.

Además, hay pruebas significativas que demuestran que el éxito de un niño puede determinarse si se dibuja un radio de 0.6 millas alrededor del lugar donde crece. Basándose en factores como su ambiente, su estatus socioeconómico, la influencia del vecindario y de los padres, la educación, etc.

Esto demuestra, aún más, la importancia de la comunidad, las familias, las relaciones sanas y la sanación.

Nuestras vidas tenían una trayectoria determinada de abuso, abandono y ruptura, pero tuvimos que luchar a través de los millones de obstáculos y las expectativas de la sociedad para convertirnos en lo que somos hoy.

Creemos que, en muchas circunstancias, nuestras propias acciones determinan las recompensas que obtenemos (locus de control interno), pero nuestros padres y tantas otras personas en nuestras vidas creen que su propio comportamiento no importa mucho y que lo que les ocurre está generalmente fuera de su control (locus de control externo).

Con la ayuda de este libro, queremos que los individuos redefinan lo que es normal en sus propias vidas.

REVELANDO LA VERDAD EN MI TRAUMA

"Nunca te sientas tan cómodo en el dolor que olvides que la felicidad es una opción".
—Anónimo

ALEXIS

¿CÓMO PODEMOS MEJORAR en la vida si nunca hemos visto lo que es "mejor"? Es difícil cambiar la forma de pensar y mejorar la capacidad mental y espiritual sin ejemplos. Por esta razón, las víctimas de abuso frecuentemente regresan a su entorno destructivo.

Aparte de mis padrinos, el tío Giles y la tía Beverly, no tuve modelos en los que basar la comprensión de lo que era un amor sano. El tío Giles fue el primer hombre al que admiré. Luego conocí a Kim y a Brian. Aún así, creía que debían haber hecho algo bien para recibir el amor y misericordia de Dios, cosas que yo no debía merecer. Siempre fui la chica abandonada, descuidada y abusada. Los niños extrapolan su valor a partir de cómo han sido tratados y cuidados. Una Navidad, yo aparté a Brian para preguntarle si alguna vez había llamado a Kim "perra". "No, ¿por qué razón le llamaría así? La amo". **Esto sacudió mi concepto de "normalidad" y empecé a darme cuenta de que el hecho de haber sufrido una situación durante toda mi vida no significaba que fuera normal.** De hecho, mis propias experiencias habían sido profundamente patológicas, por no decir criminales.

Recuerdo haber asistido a un taller de MYOI (Iniciativa de Oportunidades para la Juventud de Michigan, por sus siglas en inglés) en Flint sobre relaciones sanas. (MYOI es un programa centrado en mejorar los resultados de los jóvenes que transitan de la acogida a la edad adulta). Había un panel de cinco parejas comprometidas, recién casadas o que llevaban años casadas. Escuché la forma en que se hablaban entre sí. Observé su lenguaje gestual. Sentí envidia y, definitivamente, más consciente de que mi relación con Shawn no era normal.

Cuando me mudé a Kalamazoo, quise regresar a la terapia. No había ido desde la escuela secundaria y, por lo general, otra persona elegía a mi consejero, así que no tenía ni idea de cómo encontrar uno. Busqué en Google y empecé a hacer llamadas. La persona que pensé que realmente quería estaba de baja por maternidad y me presentó a su compañera de trabajo. En mi primera cita, vi en la mesa un folleto con sus especialidades: Trauma, TEPT, ansiedad, depresión, violencia doméstica, conflictos familiares y otras. Pensé "¡He encontrado a mi persona!" Ayudó el hecho de que era increíblemente fácil hablar con ella y fue completamente honesta conmigo cuando le hice preguntas sobre su integridad, carácter y fe. Necesitaba asegurarme de que si me daba consejos, podía confiar en su criterio.

Pensaba que yo tenía toda la culpa de la destrucción de mi relación. Tenía que haber algo malo en mí para que rompieran conmigo y me insultaran a diario. Era la lógica inversa de una niña maltratada: *Me tratan mal, por lo tanto soy mala*. En lugar de: *Un padre que trata mal a su hijo/a es un mal padre. Mi padre es un mal padre*. La mayoría de los niños maltratados aplican esta lógica reflejada, quizás porque hay una ilusión de control en ella. Si yo tengo la culpa, puedo arreglarlo. Si mis padres tienen la culpa, no tengo poder para cambiar la dinámica. Una entrada de un periódico de esa época dice:

Si esta es mi fantasía y mi sueño (huir, casarme y quedar embarazada), ¿cómo me las arreglo siempre para encontrar formas de cagarla? Dios, por favor, no me des un hombre tan maravilloso y cariñoso, sólo para quitármelo. ¿Cuál es la lección en eso? ¿Es para que me odie a mí misma y viva arrepentida para siempre?

Mi consejera me pidió que llenara una tabla (disponible en re-definingnormal.com), marcando todas las opciones de lo que creía que era  y no era saludable en mi relación. Marqué casi todas las casillas en el lado no saludable y sólo una en el saludable, y esa era una exageración. Pero necesitaba aferrarme a algo. Le enviaba correos electrónicos a mi consejera constantemente preguntándole cómo manejar mejor las situaciones y por qué no podía ser la mujer que Shawn necesitaba que fuera. Siempre me sentía inadecuada. Años más tarde, hice la evaluación ACES y obtuve la puntuación más alta: 10. Era la más susceptible a las relaciones peligrosas debido a la gravedad de mi trauma infantil. También supe que me habían diagnosticado TEPT en dos ocasiones. Una vez cuando dejé a mi padre biológico y otra vez debido a mi relación.

Me han dicho varias veces que de seguro me gustaba lo que Shawn me hacía o lo habría dejado antes. Sin embargo, aprendí de mi consejero que los maltratadores son buenos en la luz de gas: en otras palabras, en hacer que te sientas loco y que te cuestiones a ti mismo y tus valores. Además, cuando estás en una relación abusiva, no puedes ver realmente fuera de ella o incluso tener la capacidad de escuchar a otras personas cuando te dicen que la relación es tóxica y que tienes que dejarla. Creo que la razón por la que mi relación con Shawn tuvo más impacto en mí que la relación con mi padre fue que mi cerebro me permitía disociarme con mi padre como mecanismo de afrontamiento. Mientras que, en esta relación, yo era vulnerable, estuve con él durante mis años de formación tratando de averiguar quién era y qué lugar tengo en este mundo. También conocí el término "Escalada de compromiso", que básicamente significa que tenemos la tendencia a seguir invirtiendo en algo aunque hayan pasado años y no hayamos visto ningún progreso, incluso si está empeorando. Tendemos a centrarnos en el tiempo que se ha invertido en una relación, como si fuera proporcional a la esperanza que deberíamos tener en su éxito, y pasamos por alto la calidad real de la relación en sí.

Durante mi relación con Shawn, hice repetidamente penitencia, como si con el tiempo pudiera purgar la culpa o la maldad de mi alma ofreciendo continuamente más y aceptando el maltrato. **Quizá demostrar mi "valor" a Shawn era tratar de demostrarme a mí misma que ya no era la persona inútil que creía que era con mi padre.** Shawn se había convertido en una consecuencia directa del abuso de mi padre. Me trataba como un objeto, no como una persona.

Después de recibir esa evaluación de mi consejera, me obsesioné con aprender más sobre las relaciones sanas y los signos de una relación no saludable (manipulación, señales de alerta, etc.). Les preguntaba a las parejas constantemente sobre sus relaciones, cómo manejaban los conflictos, cómo se comunicaban, sobre su vida después del matrimonio y los hijos, etc. Sólo podía acudir a personas que estuvieran en condiciones de ofrecer orientación -no podía consultar a personas que siempre fueran indiferentes, inestables o estuvieran en relaciones insanas, o a quienes nunca hubieran estado en una relación para empezar- sobre lo que se necesita para construir una relación sana, estable y sostenible. No puedes acudir a alguien que siempre está arruinado o en bancarrota para que te aconseje sobre inversiones.

Entonces me di cuenta:

Esto no era amor.
Esto era una necesidad. Esperaba que el amor doliera. Esa es la única forma de amor que he conocido.

Tuve que aprender la diferencia entre la seguridad y la imprevisibilidad predecible. Sabía qué esperar: El caos. Un caos predecible con una violencia predecible derivada de mi infancia con recompensas lanzadas para apaciguarme. Me quedé porque era algo cómodo, y no sabía qué esperar cuando se fuera de mi lado. Vi cómo todo mi mundo se derrumbaba a mi alrededor tantas veces cuando se fue que ni siquiera podía imaginar la vida sin él.

El tormento de Shawn era una forma de abuso doméstico. Muchas personas asumen que no están siendo maltratadas si no son golpeadas o heridas físicamente, y esta creencia es, en sí misma, peligrosa. Controlar y manipular con constantes insultos y amenazas de abandono es una forma de maltrato y abuso y debe reconocerse como tal. Yo he sido maltratada, tanto física como psicológicamente, y estoy aquí para decirte que el precio de este último es tan alto o más que el primero.

Al fin y al cabo: *la gente herida, hiere a la gente. Las personas sanadas, sanan a las personas*. Recopilando información sobre otras parejas, leyendo blogs y observando a Kim y Brian, aprendí que el amor no debe doler. El dicho "Lo que permitimos continuará" era apropiado. Después de presenciar la falta de respeto y el abuso de Shawn hacia los demás durante mis estudios en el extranjero y de que otros se enfrentaran a mí por su comportamiento, supe en el fondo que merecía algo mejor. Cuando volví de Sudáfrica, estaba preparada para saber quién era Alexis y qué representaba. Esta relación me estaba absorbiendo la felicidad, la paz, la energía y la cordura. Me había quedado tanto tiempo por miedo a perderlo, y por miedo a no poder tolerar ese dolor. No iba a dejar que el miedo me retuviera por más tiempo.

Una vez que rompí definitivamente con él, me quité un peso de encima. Por fin podía respirar. Podía pensar racionalmente. **Tuve que amarme lo suficiente como para alejarme y aceptarme mejor.** Fue similar a la sanación temprana que la gente describe tras la abstinencia y la recuperación de las drogas.

Casi exactamente tres meses antes de conocer a Justin, escribí: "En algún lugar ahí fuera, Dios está preparando al hombre para mí. Solamente que aún no lo he encontrado. Si está ahí, Dios me lo traerá".

Dejé oficialmente a Shawn el 3 de julio de 2016. Una semana después, conocí a Justin.

REVELANDO LA VERDAD EN MI TRAUMA

JUSTIN

¿CÓMO IDENTIFICAS LO que es sano y lo que no lo es en tu vida? ¿Has reflexionado alguna vez sobre la cultura de tu familia y te has preguntado si sus influencias te han encaminado hacia el éxito o el fracaso? No es una pregunta fácil de afrontar, ni siempre es un placer responderla, pero es vital para el crecimiento y la maduración.

En mi escuela secundaria, o bien eras el mujeriego que se metía con todas las chicas, o el chico de las relaciones que se metía con una sola chica. Decidí que quería seguir el camino de las relaciones. Las parejas de la escuela eran cursis, pero geniales al mismo tiempo. Parecían cercanas y cariñosas; también sabía que tenían mucho sexo.

Cuando estaba en noveno grado, sólo había tenido un encuentro sexual. Tenía nueve años cuando ocurrió. Había una chica llamada Chyna en nuestro barrio que era unos tres años mayor. Chyna era una de esas chicas "rápidas" que eran extremadamente coquetas. Mirando hacia atrás, y sabiendo lo que sé ahora, no me sorprendería que en su casa abusaran sexualmente de ella. Sus padres permitían que numerosos hombres entraran en su casa sin supervisión, permitiéndoles pasar la noche.

Mis dos hermanos tenían relaciones sexuales en esa época, y yo me sentía presionado para ponerme al día. Chyna y yo coqueteábamos a veces y nos tocábamos las partes íntimas. Algunos de sus hermanos lo sabían y decidieron no hacer nada. Sólo su hermano mayor me mataría si se enterara. Una tarde de verano, me invitó al parque. Era normal que me quedara hasta tarde después de oscurecer. Tenía unas libertades que no creerías a los nueve años. Al principio, mi madre había aplicado la regla de la "luz de la calle": tenía que estar en casa antes de que se encendieran las luces de la calle. Pero esto se convirtió en la "regla de las 11 de la noche", que a su vez se convirtió en la "regla de volver a casa eventualmente".

Chyna y yo fuimos al parque con su hermano y su novia alrededor de las 10:30 pm. Ninguno de nosotros tenía más de 13 años. Jugamos y bromeamos un poco hasta que ella decidió apartarme a un lado. El parque estaba vacío y éramos los únicos allí. Nos metimos debajo del tobogán y empezamos a tener sexo. Perdí oficialmente mi virginidad. Ella sabía exactamente qué hacer. Estaba preparado para intentar algo que había visto en el porno, pero acabé tumbado y congelado. Poco después de empezar, su hermano mayor nos descubrió. Corrí tan rápido como pude con los pantalones por las rodillas.

Uno o dos días después, cuando fui a visitarla, me quedé frente a su ventana escuchando cómo su madre la golpeaba. Podía oír los latigazos del cinturón golpeando su piel. Chyna lloraba lo suficientemente fuerte como para que la gente de la esquina la oyera. A partir de ese momento, me aterrorizaba acercarme a ella. Cuando mi madre se enteró, no se enfadó tanto como yo pensaba. Estaba segura de que si la madre de Chyna la golpeaba, a mí me esperaba algo diez veces peor. Pero lo único que dijo mi madre fue: "Chico, ¿quieres coger el SIDA o algo así? Y tampoco voy a cuidar a ningún bebé. Será mejor que dejes de hacerlo". Esa fue mi única charla sobre sexo.

Aprendí sobre el sexo viendo porno a los cinco o seis años. Mi hermano Andre, que entonces tenía 12 años, encontró unas cuantas películas en el escondite de mis padres y nos las enseñó a Khalil y a mí. Poco después, encontré una bolsa de lona llena de películas, y al menos el 30% era porno.

Cuando tenía diez años y vivía con mi hermano mayor Dylan, mi hermano Khalil y yo encontramos cientos de vídeos pornográficos en la computadora de Dylan. Mi hermana Tiffany y su novio se mudaron también al apartamento de Dylan. Los cinco vivíamos en un pequeño apartamento de una habitación. Mi hermano Dylan tenía el cuarto para él solo, y mi hermana, su novio, Khalil, y yo dormíamos en la sala, compartiendo dos colchones twin. Apoyábamos los colchones en la pared durante el día, para hacer espacio, y los tumbábamos sobre el suelo por las noches para dormir.

A veces encontraba a mi hermana y a su novio viendo porno en su computadora. No era algo secreto: lo veían a mediodía, riendo y comentando mientras lo veían. Cuando asomaba la cabeza para ver, me decían que me diera la vuelta para ver la televisión. Me apartaba para que no me vieran y seguía mirando. Descargaron el famoso vídeo sexual de R. Kelly en el que orinaba sobre una niña de 14 años. Me uní a las risas que esto provocó, pero en el fondo sentí vergüenza por hacerlo. Algo en mí sabía que no estaba bien, incluso entonces.

El entorno escolar en el que crecí estaba muy sexualizado. Cuando llegué a la escuela secundaria, muchas chicas tenían relaciones sexuales, la mayoría con chicos mayores. El sexo se había convertido en un aspecto normal de la escuela y yo me sentía torpe porque no había tenido ninguna experiencia sexual desde los nueve años. Entrar en una relación parecía la única forma lógica de hacerlo. Las chicas me pedían que me sacara el pene en clase cuando el profesor no estaba mirando. Siempre estaba muy nervioso por lo que me haría mi tía si se enteraba.

Pero antes de entablar una relación, independientemente del motivo, quería asegurarme de no tratar nunca a las mujeres con las que me relacionaba como mi padre trataba a mi madre. Había visto muchas relaciones insanas, pero no tenía ni idea de cómo era una relación sana. Sabía lo que no debía hacer en una relación, pero no sabía exactamente lo que debía hacer. Lo único que sabía con certeza era que no quería hacer pasar a nadie por el dolor que había visto sufrir a mi madre.

Las discusiones de mis padres eran intensas y feas. Rara vez parecían disfrutar de la compañía del otro. Sabía que quería estar con alguien con quien disfrutara de la conversación y de una auténtica conexión emocional.

En retrospectiva, creo que no buscaba una novia, sino una figura materna. Buscaba a alguien que me quisiera como debería haberlo hecho mi madre. Al poco tiempo de conocerlas, les contaba a las mujeres mis experiencias en los hogares de acogida, mi falta de figuras paternas, el caos de mi juventud. Las chicas de la secundaria con las que me relacionaba no estaban interesadas o estaban comprensiblemente abrumadas por la cantidad de información difícil que compartía.

Mi objetivo era ser mejor que mis padres, pero ellos habían puesto un listón muy bajo. Esto me hizo vulnerable a todo tipo de manipulaciones por parte de las chicas con las que me relacionaba. En algunas relaciones, yo era tanto el abusador como el abusado.

Mis hermanos también empezaron a reproducir el patrón de violencia doméstica que habían presenciado entre mi madre y mi padre mientras crecían. Observaba a mis sobrinas y sobrinos mientras veían cómo su padre golpeaba a su madre. Sabía muy bien lo que sentían al ver lo que ocurría. Es indeciblemente traumático. Pero ver el abuso repetidamente lo normaliza y te insensibiliza a sus horrores. Y el ciclo continúa a través de las generaciones. Me di cuenta de que tenía que mirar más allá de mis hermanos para encontrar ejemplos de relaciones sanas.

Después de dejar a mi tía Cheryl antes de ir al hogar grupal a los 16 años, mi hermano y yo vivimos con la familia Bennett. Vivir con la familia Bennett fue la primera vez que tuve una interacción directa con una pareja casada. Los padres de la casa nunca parecían estar de acuerdo en nada.

Me preguntaba si Khalil y yo éramos la causa de las fricciones en su matrimonio. Desde que entramos juntos en la casa de acogida, Khalil y yo dependíamos el uno del otro. Cuando comprábamos comida, era sólo para nosotros. Cuando comprábamos ropa, compartíamos la ropa que comprábamos. Nuestro enlace era cercano porque éramos lo único que teníamos. No nos interesaba adaptarnos a las reglas del hogar de otra persona, especialmente después de dejar la casa de mi tía. ¿Cómo no iba a causar esto un conflicto en un hogar con una dinámica familiar más tradicional? Éramos dos niños en modo de supervivencia que funcionaban como una unidad separada.

Los Bennett nos llamaban "egoístas". Cuando en realidad, nunca habíamos socializado. Me comía cualquier comida que encontrara en la refrigeradora y nunca se me ocurrió guardar algo para otras personas. Sólo hacía las tareas que me convenían. Nunca me habían enseñado las reglas de un hogar normal y corriente. En cambio, había crecido en un entorno casi sin ley, donde la supervivencia era la única preocupación.

El vínculo entre mi hermano y yo dificultaba la vida de los Bennett. Discutían constantemente, y aunque no fuéramos la causa, nuestro comportamiento ciertamente agravaba la tensión.

Al volver del colegio, mi hermano me advertía que evitara estresar a nadie porque no estaban de buen humor. Su forma de comunicarse consistía en lanzarse pullas y fingir que todo era divertido. Nunca les vi manejar un conflicto de forma tranquila.

Siempre había una persona incapaz de ver el punto de vista de la otra.

Entiendo que las parejas casadas no son felices las 24 horas del día, pero parecía que los Bennett rara vez disfrutaban del tiempo con el otro. Cuando mis padres biológicos estaban en buenos términos y no se peleaban físicamente, parecían más felices el uno con el otro que los padres de los Bennett. Tanto los Bennett como mis padres estuvieron juntos durante décadas y **eso era lo único que se celebraba: la longevidad de su relación y no la calidad de la misma.**

Año tras año, tanto los Bennett como mis padres celebraban un aniversario. Lo único que le importaba a todo el mundo era el hecho de que aguantaran. Eso es lo que dicen hoy mis hermanos sobre la relación de mis padres. "Se mantuvieron en las buenas y en las malas. Eso es lealtad. Eso es el verdadero amor". Yo lo veo de otra manera. En primer lugar, mis padres nunca se casaron; nunca quisieron comprometerse de verdad el uno con el otro. Recuerdo que estaba en clase y le conté a mi maestro sobre la comida al aire libre que íbamos a hacer por el aniversario de mis padres. Las chicas que estaban a mi lado me preguntaron cuánto tiempo llevaban casados mientras fantaseaban con el romance que esperaban encontrar algún día.

"Oh no, no están casados, sólo llevan 30 años juntos", dije.

Me sentí extremadamente avergonzado mientras se reían y empezaban a burlarse de mí.

"Vaya, están celebrando una larga amistad".

Nadie en mi familia inmediata se había casado. Mi madre siempre nos preguntaba a mi hermano Dylan y a mí: "¿Cuándo piensan darme nietos?". No, "¿Cuándo planean casarse? ¿Qué tipo de persona están buscando? ¿Qué tipo de familia quieren construir?". A mi madre nunca se le habría ocurrido hacer estas preguntas. La estructura familiar giraba en torno a tener hijos, sin compromiso con una pareja o una unidad familiar coherente.

No sé por qué mis padres siguieron juntos, salvo por la conveniencia económica. Mi madre se quedó con mi padre después de que la golpeó con una pistola. Se quedó después de que le rompieran la mandíbula. Se quedó después de romperse una pierna al intentar huir saltando de un porche.

¿Por qué era esto normal y aceptable en nuestra familia? ¿En qué momento discutimos estos temas y los resolvemos para un futuro sano y próspero? La madre del primer hijo de André se metió en una disputa con él por la custodia de los niños. Ella sacó a relucir el hecho de que Andre la maltrató físicamente durante toda su relación. Mi madre acudió al tribunal para defender a Andre, diciendo que ninguna de las historias de su novia era cierta, aunque ella había sido testigo de muchas de sus peleas e incluso había tenido que separarlos varias veces. Mi madre protegió al maltratador, a pesar de que ella misma había sido maltratada durante décadas.

Mis padres no hablan con nadie del historial de abusos domésticos de mi padre. Todavía discuten, se agreden verbalmente y se amenazan. ¿Es esto lo que llamamos "en las buenas y en las malas"? Todos mis hermanos han aceptado los años de drogadicción y maltrato doméstico como algo normal. Nunca hablan del deseo de romper el ciclo por el bien de sus hijos.

Después de que las chicas se burlaran de mis padres, empecé a reevaluar la normalidad de mi familia. Nunca más me sentí cómodo celebrando el aniversario de mis padres, principalmente porque conocía los hábitos poco saludables que se han practicado en nuestra familia durante los más de 30 años. Quería algo diferente para mí y para la siguiente generación. Entonces comencé el viaje de aprender lo que era saludable

VULNERABLE A TRAVÉS DEL DOLOR

*"Está revestida de fuerza y dignidad y
ríe sin temor al futuro"*
(Proverbios 31:25).

ALEXIS

La vulnerabilidad es algo que muchos jóvenes destrozados llegan a despreciar. Debido a que los jóvenes de acogida son constantemente abandonados y decepcionados, la mayoría construye un muro para ocultar sus sentimientos y protegerse del mundo. Incluso si no has estado en el sistema, por supuesto, puedes encontrarte construyendo un muro similar después del maltrato, el abuso o el abandono. Sincerarme con Justin en el césped aquel día me dio miedo, pero si iba a alejarse, quería acabar con ello de una vez.

Así que le conté todo.

Y entonces Justin me tomó de la mano, me miró a los ojos y me dijo: "Alexis, te agradezco que hayas compartido esto conmigo. Es un honor para mí escuchar tu historia. Quiero que sepas que eres increíble y que me gustaría seguir conociéndote más".

No fueron sólo sus palabras, sino la forma en que las dijo. Justin me hizo sentir segura. Me descubrí a mí misma empezando a relajarme en nuestra amistad y a abrirme a la posibilidad de algo más.

Por supuesto, seguíamos siendo dos universitarios. Poco después de nuestra charla, Justin coqueteó abiertamente con nuestra líder estudiantil en el almuerzo de despedida, preguntándole si tenía novio. Naturalmente, me sentí celosa y confundida. ¿Mis revelaciones le habían cerrado a la idea de ser más que amigos? En ese momento no lo parecía.

Hubo un descanso entre el final del programa y el comienzo oficial de las clases, así que aproveché para volver a casa y pasar tiempo con Kim, Brian y sus hijos.

"¿Quién es Justin?" preguntó Kim en broma.

¿Cómo demonios había escuchado sobre él?

"Me agregó en Facebook", explicó.

Me sonrojé. "¡Vaya, se mueve rápido!" respondí. Pero secretamente, me sentí complacida. Normalmente era yo la que tenía que mostrar iniciativa en las relaciones, ¡pero este chico se me había adelantado!

"Debe saber lo que quiere".

"Dormimos en la misma cama, pero no pasó nada, lo prometo. Hablamos durante casi toda la noche".

Como les había prometido a Kim y a Brian que no saldría con nadie durante un año, le dije a Justin que sólo podíamos ser amigos. Volvimos a vernos en un evento para jóvenes de acogida en Lansing y actuamos como si acabáramos de conocernos. Justin me dio la mano y se presentó. Intentamos mantener la distancia porque no queríamos que la gente pensara que estábamos saliendo, aunque hablábamos durante seis o más horas por noche. Supe que me estaba enamorando de él cuando comíamos cereales juntos, mi comida favorita. También ayudó el hecho de que me hiciera reír más de lo que nunca lo había hecho con alguien. Se sentía bien y de forma orgánica.

Al cabo de un mes, me acerqué a Kim llorando y preguntándole: "¿Cómo sabes si estás enamorada?". Aunque había tenido una relación de ocho años, no sabía lo que era el amor. Eso era amar por necesidad, no por deseo. Me dije a mí misma que nunca volvería a amar por necesidad y que sólo estaría con alguien porque lo deseaba. No quería que otra persona definiera mi identidad. Todo lo que sabía era que esto se sentía BIEN. Hablamos de cosas que nunca había hablado con mi ex: nuestra fe y nuestro proceso con Dios. Siempre bromeaba diciendo que quería atrapar a Justin antes de que alguien más lo descubriera y supiera lo increíble que era.

De repente, recibí un correo electrónico de Shawn. Me indicó que se lo pasara a mi nuevo novio. Sus perniciosos celos le hicieron suponer que yo ya estaba liada con alguien nuevo.

"Hermano, no cometas los mismos errores que yo y desperdicies ocho años de tu vida en alguien que no vale la pena. Alexis es egoísta, malvada, sin corazón y sólo te destrozará como hombre. Escucha mi consejo y sal ahora mientras puedas. No escuches nada de lo que dice, es una mentirosa y sólo te hará daño. Tiene demasiado bagaje y traumas como para que alguien pueda lidiar con ellos. Incluso tiene TEPT por su padre. No vale la pena, hermano".

A pesar de las funestas predicciones de Shawn, Justin parecía encontrar mi compañía agradable y nuestra relación floreció, sin discusiones violentas ni paranoia enconada. Casi me sentía "normal", como alguien que no había sufrido un trauma extremo. Pasaron un par de meses y volvimos a vernos en otro evento de jóvenes de acogida en un parque de atracciones local. En sólo un par de horas juntos, me sentí lo más feliz que me había sentido en años, o en realidad, nunca.

La única "cita" real que tuvimos en ese tiempo fue en un restaurante llamado "Coney Island". Yo pedí panqueques y Justin pidió la típica comida de "chica" para la primera cita: una ensalada. Me reí. Naturalmente, cuando el camarero salió con nuestra comida, puso la ensalada delante de mí. "Um, no. Yo pedí las panquecas", le dije. Después de comer, fuimos a un parque cercano para pasear, columpiarnos en los columpios y jugar en el pasamanos. Al final del día, volvimos al coche y nos sentamos un rato a escuchar música. Disfrutamos mucho de nuestras conversaciones; el tiempo que pasamos juntos fue armonioso y suave. Me di cuenta de que no necesitábamos mucha actividad, una simple conversación era suficiente.

La vulnerabilidad tiene un significado más allá de la simple revelación de experiencias y sentimientos íntimos. Se trata de una práctica diaria y continua, y de un compromiso entre dos personas para mantenerse presentes y conectadas. Debemos ser capaces de perdonar las transgresiones del otro, lo podemos hacer siempre que sepamos que nuestra pareja tiene buenas intenciones.

Los errores ocurren. Aprendiendo de mis experiencias pasadas, ahora doy gracias y acepto que a veces nos decepcionaremos mutuamente. Las parejas cometen errores, por supuesto, y tenemos que aplicar una medida de gracia cuando lo hagan. Nunca he tenido expectativas excesivas con respecto a Justin, y él tampoco me ha exigido un nivel de exigencia excesivo. Después de poco tiempo, mi intuición me dijo que Justin era amable y gentil, y lo más importante, digno de confianza. Lo vi como un hombre amable y gentil que era paciente e intencional con sus palabras y lo mantuve en ese estándar.

Unas semanas antes de que Justin comenzara su primer año de universidad, me envió un mensaje de texto y me dijo, "Creo que deberíamos solo ser amigos porque quiero estar soltero en la universidad y divertirme."

Por supuesto, yo había sido la que estableció un límite desde el principio, basándome en mi promesa a Kim y Brian. Aun así, estaba destrozada. Obviamente había algo más entre nosotros que la amistad, y estaba segura de que él también había sentido la electricidad entre nosotros. Había compartido tanto con él. Me sentí traicionada. "¡Bien!" le respondí, sintiendo que las viejas paredes se levantaban de nuevo. No necesitaba que Justin me salvara. I Ya no necesitaba que nadie me salvara. Me negaba a rogarle a otro hombre. Tal vez me equivoqué con él. Tal vez estaba ocultando algo. Tal vez era impaciente sexualmente y no sentía que yo valiera la pena la espera. O tal vez, dado mi pasado, yo no valía la pena en absoluto. Estos pensamientos oscuros comenzaron a atormentarme.

VULNERABLE A TRAVÉS DEL DOLOR

JUSTIN

Cuando conoces a alguien por primera vez, no saben nada de tu pasado y no asumen inmediatamente que tienes problemas pendientes. ¿Pero qué ocurre cuando te conocen en medio de una tormenta emocional? ¿Y qué ocurre si has conocido a tu compañera de vida, pero todavía tienes traumas sin resolver? Tus heridas, aún abiertas, podrían repercutir en tu nueva relación, manchando y destruyendo una oportunidad única en la vida.

Cuando tenía 13 años, viví uno de los peores días de mi vida. Los acontecimientos del 15 de marzo de 2011 me perseguirían durante muchos años. Estaba en séptimo grado y vivía con mi tía Cheryl. Mis amigos y yo solíamos pasar el rato junto a la salida de la Academia Old Redford después de la salida. Antes de dirigirme a la parada del autobús, vi a unos cuantos chicos del instituto golpeando a uno de mis compañeros. Dos de los chicos le estaban pegando y el tercero estaba grabando todo con su teléfono. Los chicos más grandes se dieron cuenta de que les miraba. "¿Qué estás mirando?" dijeron. Sabía que no debería haber dicho nada, pero lo hice. "Te estoy mirando a ti", respondí. Inmediatamente soltaron al otro chico. Ahora tenían un nuevo objetivo.

Los padres y los profesores se involucraron para desescalar la situación, pensando que todo terminaba allí, en el recinto escolar. Pero yo sabía que mi camino hacia el autobús sería aislado y aterrador. Sin duda, los matones empezaron a seguirme. Me apresuré todo lo que pude, pero sabía que al final me alcanzarían. Supuse que tendría que luchar para salir de esto.

La parada del autobús estaba en Six Mile y Greenfield, en Detroit, justo al lado del McDonald's que visitaban la mayoría de los alumnos después de las clases. Llegué al aparcamiento del McDonald's y me quité la mochila, esperando desesperadamente que alguien interviniera. Entonces, vi que uno de los chicos cogía un ladrillo y caminaba hacia mí. El segundo chico también se acercaba. Pero esta vez no había nadie grabando lo que iba a ocurrir. Cuando giré la cabeza hacia el primer chico, me lanzó el ladrillo directamente a la cara. La adrenalina se apoderó de mí, y al principio no sentí ningún dolor. Sin embargo, supe que la cosa iba en serio, porque los chicos que acababan de agredirme me miraban con asombro y se reían, posiblemente por ansiedad. Quizá no habían querido llegar tan lejos. Entré corriendo en el McDonald's, pidiendo a quien quisiera escucharme que llamara a mi tía Cheryl. La gente se quedó mirando, tapándose la boca en señal de asombro. Intenté mantener la calma. Jadeando, me arrastré hasta la ventanilla. Todas las miradas estaban puestas en mí, pero nadie se ofrecía a ayudarme. La gente parecía paralizada por la conmoción, lo que sólo hizo que me asustara más por lo que me había ocurrido.

Seguí suplicando que alguien llamara a mi tía. Me di cuenta vagamente de que me salía sangre de la boca y que eso me dificultaba hablar. Entonces vi a una de mis compañeras de clase. Su cara estaba congelada por el horror. Finalmente, la cajera salió de detrás de la ventanilla y me entregó un trapo húmedo y caliente. Cuando bajé la vista para cogerlo, me di cuenta de que había sangre por todo mi abrigo, mis manos e incluso la cajera. A partir de ese momento, todo lo demás fue un borrón, hasta que llegó mi tía Cheryl.

Estaba sentado en el suelo fuera del McDonald's cuando mi tía entró al aparcamiento. Cuando me vio, saltó del coche, petrificada. Corrió hacia mí y preguntó a un agente de policía qué había pasado. Momentos después, nos llevaron a ella y a mí al hospital Sinai Grace. Uno de los chicos de la ambulancia me pidió que abriera la boca mientras examinaba los daños.

Confirmó que había perdido seis dientes, cuatro de ellos parcialmente perdidos y los dos delanteros completamente arrancados. Más tarde, me enteré de que una parte de la estructura ósea de por debajo de mi nariz también estaba dañada y había desaparecido parcialmente. Se me cayó el alma a los pies y empecé a llorar... Mi tía me abrazó, llena de rabia por el hecho de que alguien le hubiera hecho esto a su sobrino. Me senté en la parte trasera de la ambulancia, débil y avergonzado. ¿Cómo pude dejar que me pasara esto? ¿Qué podría haber hecho de otra manera? Estas preguntas me agobiarían durante años, haciéndome caer en una grave depresión.

Cuando llegamos a casa, mi adrenalina había disminuido y sentía el dolor. Mi labio estaba tan hinchado que me alcanzaba la parte superior de la nariz. Mis encías estaban completamente negras y apenas podía hablar. No pude ingerir alimentos sólidos durante un par de semanas, y me resultó difícil comer o beber cualquier cosa. Khalil me abrazó mientras sus ojos se llenaban de lágrimas. Al no estar mis padres, se reconoció como mi protector y sentía que me había defraudado. Esa noche todos estábamos emocionalmente agotados.

Intenté dormir, pero no podía acostarme: me dolia la cabeza debido a la presión. No dejaba de recordar el momento en que ocurrió. Me senté en la cama con la espalda apoyada en la pared, preguntándome "¿por qué a mí?". Reflexioné sobre todos mis pecados y le pregunté a Dios qué había hecho mal. Pedí perdón y me disculpé por todo lo que había hecho. El dolor era un recordatorio constante de que la vida nunca sería igual. Compartía la habitación con Khalil y no quería que me oyera llorar. Llorar se consideraba una debilidad. Esa noche me senté en el sofá, rezando y llorando hasta quedarme dormido.

Ese viernes por la noche, mi tía me dijo que no debía ir a la escuela el lunes siguiente. Pero lo hice, quizá con la esperanza de poder fingir que volvía a la normalidad. Fue sin duda la peor decisión que había tomado en mi vida. Todo el instituto se enteró de lo que había pasado, y todos los niños me miraban mientras caminaba por el pasillo. No era precisamente popular, así que no esperaba que a nadie le importara. Pero ese día, todos los niños tenían una opinión o una broma. Los rumores se habían extendido por el colegio y la historia había cambiado por completo. Como no era tan conocido, algunos chicos no sabían que yo era el chico que había sido atacado e intentaba taparme la boca todo el día. Los alumnos que estaban detrás de mí en clase hablaban del incidente, sin tener ni idea de que era yo de quien hablaban.

"He oído que al tipo le han dado un pisotón tan fuerte que se le han salido los dientes", dijo un alumno.

"No, he oído que le dieron una paliza, le golpearon con un ladrillo y le robaron", dijo otro.

A mitad del día, casi todos los alumnos hacían bromas. Una vez que todos se dieron cuenta de que yo era el que había perdido los dientes, los chicos se acercaron a mí y me pidieron que sonriera, sólo para reírse. No fue hasta que un chico de mi clase del tercer periodo me pidió que sonriera que me puse furioso. Sólo conocía una forma de afrontar este tipo de presión. No me había peleado desde cuarto grado, pero la tensión era demasiada para soportarla. Me puse encima del chico, amenazando con darle una paliza mientras nuestro profesor me sacaba de la clase. Sabía lo que había pasado y fue muy comprensivo, sentándose a mi lado con la mano en el hombro mientras llamaba a la tía Cheryl para que me llevara a casa. Me sentí abrumado por mi nueva realidad y no fui a la escuela durante las tres semanas siguientes.

Durante las siguientes dos semanas, me sentí deprimido. Mientras tanto, mi tía y el resto de mi familia estaban empeñados en vengarse. La policía se había involucrado, pero no estaba ayudando tanto. En una ciudad como Detroit, mi agresión era olvidable en comparación con la enorme cantidad de delitos graves de los que se ocupaba la policía. Frustrados por su falta de iniciativa, mi familia decidió tomar las riendas del asunto.

Mi tía y yo recorrimos mi escuela en busca de los tipos que me agredieron. No puedo imaginar lo que habría pasado si los hubiéramos encontrado. Mi tía habría acabado en la cárcel por agresión. Ya la había visto en acción; no tenía miedo de salir de su coche en medio del tráfico para provocar un alboroto. Empezamos a seguir a unos cuantos chicos del colegio hasta su casa. La situación se volvió ridícula. Estábamos literalmente acechando a los chicos que se ajustaban a la descripción. Me esforcé en olvidar sus caras. Recordar quiénes eran sólo me atormentaría, aumentando aún más mi ira y mi odio. Desde luego, no quería cometer un error y señalar a los chicos equivocados, porque mi tía estaba dispuesta a abalanzarse en segundos. Su rabia no parecía amor. Sólo me hacía sentir más estresado y miserable.

También me di cuenta rápidamente de que **vengarse no me devolvería los dientes ni la salud mental**. Era mejor dejar que el recuerdo de aquel día se desvaneciera. Puede que mi familia quisiera el ojo por ojo, pero yo quería cordura. Así las cosas, mi mundo se había puesto patas arriba. Ahora era el niño sin dientes, una identidad que no había elegido y que ciertamente no quería.

No necesitaba que mi familia buscara venganza o dañara a nadie más. Necesitaba que le prestaran atención al niño tan dañado en el que me había convertido, que me ofrecieran algo de afecto y orientación, algo de consuelo tras sobrevivir a un acto de temible brutalidad. La venganza se olvida pronto, y la familia sigue adelante. Me sentí más solo que nunca. Nadie se preocupaba por mi bienestar mental, emocional o físico, **a nadie parecía ocurrírsele que era algo más que mi cara lo que necesitaba recuperarse**.

Mientras tanto, mis padres no me habían visto ni una sola vez desde que me habían atacado. Me di cuenta de que no se preocupaban demasiado por mi salud mental o emocional. Aunque mi resentimiento aumentaba, también crecía mi deseo de verlos, o más exactamente, de que me vieran. Era difícil creer que tuvieran tan poco interés como para que una herida grave no les hiciera correr a mi lado. Cuando llegué a su apartamento, mi madre me dijo que lamentaba lo ocurrido. Mi padre me preguntó si recordaba sus caras y me dijo que conocía a gente que podía encargarse de la situación. Me preguntó si quería que los asesinaran. Me sentí atónito ante las palabras de mis padres. **En sus mentes, si no quería vengarme, ya debía haberlo superado**. No lo había superado, por supuesto, y no lo haría en muchos años, pero también quería seguir adelante y cuidarme. Necesitaba reparar mis dientes. También trabajé para dejar de lado mi ira y perdonar a los chicos que me habían agredido. Necesitaba esa tranquilidad.

Durante tres meses, fui a la escuela sin dientes hasta que recibí dientes parciales (también conocidos como aletas) para mis dos dientes delanteros. Por la noche, me los sacaba y los ponía en un vaso de agua, como si fuera un hombre de 70 años. Khalil y yo nos reíamos de ello. Era la única persona que podía hacer bromas sobre mis dientes. Conocía el límite, y también me cuidaba. Los implantes dentales costarían casi 20.000 dólares, y esa opción no estaba sobre la mesa. Los parciales tendrían que servir. Mientras tanto, aún quedaban pequeños trozos de mis dientes en las encías. Los palpé cuando el médico me permitió comer más alimentos sólidos. Comencé el proceso de conseguir endodoncias para mis otros dientes. Fui a un dentista poco fiable que aceptaba el seguro dental de Medicaid. Me dieron muy poca novocaína de antemano y sentí cada aguja rasgando mis encías durante todo el procedimiento. A lo largo de los años, sentía que vivía en el consultorio de ese dentista.

Las personas que me asaltaron no sólo me robaron la sonrisa; me robaron la felicidad. Me costaba hacer amigos y disfrutar de la vida como adolescente. Sabían que mis dientes eran falsos. Los niños siempre me observaban en la hora de la comida para ver cómo me alimentaba. Ser adolescente ya es bastante duro sin ese tipo de atención. Empecé a aislarme del mundo. Renuncié a hacer amigos porque los niños terminaban diciéndome: "¿No eres el niño al que le sacaron los dientes? Sácate los dientes y enséñamelos".

En el instituto, tenía que sacarlos cada vez que jugaba fútbol. Normalmente, si estás en el equipo de fútbol en la escuela secundaria y en el instituto, tus compañeros de equipo son tus mejores amigos. **Pero debido a mis dientes, las bromas no terminaban.** No podía ser auténticamente yo mismo, siempre era el chico al que le faltaban los dientes. Nunca tuve un verdadero amigo en el instituto. Cuando empecé a concentrarme en la universidad, y a hacer lo que fuera necesario para integrarme. El dolor de mi interminable humillación pública en el instituto hizo que encajar fuera mi principal objetivo. Decidí que haría lo que fuera necesario, incluso si eso significaba abandonar mis creencias espirituales en el proceso.

Además de las despiadadas burlas, tenía que seguir tomando el mismo camino a casa desde el colegio. Mi tía había conseguido un empleo y tenía que trabajar. No tenía otra forma de llegar a casa que no fuera coger el autobús urbano que había utilizado antes del incidente, la misma ruta en la que viajé el día que perdí los dientes. Todos los días, después de la escuela, caminaba hasta la parada de autobús en Six Mile y Greenfield, junto al McDonald's donde perdí los dientes. Todos los días, después del colegio, veía mi sangre y los trozos de mis dientes rotos en ese aparcamiento. Mientras esperaba el autobús, me quedaba mirando, reviviendo el incidente, todos los días.

Un día, la cajera del McDonald's que me había ayudado salió a la parada del autobús para ver cómo estaba. No recordaba su cara, pero lo entendió. Me dijo: "Seguro que no te acuerdas de mí, pero quería asegurarme de que estabas bien". Tuvimos una pequeña conversación mientras esperaba el autobús. Significó mucho. Me preguntó cómo me iba y cómo estaba llevando las cosas. Parecía más preocupada que mis padres. A veces, las cosas pequeñas son las que más significan. No tenía cómo saber lo que estaba pasando o cómo lo estaba sobrellevando. No sabía que me sentía solo y que estaba profundamente deprimido. No sabía que mis padres no estaban presentes en mi vida y que me faltaba apoyo. **En sólo unos minutos, me había alegrado el día y me había hecho sentir querido.**

Vivir con una dentadura postiza durante los ocho años siguientes despertó una serie de emociones diferentes. Me sentía rechazado por mis amigos, mi familia y el mundo. La decisión de explorar mis opciones profesionales fuera del fútbol una vez que entré en la universidad me permitió mantener mi salud dental en secreto. Quería mantener ocultos los daños en mis dientes para asegurarme de que podía hacer amigos en la universidad. **Hubiera preferido morir antes que pasar por el horror de revelar mis lesiones a otra persona. No podía arriesgarme.**

Cuando empecé a acercarme a Alexis, sentí que mi secreto corría peligro de salir a la luz. La noche en la que nos desahogamos mutuamente forjó un vínculo poderoso e irresistible. Sin embargo, seguía ocultando a Alexis mi sonrisa rota. *Nadie podría quererme o respetarme como hombre si supiera que me faltaban los dientes y que yo era quien lo había permitido.* Eso era lo que creía: en el instituto habían cuestionado mi "hombría" sin descanso a causa de la agresión.

"Maldita sea, hermano, ¿dejaste que te arrancaran los dientes? Yo no dejaría que me pasara esa mierda". Esto carcomía el autoestima que había logrado construir antes. Era un chico frágil que había sufrido demasiado y había procesado muy poco. Como tal, no podía imaginar que la chica de mis sueños me respetara después de saber lo que había pasado. Sencillamente, estaba más allá de mi experiencia con otras personas.

Mientras tanto, habíamos estado hablando todo el verano desde que nos conocimos en el programa de becas en julio. Por la noche, cuando hablábamos por teléfono, siempre nos servíamos nuestro bol de cereales favorito. Se convirtió en nuestra tradición. Nuestra amistad no se sentía forzada y el romance parecía inevitable.

Pero empecé a sentir pánico. Sería mi primera relación adulta, lo que significaba que tendría que sincerarme. Había tenido numerosas endodoncias defectuosas y corría el riesgo de perder los dientes por completo. Me consumía la ansiedad. Debido a las presiones culturales de mi instituto, asociaba mis daños dentales con la debilidad y la falta de valor masculino. No encontraba la fuerza para decírselo a Alexis. Mis dientes estaban en el centro de mi ternura, mi punto más vulnerable, y estaba desesperado por evitar que se enterara.

Con el corazón pesado, envié un mensaje a la mujer que probablemente ya amaba diciendo que necesitaba más tiempo para "explorar mis opciones". Sabía que tenía mala pinta, y Alexis no era tonta. Sabía que eso significaba que quería acostarme con otras chicas. Probablemente también sospechaba que me daba miedo el compromiso. Así era, pero no por la razón que ella suponía. En muchos aspectos, me sentía muy distinto al hombre perfecto que ella merecía.

Al día siguiente, hablé con mi hermano Khalil sobre lo que debía hacer. Era la única persona que sentía que me daría un consejo sincero. Escuchó el dolor en mi voz. Mientras le describía a Alexis a mi hermano, pensé: *"Caramba... es alguien a quien no puedo perder"*. Le conté sobre la frecuencia con la que hablábamos y nos enviábamos mensajes de texto, sobre lo fácil que era hablar con ella y sobre lo reconfortante que era a pesar de su brutal honestidad. Pero entonces pensé: "Si mis padres no me quieren, ¿quién lo hará?". Khalil me dijo que me relajara. Me dijo que yo ya sabía la respuesta. "Dale lo mejor que puedas", dijo, "y si no funciona, no estaba destinado a ser".

Alexis había sido manipulada por muchos hombres en su pasado. Al haber sufrido ellos mismos abusos o traumas, proyectaron su rabia y su dolor en ella. No podía permitir que nada de lo que me había ocurrido antes de conocerla envenenara nuestra relación o me hiciera maltratarla. Tenía que dejar de coquetear con otras chicas y dar un paso para ser un adulto. Después de toda la volatilidad que había vivido, esto me parecía un riesgo enorme. No tenía experiencia con la estabilidad. ¿Estábamos preparados para ser estables ahora, para nosotros mismos y para el otro?

Cuando hablé con ella más tarde ese mismo día, le dije que quería ser el primero en nuestra relación en ser vulnerable y estar dispuesto a mostrar mi vulnerabilidad. Si nuestra relación fracasaba, sabría que había hecho todo lo que podía hacer para servir a mi pareja.

Poco después, le conté sobre mis dientes. Siempre había estado convencido de que nadie me querría con los daños que tenía en la boca. Después de contárselo, se rió de que pensara que me dejaría y comenzó a abrazarme más. No estaba seguro de que comprendiera por completo la gravedad de la revelación. La mayoría de los jóvenes no sabían lo que era una aleta o un parcial. Revelar mis lesiones me quitó una enorme carga y me hizo sentir seguro con Alexis. Sentí que gran parte de la vergüenza se disipaba por dos razones: una, ya no me escondía y, dos, la chica a la que amaba no se inmutaba lo más mínimo por lo que había supuesto que sería un factor decisivo. Había revelado los detalles más delicados de mi vida y no había ocurrido nada malo. Ella seguía amándome, a pesar de las deficiencias de mi educación y de lo que consideraba una desfiguración física. Me quería por lo que era, con partes dañadas y todo.

No necesitaba que Alexis me curara activamente del dolor de mi infancia, sino que me apoyara en mi camino. Saber que la tenía a mi lado me dio una confianza que nunca había conocido.

GUERRA MENTAL

Lo que dicen las estadísticas:
Uno de cada seis adultos estadounidenses sufre una enfermedad mental, lo que equivale a casi 43,8 millones de adultos.
El 90% de los que mueren por suicidio tienen una enfermedad mental subyacente, y el suicidio es la décima causa de muerte en EEUU.
1 de cada 2 niños que salen del sistema de acogida desarrollará una dependencia de sustancias.
Al 52% de los jóvenes en régimen de acogimiento familiar se les prescribe medicación psiquiátrica, en comparación con el 4% de los jóvenes en general.

Qué dice Dios:
"Venid a Mí todos los que estáis cansados y agobiados, y os haré descansar. Tomad mi yugo y aprended de mí, que soy manso y humilde de corazón, y encontraréis descanso para vuestras almas. Porque Mi yugo es fácil [de llevar] y Mi carga es ligera" (Mateo 11:28-30 AMP).
*Traducción libre

"Los que más necesitan ayuda son los que menos la piden".
—Anónimo

ALEXIS

La guerra mental puede ser a lo largo de los años más desafiante que el dolor físico. He interiorizado mis luchas y las he expresado de forma insana y destructiva. Al crecer, no se me permitía expresar mis emociones y se me decía constantemente que mis sentimientos no importaban. El dinero se utilizaba para encubrir el dolor emocional. Con el tiempo, tuve la suerte de que me colocaran en una familia que me permitió, e incluso me animó, a revelar mis sentimientos mientras me guiaba pacientemente en la dirección correcta.

Durante la infancia, mi desahogo fue el baloncesto. Me daba algo que hacer durante horas y me mantenía fuera de la casa de mi padre. También me enseñó a resistir, ya que era la única chica de mi conjunto residencial que jugaba con todos los chicos adolescentes y los hombres adultos. Siempre me empujaban y me tiraban al suelo. No me dejaban ganar por ser una chica y por ser la más pequeña de la cancha. Pero yo no quería su compasión. No me iba a casa hasta que la sangre de mis rodillas me empapaba hasta los calcetines. Perfeccioné mi tiro de 3 puntos mientras todos los chicos rudos rodeaban la canasta para conseguir rebotes. No tenía ni idea de cómo jugar en equipos con posiciones. Era cómico lo ridícula que me veía jugando al baloncesto organizado con mi única experiencia, que consistía en jugar a la pelota en la calle. Fui a un campamento de baloncesto y estaba asustada durante todo el tiempo porque me obligaron a jugar en diferentes posiciones cuando nunca había jugado antes.

Planificar mi día al detalle también me ha ayudado a estabilizar mi salud mental. Desde que tengo uso de razón, he estado pegada a mi agenda, programando casi cada minuto de mi día. Esto me proporcionaba una sensación de estabilidad y control. Si me olvidaba la agenda en casa, me daba un ataque de ansiedad. Luché contra la ansiedad durante mis primeros trabajos. Lo peor fue cuando trabajé como cajera en Flint. Cuando me enteré de que no me iba a graduar a tiempo, tuve ataques de pánico y lloré incontroladamente en el trabajo. Por suerte, tenía un jefe fenomenal que estaba ahí para consolarme y me permitía ir a casa cuando todo estaba tan grave que no podía tranquilizarme.

El estrés extremo no sólo me afectó mentalmente, sino también físicamente. En 8º grado, no podía concentrarme lo suficiente para leer y necesitaba que otros me leyeran las tareas. El estrés extremo me causaba una presión ocular que me obligaba a usar trifocales para ayudar a mis ojos a enfocar. En el 10º curso, ya había recibido asesoramiento durante unos años y corría en pista. Mis niveles de estrés eran más bajos y pude dejar de usarlos por completo. Ahora, no necesito llevar gafas en absoluto.

En el colegio, solía llorar en el baño y comer en la oficina de la consejera o con mis profesores. Alrededor del 10º grado, me aislé completamente del resto del mundo. Iba directamente de clase en clase sin socializar. La gente pensaba que me había cambiado de colegio o que había abandonado los estudios. **Más tarde, me dijeron que la gente pensaba que si alguien se hubiera suicidado en el instituto, habría sido yo.**

Me enorgullece contarle a la gente que llevo frecuentando terapia desde los 13 años. Me han diagnosticado depresión, ansiedad y TEPT dos veces. Me han hospitalizado, me han puesto bajo vigilancia de suicidio y he intentado suicidarme más de tres veces. He tomado pastillas, me he ahogado en bañeras, me he enrollado un cinturón alrededor del cuello hasta el agujero más estrecho en el que podía enganchar la hebilla, e incluso he hecho un vídeo de despedida para amigos y familiares con una vieja cámara de mi padre biológico. Ahora me recuerda al libro *Trece razones*. **No sabía que el suicidio era cosa de mi familia, que tanto mi madre como mi abuela habían muerto por ello.**

Odié a mi madre durante mucho tiempo. Estaba amargada y enfadada porque me había abandonado con mi padre. ¿Cómo pudo hacer eso? Después de su muerte, acabé deshaciéndome de todas sus joyas y peluches, de todo lo que guardaba recuerdos de ella. Pero me di cuenta de que esos pensamientos eran egoístas. No tenía ni idea de lo que estaba pasando ni de lo que la empujó a acabar con su vida, una decisión de la que no puede retractarse. Tengo que creer que pensaba que estaba haciendo lo mejor, o que se sentía completamente atrapada y se vio empujada a creer que no tenía otra opción.

En realidad, no empecé a sanar hasta cuatro años después de graduarme de la escuela secundaria, porque no me di cuenta de lo malo que había sido todo con mi ex y de la gravedad de su impacto en mí hasta que lo dejé. Cada vez que iba a terapia antes de graduarme de la escuela secundaria, sólo hablaba de mi relación pasada, de cómo afrontar mi vida familiar o simplemente me sentaba en silencio. A veces, había varias semanas de silencio. La terapia de grupo siempre fue mi favorita. Fue la primera vez que me sentí menos sola y como si no fuera la única en sufrir lo que había pasado.

La curación es un viaje continuo. Cuando solicité la adopción, vi por primera vez el certificado de defunción de mi madre. "Muerte por suicidio", decía. Me sorprendió. Parecía tan clínico y frío, tan despiadado. Tardé un minuto en recomponerme.

En la terapia, hice un ejercicio en el que cogí un trozo de papel largo, como una pancarta, y dibujé una línea cronológica. Luego, tracé todos los acontecimientos importantes de mi vida hasta el momento, como haber sido violada, abusada, estar involucrada en una relación abusiva durante ocho años, el suicidio de mi madre, cambiar de escuela, ser diagnosticada con TEPT dos veces, y más. **El ejercicio me demostró que había pasado por muchas cosas, pero también que había sobrevivido el 100% de ellas**. Después, se suponía que debía romperla, enterrarla o quemarla, pero decidí conservarla para honrar y reflexionar sobre mi crecimiento.

Siempre luché con la idea de que puedes amar a una persona que odias u odiar a una persona que amas. Tuve que aprender a perdonar a mi padre, a mi madre y, en última instancia, a mí misma. Como lo llama mi amigo Aland, "perdón continuo". En el asesoramiento, quise ver si lo que me ocurría era un hecho generacional. *¿También abusaron de mi padre? ¿No estaba protegido?* No estaba justificando su comportamiento, sino intentando comprender el impacto que tiene nuestro entorno en nosotros, y el daño que puede causar en nuestras vidas si no lo afrontamos de frente. Lo que me ocurrió no es único. He conocido a muchas mujeres (y hombres) que han tenido relaciones abusivas, han sido agredidas sexualmente o violadas. Me considero una de las afortunadas. Tuve gente que abogó por mí. Tuve gente que me creyó. Mi agresor fue a la cárcel. ¿Cuántas personas pueden decir eso? No tantas como uno espera.

Perdonarnos a nosotras mismas también es increíblemente importante. Para poder estar disponible emocionalmente, primero tuve que aprender a quererme a mí misma. Tengo mis propios patrones y hábitos tóxicos y perjudiciales que seguirán plagando mis relaciones si no me ocupo de ellos y aprendo a sentirme orgullosa de mí misma por haber sobrevivido a mi pasado. No quiero tener miedo de decirle a la gente que estuve en un centro de acogida, sin importar el estigma alrededor de este tema. Es mi pasado y nadie puede quitármelo. Ahora siento que me sometieron a esas cosas para poder ayudar a otros a evitar el mismo tipo de miseria. Todos tenemos historias poderosas; es la forma en que las utilizamos para ayudar a otros a sanar.

Me he dado cuenta (conmigo misma y con muchos otros) de que cuando hablamos de nuestros traumas y del dolor que nos causaron nuestros padres, tendemos a reírnos y a bromear sobre ello. Sé que puede ser un mecanismo de afrontamiento, pero nunca aprenderemos de ello ni mejoraremos si no nos lo tomamos más en serio. A veces, nos reímos de cómo nos pegaban de pequeños y nos reímos entre nosotros al hablar de ello, comparando lo horribles que eran nuestros padres o lo que sobrevivimos. Esto no se utilizó como medio de afrontamiento, ni condujo a ninguna sanación o crecimiento. Era un reflejo de la insensibilización de los niños que viven en circunstancias extremadamente abusivas o difíciles. Con el tiempo, has estado expuesto al comportamiento patológico y criminal durante tanto tiempo que deja de parecerte inusual. A menudo, cuando intento cuestionar esa mentalidad en otros, oigo: "Bueno, yo sobreviví", o "cuando tenga hijos, también les pegaré cuando se porten mal", o "apuesto a que no volverán a hacerlo cuando les dé una paliza".

Tuve que quitar las capas de ocultación del dolor y el trauma para poder ser fiel a mí misma. Para poder saber quién era realmente debajo. **Mi sanación depende de mí, no de nadie más**. Nadie más puede sanarme o hacer que me ame a mí misma. Ese es mi trabajo.

No es justo que haga recaer mi pasado y mis traumas sobre Justin. Él no me hizo daño, así que ¿por qué debería ser su responsabilidad salvarme o curarme? Sólo Jesús y yo podemos hacerlo. No es tarea de Justin conocer todos mis aspectos desencadenantes; ni siquiera los conozco todos. Puede ser un cierto sonido u olor que me traiga recuerdos. A veces, el sonido de la puerta principal al abrirse me desencadena. Mientras estaba en Perú sola, yo estaba en una bañera y Justin estaba en Washington D.C. terminando un programa de verano. Se fue a un club con su primo y unos amigos y yo me asusté, estaba llorando, insultándolo, acusándolo de haberme engañado. Shawn me había engañado una vez con una mujer que había hecho pasar por su prima; ahora estaba dejando que el mal comportamiento de Shawn envenenara mi confianza en Justin.

A mí me corresponde comunicar mis desencadenantes y a él le corresponde ser empático. Sabe que no debe tocarme la pierna durante la noche de forma sexual ni colarse en la ducha, que siempre debe anunciarse cuando entra en la habitación y que debe pedir mi consentimiento cada vez que tengamos relaciones sexuales. Incluso hoy, duermo con una lamparita encendida.

Aunque ambos hemos pasado por el sistema de acogida, hemos tenido experiencias muy diferentes. Yo nunca había tenido la típica experiencia de acogida en la que me meten mis pertenencias en una bolsa al mudarme. Así que cuando Justin y yo nos apresuramos de nuevo a hacer las maletas y a mudarnos de uno de nuestros dormitorios (cosa que hemos hecho varias veces, ya que nos hemos mudado más de 14 veces desde la escuela secundaria), metí su ropa en bolsas de basura después de quedarme sin maletas y cajas. Cuando Justin se dio cuenta, revivió su experiencia. Se abalanzó sobre mí y me arrebató la bolsa de las manos. Tiró la ropa rápidamente. "¿Por qué hiciste eso?" espeté. "No vuelvas a meter mi ropa en bolsas de basura", respondió. Se disculpó por haberme sorprendido y luego me explicó que para él las bolsas de basura simbolizaban lo temporal e inútil que le habían hecho sentir como joven de acogida. Sus posesiones habían sido transportadas irreflexivamente en bolsas de basura una y otra vez, robándole su dignidad y haciéndole sentir como... bueno, como basura. No quería volver a sentirse así.

Todos los años recibía una carta durante la semana de mi cumpleaños en la que se me notificaba que mi padre iba a solicitar la libertad condicional. Tenía que escribir una carta suplicando a la junta de libertad condicional que no le dejara salir de la cárcel, adjuntando fotos de las cartas que él escribía para demostrar mi caso. No recibí la notificación de que iba a ser liberado porque en ese momento estaba estudiando en el extranjero, en Senegal. Brian me llamó para decirme que lo habían liberado y estaba viviendo de nuevo en Flint. Llamé a su agente de libertad condicional, pero colgué antes de que pudiera contestar y luego procedí a ignorar las llamadas del agente. Tenía miedo de lo que pudiera decirme. El agente de la libertad condicional me volvió a llamar varias veces al día hasta que contesté, para asegurarme que yo estaba a salvo, que tenía un rastreador y que *con gusto* lo volvería a meter en la cárcel si intentaba ponerse en contacto conmigo.

Incluso el hecho de graduarme de la universidad fue un desencadenante. Representaba la acogida, la inestabilidad, los miedos, lo desconocido, etc. No tenía un trabajo seguro antes de graduarme. Yo -la gran planificadora- no tenía nada planeado.

Tomé la decisión de volver a tomar medicamentos ansiolíticos y antidepresivos para ayudarme a equilibrarme. Cuando se lo conté a Justin, me dijo: "Si eso es lo que crees que es mejor. **Confío en que tú sabes más que yo sobre tu cuerpo.** Confío en tu criterio y te apoyo en cualquier decisión que tomes". Esa fue una de las cosas más validadoras que pudo decir mi pareja.

GUERRA MENTAL

JUSTIN

Los niños negros tienen la tasa más alta de muertes por suicidio entre los niños de 5 a 11 años. El suicidio es la tercera causa de muerte entre los hombres afroamericanos de 15 a 24 años.

El 63% de los afroamericanos cree que un problema de salud mental es un signo de debilidad personal.

Muchas comunidades negras se han visto desfavorecidas de información sobre formas positivas de mantener o mejorar la salud mental. Los recursos a los que tienen acceso otros grupos étnicos, en comparación con los que tienen las comunidades afroamericanas, colocan a los jóvenes, como yo, en una situación de desventaja inmediata. La sociedad ha puesto un valor en dólares a la salud mental y si no puedes pagarle a un terapeuta, entonces no tienes suerte. Por supuesto, el apoyo a la salud mental y la estabilidad que esta ofrece ayudan a alejar a las comunidades empobrecidas del borde de la destrucción. Muchas comunidades afroamericanas empobrecidas tienen poco o ningún acceso a la información sobre salud mental. Sin estos recursos, la juventud afroamericana se ve abocada al fracaso, atascada en patrones de comportamiento insalubre, creando una jerarquía cultural imperecedera entre los grupos étnicos de EEUU.

La ansiedad y la depresión se barren debajo de la alfombra en las comunidades afroamericanas, y suelen quedar sin nombre y sin tratamiento. Los hombres afroamericanos constituyen más de la mitad de la población carcelaria de este país, lo que significa que un gran número de niños afroamericanos crecen sin sus padres. Con los recursos terapéuticos adecuados, el número de hombres afroamericanos entre rejas disminuiría drásticamente, lo que contribuiría en gran medida a la estabilización de las comunidades y los hogares afroamericanos. Como crecí en un hogar que no sabía cómo resolver los conflictos de forma saludable, me vi expuesto a convertirme en otra estadística. No fue hasta que aproveché el recurso (y el privilegio) del trabajo en terapia que aprendí cómo se podían invertir los ciclos generacionales y cómo interrumpir el camino de ruptura establecido para los hombres afroamericanos en las comunidades empobrecidas.

Recuerdo haber acudido a la terapia unas cuantas veces durante mis primeros años de adolescencia. Mi asistente social pensó que sería una buena idea ir a terapia después de perder los dientes. En aquel momento, no estaba seguro de cómo me sentía al hablar con un desconocido, pero al menos estaba un poco abierto a la idea. Por desgracia, el terapeuta y yo no hablamos mucho durante nuestras sesiones. No tenía la capacidad emocional para expresar lo que sentía por haber perdido los dientes y la aparente falta de interés de mi consejero me permitió desvincularme. No pude conectar con él. ¿Era que era un tipo blanco mayor que no entendía nada del trauma que yo había sufrido como joven afroamericano de Detroit?

Me sentaba allí con este desconocido casi todos los días, y frecuentemente solo jugábamos a las cartas juntos. Vencerle en el Uno llegó a ser tedioso, y al final nos sentamos en silencio durante toda la sesión. No sabía mucho de él y, por desgracia, él tampoco tuvo la oportunidad de conocerme. Poco después, lo trasladaron a otro centro y tuve un nuevo consejero. La mayoría duraba poco y empecé a ver a alguien nuevo casi cada dos semanas. Nunca llegué a establecer una relación con ninguno de mis terapeutas y se convirtió en una molestia compartir mi historia personal con otro desconocido. Decidí abandonar el tratamiento psicológico y buscar la estabilidad mental por mi cuenta.

Años después, estando en la universidad, decidí darle otra oportunidad al tratamiento psicológico. Las presiones de la universidad y mis antiguas luchas familiares estaban haciendo mella en mi salud mental. Alexis me sugirió la consejería, pero yo, en cambio, quería compartir todas mis dificultades con ella. Me dijo que exigirle que cargara con todo mi dolor sería injusto, y que necesitaba el apoyo de alguien cualificado. Me di cuenta de que, en la mayoría de las relaciones insanas, es habitual que alguien deposite todo su trauma y su dolor en su pareja sin buscar ayuda profesional.

En el asesoramiento, descubrí que la adicción suele ser el resultado de un trauma no resuelto y de otros problemas de salud mental. A través de las conversaciones con Khalil, me enteré de que mi madre había sobrevivido a abusos sexuales que reflejaban algunos de los abusos sufridos por Alexis en su infancia. Khalil me contó que mi madre era agredida sexualmente casi a diario por su madrastra. De niña, su padre trabajaba muchas horas y sólo volvía a casa por la noche a lo que él creía que era una familia perfecta en la que sus hijos eran amados y cuidados. Mi madre nunca le habló de los abusos: no quería destruir la imagen que tenía de su familia. Cuelga un retrato familiar de sus hermanos, su padre y su madrastra encima del sofá en todas las casas en las que ha vivido. Dice que sonríe cada vez que lo ve, porque fue una época que enorgullecía a su padre. Su padre ya no vive, pero ella sigue teniendo el retrato en la pared. ¿Quién soy yo para decirle que no debe hacerlo? Tal vez su respuesta a su trauma sea misteriosa, pero le pertenece a ella. Aun así, me duele verlo.

Me sorprende que, aunque las dos mujeres más importantes de mi vida hayan tenido experiencias tan similares, hayan elegido caminos tan diferentes. Mi madre nunca habló de sus abusos hasta hace unos años, a los 54, durante una conversación casual con Khalil. Empezó a abusar de las drogas a los 18 años, más o menos cuando se quedó embarazada de Dylan. Ese año también intentó suicidarse disparándose en la cabeza. De alguna manera, sobrevivió, pero ha sufrido ataques toda su vida.

Era mi responsabilidad dejar de internalizar los traumas de la infancia y empezar a verlos como algo independiente de mi valor inherente, no como un reflejo de ellos. Me tomé mi tiempo y encontré al terapeuta adecuado, intentando con varios antes de encontrar el más adecuado. Pedí a mis amigos su opinión y, para mi sorpresa, descubrí que muchos llevaban tiempo recibiendo asesoramiento a través de su seguro médico. Aprendí a buscar recursos y a acceder a ellos.

Durante el semestre de otoño de mi tercer año, Alexis comenzó sus prácticas en Washington D.C. Nuestra separación física me permitió volver a conectar con mi fe cristiana a otro nivel. Empecé a asistir a reuniones de estudio de la Biblia con los Collegiate Black Christians, junto con algunos de mis amigos. Empecé a comprender la fuerza que tenemos con Dios. Saber que estoy hecho a imagen de Dios me dio una nueva perspectiva: que **tengo el control de mi destino.** Dios nos dio autoridad sobre la Tierra, lo que significa que nos dio autoridad sobre toda circunstancia terrenal que se interponga en nuestro camino. Sólo tenía que ejercer mi autoridad sobre los obstáculos que se me presentaban. Toda mi infancia había consistido en que me despojaran de mi autonomía; este viaje consistía en encontrarla y restaurarla.

Además, mi entrenador del campus me dijo que el Programa de Becarios de Seita ofrecía servicios de asesoramiento para jóvenes de acogida. Estos consejeros se especializan en ayudar a los jóvenes que han sobrevivido a un trauma a superar las barreras de su pasado, a la vez que les enseñan técnicas para afrontar la ansiedad y la depresión. Al principio, no estaba seguro de si debía ir o no. Sentía que mis experiencias vitales eran diferentes a las de la mayoría de los jóvenes de acogida porque mis padres biológicos seguían estando en mi vida, hasta cierto punto. Me parecía que muchos jóvenes, como Alexis, encontraban una familia de acogida cariñosa y cabalgaban hacia el atardecer. A la espera de un milagro, seguía esperando que mis padres se transformaran en padres constantes, cariñosos y que me apoyaran.

Pensé: "¿Por qué sigo sintiéndome igual que cuando era niño? ¿Qué lo provoca?". Le pregunté a Khalil si seguía lidiando con el dolor de haber descifrado la vida sin nuestros padres. Me dijo que ahora éramos adultos y que teníamos que superarlo. Pensó que ignorar el dolor del abuso y la negligencia haría que dejara de existir. Pero al hacerlo, el daño se internalizaría y se convertiría en vergüenza permanente y sentimientos de inutilidad. Me negué a aceptar esto y le recomendé que también buscara terapia. No era nuestra culpa que nos pusieran en esta situación, pero teníamos que rechazar los hábitos de nuestros únicos modelos de conducta, quienes habían sido tóxicos.

Las clases de la universidad me llevaban al límite y a menudo me sumían en la depresión. Necesitaba una figura paterna que me apoyara, pero mis padres no podían entender mis luchas como estudiante universitario, tampoco parecía importarles. Sí establecí una conexión con uno de los consejeros e inmediatamente sentí una mejora en mi vida. Practicábamos actividades que me ayudaban a procesar mis emociones y a reconocerlas como reales, pero no definitivas. Repasamos cómo abordar las situaciones estresantes de forma saludable, utilizando una serie de pasos lógicos. Por fin había conocido a un terapeuta que se esforzaba por ayudarme a sanar y a convertirme en la persona que quería ser. En el pasado, apenas entablaba conversación con los consejeros. Hoy soy capaz de reír y llorar libremente y de expresar cualquier emoción que surja durante nuestras sesiones. El asesoramiento solía ser una tortura, en la que apenas se intercambiaba una palabra en toda la hora. Ahora mi consejero y yo superamos regularmente el límite de tiempo y me invade la alegría cada vez que programamos nuestra próxima sesión.

Dios dijo: "buscad y encontraréis". Creo que cuando empecé el asesoramiento como adolescente, no estaba en el espacio mental adecuado para aceptar el amor y el apoyo que me ofrecían. No entendía cómo amarme a mí mismo y esperaba que un consejero se abalanzara sobre mí y resolviera mis problemas. No sé cuántos adolescentes son buenos para recibir ayuda, especialmente en un entorno terapéutico o con antecedentes traumáticos. Tal vez los consejeros que vi no eran muy eficientes, pero hasta hace poco, me culpaba por no obtener mucho de la terapia cuando era adolescente. Me di cuenta de que puedo elegir cuándo soy feliz practicando hábitos saludables como rezar y hacer ejercicio para combatir la ansiedad o la depresión. También acepté la responsabilidad de transmitir esta nueva información a otros hombres y mujeres afroamericanos. Nuestra raza o nuestra situación económica ya no deben quitarnos el derecho a la estabilidad mental que nos ha dado Dios.

Cuanto más crecía como individuo, más florecía mi relación con Alexis. Aprendí que tenía que estar seguro y feliz conmigo mismo antes de poder comprometerme con otra persona. Fue un periodo intenso en el que me concentré únicamente en la sanación, sobre todo aislándome para mantener la resistencia. Fue el trabajo más intenso de mi vida y dio lugar al mayor crecimiento mental y espiritual que jamás había conocido.

COLORES VERDADEROS

"Si Dios está a favor de nosotros, ¿quién puede estar en contra?"
(Romanos 8:31).

ALEXIS

TODAS LAS RELACIONES con amigos, familiares y colegas tienen límites, sólo tenemos que decidir por nosotros mismos cuáles son los parámetros para protegernos. Dependiendo de la relación, pueden aprovecharse de nosotros, comprometer nuestras creencias y dejarnos secos económicamente, emocionalmente, mentalmente y espiritualmente. En mi caso, tuve que ponerme firme y establecer reglas o límites de comportamiento que estaba dispuesta a aceptar y apoyar. Tuve que cortar con ciertos miembros de la familia que se aprovechaban de mí, incluso en el colegio, haciéndome sentir culpable para que les diera dinero para una emergencia, y siempre parecía haber una emergencia. Puede parecer duro, pero le dije a un miembro de la familia que no me pidiera dinero hasta que perdiera su apartamento, vendiera todo lo que tiene y se quedara sin hogar por la frecuencia con la que sentía que se aprovechaban de mí sin decir que no. No sé si lo decía en serio, pero estaba muy cansada de sentirme manipulada, explotada y agotada por mi familia.

Unos cuatro años después de graduarme de la secundaria, y unos cinco años desde que tuve contacto con mi tía Karen, estudié en el extranjero, en Sudáfrica. Allí tuve mucho tiempo para pensar y reflexionar. Estando a miles de kilómetros de casa, lidiando con el contraste cultural, y sin conocer a nadie aparte de un amigo en mi casa, nunca me había sentido tan sola. Aproveché este tiempo para acercarme a Dios y tratar de hacer las paces con personas de mi pasado. Me acerqué a mi tía Karen y le dije que la había perdonado, y me disculpé por cualquier cosa que pudiera haber hecho que dificultara su vida mientras vivía con ellos. Me costó mucho llegar a este punto, pero quería avanzar en nuestras relaciones. Después de mis disculpas, seguimos en contacto por teléfono y por correo electrónico. Quería verlos antes de que se mudaran a Carolina del Norte para que todos empezáramos de cero.

Pero la cosa es que los verdaderos colores siempre encuentran su manera de mostrarse. No depende de nosotros curar a los demás, sólo podemos curarnos a nosotros mismos y tenemos que estar bien con eso. Me habían aceptado en un prestigioso programa de la Universidad de Georgetown. Siempre que me aceptan en un programa, tengo sentimientos de duda como si no perteneciera a ese lugar. Dado que Georgetown es la universidad de mis sueños, este programa añadió un peso extra a mis hombros. Mi mentora, Megan, me permitió amablemente alojarme en su hermoso y pintoresco apartamento a sólo 10 minutos del campus. Cuando llegué allí, estaba atendiendo una llamada y me mandó un mensaje para que entrara. Cuando abrí la puerta, vi un cómodo sofá gris *¿Es ahí donde voy a dormir?* En la cornisa que dividía la sala de estar y la cocina estaba sentada una gata blanca pura con ojos azules brillantes. A su lado estaba Megan con sus enormes rizos pelirrojos. En cuanto la conocí, pensé: "¡Vaya, es preciosa!". Era la primera mujer que conocía que coincidía exactamente con mis objetivos: viajaba por el mundo, vivía en otro país desde hace varios años y trabajaba con huérfanos. La llamaba mi gemela, o "mi esposaa del distrito federal".

Una mañana, mientras me alistaba, mi tía me envió un mensaje de texto. No le di importancia porque en ese momento nos llevábamos bien. La conversación empezó bien y luego se fue al carajo. Empecé a sentirme a la defensiva. Me decía cosas como "Sinceramente, parece que muy poca gente sigue tus redes sociales. Está claro que quieres marcar la diferencia, pero está tan mezclado y entremezclado con todo lo que te rodea que nadie puede escucharte. Tus mensajes no llegan. Tienes que quitarte de en medio para que puedan aterrizar. A la gente no le importa lo inteligente y muy viajada que seas. A ti sí te importa". Me tomé un minuto para alejarme, respirar y tratar de entender por qué se dirigía a mí de esa manera.

Soy demasiado mayor para que esta mierda siga ocurriendo.

Cuestioné sus motivos para enviarme mensajes de texto. Nunca me preguntó: "¿Qué haces en DC? ¿Cuándo te gradúas?" o algo positivo. Cuando le pregunté por qué estaba siendo tan desagradable, inmediatamente cambió el guión. "¿Sabes qué, Alexis? Te estás esforzando mucho por hacerme enfadar y lo lograste... NOSOTROS NO TE HEMOS JODIDO. Fue tu padre... No me vas a decir qué hice yo que fue tan malo. Oh, ya me lo imaginé... no te compré un nuevo vestido para el baile de regreso a casa: Siento mucho haberte traumatizado con eso (emoji de beso)".

Luego me bloqueó para que no pudiera decir la última palabra, al igual que muchas otras personas en mi vida. Esto fue desgarrador y vergonzoso, ya que todo esto había sucedido delante de mi nueva mentora. Pero lo peor de todo era lo de mi padre. ¿Cómo pudo usar una palabra como "joder"? ¿Cómo pudo sacar el tema? Tardé un tiempo en comprender que las personas que son realmente adultas no les dicen cosas tan atroces y violentas a nadie, y mucho menos a sus hijos. La propia palabra implicaba también alguna versión de consentimiento, como si yo hubiera participado en algún acto sexual salaz en lugar de haber sido violada repetidamente por mi padre. Ella era de la familia, pero se supone que la familia no debe comportarse de esta manera tan dañina y patológica.

Al final, me di cuenta de que estaba enfadada porque yo había dado públicamente crédito a mi madre de acogida, Kim, por ayudarme a sanar, y no a ella. Esto me demostró aún más que hay una razón por la que necesitamos crear límites, ya sean emocionales o físicos. Tuve que recordar cuál era mi definición de familia y qué estaba dispuesta a sacrificar por la relación. La sangre significa que estamos emparentados; no significa que le deba una lealtad ciega a nadie, especialmente a aquellos que me han hecho daño.

Tenemos que saber quién es sano en nuestras vidas y quién no, y cuándo es mejor querer a alguien a distancia. Esto aplica para mi hermano Zach y otros miembros de la familia. Sin embargo, después de pasar tanto tiempo esperando resultados negativos por su historial probado, me resultó difícil ver los progresos que mi hermano estaba haciendo con su hijo. Ver a mi hermano Zach, que solía aterrorizarme en su trampolín lanzando mini autos de juguete contra mis piernas, dejándome moretones y ronchas, jugar ahora suavemente a la lucha libre con su hijo me demuestra que está aprovechando esta oportunidad para convertirlo en un adulto más compasivo y así poder ser mejor padre de su hijo. Puedo ver cómo su hijo está ablandando su alma, convirtiéndolo en un hombre bueno y cariñoso al que estoy más que orgullosa de llamar hermano. Esto me recuerda el poder de mis palabras y dejar de lado mis sentimientos personales para hacérselo saber.

Sólo cinco meses después de nuestra separación, Shawn ya se había mudado con una nueva novia, quien me encontró en Facebook y me envió un mensaje mientras yo estaba en clase de estudio de la Biblia. Me preguntó si siempre había estado loco. Cuando hablé con ella por teléfono, me dijo que la noche anterior, él le había arrancado las sábanas y le había tirado agua a la cara. Ella pensaba que estaba haciendo algo malo porque él la castigaba constantemente y la ignoraba. Dijo: "Empecé a alejarme de Dios cuando estaba con él y hacia el final, sentí que era el diablo".

Aunque me sentí fatal por ella, me alivió saber que no había imaginado la crueldad de mi antiguo novio, ni había sido culpa mía. Curiosamente, ella también había estado en una casa de acogida y también había tenido su parte de trauma infantil. Shawn ciertamente tenía un patrón. Reconocía una víctima fácil cuando la veía. Ella se había mudado y se quedaba con una amiga; le tenía miedo.

Le dije que obtuviera una orden de alejamiento pero, sabiendo que no había podido conseguirla, me dijo que no veía el sentido, y era difícil no estar de acuerdo.

Ese mismo año, en Año Nuevo, me envió un mensaje para decirme que estaba embarazada. Sentía que el aborto era la única opción porque "torturaría a mi hijo y mi hijo me odiaría... No quiero traer a mi bebé a ese mundo. No podría someter a mi hijo a ese tipo de abuso mental".

Luego, en febrero del año siguiente, recibí el siguiente mensaje:

"Alexis, Shawn no es un mal tipo como lo hicimos parecer en absoluto... no continuó con sus malos hábitos después de ti, tal vez sólo se desenamoró de ti, pero no era una persona malvada. Te envío este mensaje porque no se merecía lo que hice para que se descontrolara y para que le hundiéramos más la vida."

Me quedé sorprendida. O ella se había sentido tan desesperada que empezó a identificarse con su maltratador, o él mismo había escrito el mensaje. O ambas cosas. Sea cual sea el caso, tenía que trazar una línea de seguridad. No podía salvar a esta chica de Shawn ni de su problemática vida, yo misma era una chica que empezaba de nuevo. Había empezado a salir con Justin y a progresar en mi vida académica. Necesitaba cortar cualquier conexión que tuviera con ella; ser arrastrada a la vorágine del drama sería como volver a una droga tóxica. Cerré la puerta a ese capítulo de mi vida para siempre, aunque esperaba lo mejor para ella.

COLORES VERDADEROS

JUSTIN

Cuando las situaciones se vuelven estresantes, a veces corremos a nuestra antigua "normalidad". Y yo sólo podía ignorar a mi madre durante un tiempo antes de ceder y volver a casa.

Alexis era la clase de estudiante que podía unirse a cinco clubes, organizar diez eventos, cursar 16 créditos y, aun así, obtener un promedio de 4.0. Por no hablar de que rara vez estudiaba y aún así sacaba un sobresaliente en los exámenes. Yo pensaba que podía hacer lo mismo, pero las cosas no me salíann tan bien. No aprobaba los exámenes y estuve a punto de suspender algunas clases durante mi primer año.

Tuve que compaginar una nueva relación, las clases de la universidad y la presión de ser un estudiante universitario de primera generación y apenas el segundo de mi familia inmediata en graduarse de secundaria. La mayoría de los estudiantes entrantes adquieren las infamas "15 libras"; yo adquirí las "30 libras del primer año". Hubo algunos momentos en los que pensé que tenía que volver a Detroit a vivir con mi madre, sin saber siquiera si era una opción o no. Con lo mal que lo estaba pasando, la idea no sonaba tan mal. En el fondo, sabía que era una evasión. Todo se vino abajo cuando suspendí mi segundo examen de comunicación y me encontré llorando en los brazos de Alexis.

Alexis me invitó a su casa después y yo intenté ocultar mi estado emocional, pero no pude subir las escaleras de su apartamento sin llorar. Intenté taparme la cara, pero cuando me miró a los ojos y se dio cuenta de que estaban enrojecidos, las lágrimas empezaron a inundar mi cara. Me sentí como un perdedor que estaba fallando a toda mi familia. En mi mente, lo veía como un efecto dominó: si suspendía las clases, perdería la beca, abandonaría la universidad y me vería obligado a volver a casa a vivir con mis padres biológicos.

Esa noche, Alexis y yo compramos una agenda y ella me ayudó a organizar mi vida. Programamos tiempo para estudiar, rezar, hacer ejercicio y pasar tiempo juntos. Nuestras citas se convirtieron en citas de estudio y pasamos tiempo juntos como estudiantes y como compañeros.

Además de las dificultades para adaptarme a la vida universitaria, tuve que lidiar con la falta de figuras paternas durante otro hito de la vida. Siempre me llamaban para saber cómo estaba, pero me parecía superficial y demasiado casual. ¿Me echaban de menos? ¿Estaban preocupados por su hijo? Si era así ¿por qué no me visitaban? Si tuviera un hijo, no lo dejaría sufrir solo, como me pasó durante toda mi experiencia universitaria. Estaría allí para ellos en un segundo si me necesitaran. Me preguntaba si no se daban cuenta de lo mucho que los necesitaba porque ellos mismos nunca habían pasado por la experiencia universitaria. O tal vez, al faltarles educación, asumían que no tenían ningún consejo o ayuda que ofrecerme. Me preguntaba si estaba siendo demasiado dura con ellos. Ahora me pregunto cómo pude mantener la esperanza de que fueran atentos y se involucraran. Quizá los hijos nunca se dan por vencidos con sus padres.

Cuando me convertí en asistente de residencia en mi segundo año, quería servir de ejemplo para los nuevos estudiantes de primer año sobre cómo hacer la transición a la universidad con éxito. Veía con envidia cómo los padres ayudaban con entusiasmo a sus hijos a mudarse. Sobre todo porque cada semestre nos mudábamos a mi residencia Alexis y yo y, a veces, mi entrenador del campus del programa Seita Scholars. Algunos padres me movían a un lado para expresar su preocupación por su hijo mientras terminaban de desempacar.

"Queremos tanto a nuestro hijo...", decían, casi entre lágrimas. "Por favor, cuida bien de él y asegúrate de que no se meta en problemas".

La diferencia con mis padres era tan evidente que me calaban hasta los huesos. No tenía ninguna conexión emocional con mis padres. Veía a los padres abrazando a los niños por el pasillo el día de la mudanza y, aunque sabía que no sería así, de repente me animaba a ir a casa, a Detroit, para ver si esta vez mis padres me recibirían con ese tipo de calidez y devoción.

Les expresé lo mucho que me gustaría que mis padres me visitaran mientras hablaba por teléfono con ellos. Quería darles una oportunidad mientras actuaba como si no me importara que me decepcionaran. Alexis notaba mi decepción cada vez que colgaba el teléfono con ellos. Al igual que en mi infancia, escuché más promesas falsas. Mi padre dijo que vendría a visitarme en cuanto tuviera el coche arreglado. Mi madre dijo que también vendría, pero que no tenía dinero. Les dije que les llevaría a desayunar, a comer y a cenar, que les daría dinero para la gasolina, lo que fuera necesario para que vinieran a visitarme. Incluso siendo un estudiante universitario sin dinero, **estaba más que dispuesto a superar los límites de mi tarjeta de crédito para pagar por el amor de mis padres**. Nunca vinieron a visitarme. **Me sentía inútil y aún no lo suficientemente bueno para ser amado**.

La Sra. Cora y el Sr. Melvin me visitaron una vez después de que les rogara que lo hicieran. Mientras estaban allí, me llamaban periódicamente "hijo", lo que sólo me confundía aún más, a esto se sumaba su comportamiento incoherente hacia mí.

Centrándome en mi salud mental y en un mayor equilibrio en mi vida, decidí distanciarme de mi familia biológica y crear un límite saludable. Cada vez que volvía a casa de la universidad para visitar a mi familia, siempre regresaba deprimido. Quiero a mi familia y deseo lo mejor para ellos, pero a menudo tengo la sensación de querer ayudarles más de lo que ellos quieren ayudarse a sí mismos. Quería darles a mis hermanos Khalil y Andre pequeños consejos que había aprendido de los mentores, como por ejemplo cómo salir de las deudas, cómo ahorrar dinero o incluso cómo sacarse el permiso de conducir. Siempre quise ayudar, aunque fuera de forma injustificada.

Mirando hacia atrás, siento que me pasé de la raya por dar consejos no solicitados. Esto puede haber contribuido a la fricción entre mi familia y yo.

Pero la razón por la que quería crear límites era mucho más profunda. Lo que más me preocupaba era su influencia sobre los niños de la familia. Nunca me sentí cómodo con mis padres y hermanos fumando hierba, bebiendo alcohol y poniendo música, películas y programas de televisión explícitos delante de mis sobrinos. No me di cuenta de esto hasta que llevé a Alexis a casa, con la esperanza de tener una visita tradicional entre mi novia y mi familia. Se sorprendió al ver a los niños cantando letras de canciones vulgares. Abrumados por el caos de todos en la casa gritando, maldiciendo y amenazando con golpear a los niños en cualquier momento, Alexis y yo nos fuimos temprano. El coche estaba en silencio mientras conducíamos a casa. En un tono inseguro, pregunté: "Entoonces.... ¿Qué te parece?", sabiendo que no quería escuchar la respuesta, ya que Alexis podía ser brutalmente honesta.

Cuando llamaba la atención de mi familia por este comportamiento, me decían: "Te crees demasiado bueno para formar parte de la familia ahora". Hablaría de crear objetivos, de crecimiento personal y profesional, y de ideas innovadoras sobre cómo podríamos mejorar nuestras circunstancias y nuestra comunidad. Estaba limitado a lo que podía hablar y a las formas en que podía expresarme sin ofender a nadie. Cuando llevaba a casa noticias sobre una nueva y emocionante oportunidad que había ganado, a menudo caían en saco roto y se olvidaban pronto. Las conversaciones en torno a la universidad, los posibles viajes de estudios al extranjero y mi carrera se sentían como si hablara un idioma desconocido y pronto eran mal vistas.

Me dije a mí mismo que no podía ayudar a arruinar la vida de los niños, así que finalmente me distancié de mi familia. Al distanciarme, sentí que había renunciado a mis sobrinos. La mayoría de mis sobrinos me admiraban y siempre se emocionaban al verme cuando volvía a casa de la universidad. Siempre querían saber cómo era la universidad y a veces me rogaban que los llevara a visitarla.

Durante una de mis últimas visitas a casa de mi madre, recuerdo que quería comprar un paquete de cigarrillos desesperadamente. Necesitaba ir a la tienda a comprarlos pero no tenía quién la llevara. Me preguntó si podía llevarla a la tienda a comprar cigarrillos. Le dije que no quería contribuir a su hábito de fumar y que llevarla sería como si lo hiciera.

Una vez que le dije que no, pidió a todo el mundo que la llevara a la tienda a comprar cigarrillos. Suplicó a por lo menos cinco o seis personas e incluso les ofreció unos cuantos dólares para pagar la gasolina. Era una locura, ofrecía varios tratos de tipo comercial como si su vida dependiera de ello. Me recordó a cuando era una niño en la calle 25, cuando estaba completamente consumida por la adicción a las drogas. Tal vez fuera una tontería por mi parte, pero me puse ligeramente celoso. Si ella supiera lo mucho que necesitaba su apoyo, ¿se reuniría con 30-40 dólares para un tiquete de Amtrak a Kalamazoo para venir a visitarme aunque yo mismo pagara el tiquete de ida y vuelta? Puede que fueran pensamientos egoístas, pero me puse muy celoso de lo mucho que deseaba esos cigarrillos.

Ese mismo año, visité a mi familia en el Día de Acción de Gracias. Emocionado por las deliciosas cenas navideñas que mi madre preparaba todos los años, prometí ayudar a preparar la cena sólo para poder comer trozos de comida mientras cocinaba, una vieja costumbre mía. Me moría de ganas de probar su cremoso puré de papas y de disfrutar de su tarta de cerezas como postre.

Cuando empezamos a cocinar, mi madre se dio cuenta de que le faltaban bastantes ingredientes esenciales para la comida. Me miró y me dijo: "¿Por qué no los compras con tu tarjeta de crédito?". Desconcertada por el hecho de que supiera que tenía una sin que yo lo hubiera mencionado, sospeché y me negué. Me pidió que la llevara al supermercado.

Yo era un estudiante universitario sin dinero y el más joven de los cinco, pero de alguna manera, me hallé dispuesto a pagar parte de la cena de Acción de Gracias. Me arrastré por la tienda de comestibles, con el corazón hundido. Mi madre tiene un talento para hacer que los demás se sientan mal por ella. Sabe cómo sacar una lágrima en el momento justo. Cuando llegué a la caja registradora, me di cuenta de que había escogido muchos artículos que no podía comprar. Lloró ante la cajera, llamando la atención de todo el mundo en la tienda. Pidió clemencia, diciendo que sólo quería alimentar a su familia para las fiestas. Me sentí humillado al ver a mi madre sollozar y seguir pidiendo "comida de piedad". Tomé las compras y las pagué yo mismo. No podía arruinar la cena de Acción de Gracias para mi familia, aunque sabía que me había timado. Me sentí como si volviera a tener ocho años, como aquel niño al que su madre acababa de quitarle el dinero del frasco de galletas.

Estaba cansado de que mis padres y mi familia controlaran mis emociones y me hicieran sentir deprimido cada vez que los visitaba. Quería ser capaz de dictar mi felicidad por mí mismo. **La carga de querer su amor me estaba matando**. Necesitaba separarme emocionalmente de mi familia. Quería ser feliz con lo que había llegado a ser: un exitoso hombre de Dios y que pronto sería un líder en mi comunidad. Para superar mi resentimiento, necesitaba acercarme aún más a Dios.

Para aquellos que tienen toxicidad dentro de su familia, sepan que no están obligados a alimentar esa relación. Sí, puedes amar a tu familia y a tus amigos sin dejar de reconocer que su comportamiento es inaceptable. De hecho, una parte de amar a su familia es hacerlos responsables de su mal comportamiento. Aunque todavía no he reunido la fuerza para tener estas conversaciones con mi familia, te animo a crear un límite saludable que proteja tu bienestar mental y emocional. **Debes amar a los demás como te amas a ti mismo, pero no puedes permitir que los demás afecten el amor y el respeto que tienes por ti mismo.**

AUTO-SABOTAJE

"Enfréntate a las partes oscuras de ti mismo, y trabaja para desterrarlas con la iluminación y el perdón. Tu voluntad de luchar con tus demonios hará que tus ángeles canten. Usa el dolor como combustible, como un recordatorio de tu fuerza".
—August Wilson

ALEXIS

COMO TODAVÍA ME aferraba a la creencia de que era demasiado difícil ser amada, volvía a las tendencias que había tenido en relaciones anteriores. Una vez que supe que me estaba enamorada de Justin, traté de poner a prueba sus límites para ver si se quedaba. Esta es una táctica común utilizada entre los jóvenes de acogida para ver si los echan de sus hogares de guarda. Inconscientemente, estaba saboteando nuestra relación. Empezaba a discutir para ver hasta dónde podía presionarle. Esta táctica iba de la mano de seguir teniendo un "plan de escape".

Al principio de nuestra relación, ambos decíamos de forma pasiva y agresiva que necesitábamos un "descanso" para terminar una discusión. Entonces no nos hablábamos durante uno o dos días. Esta era nuestra manera de causar al otro un poco de dolor, mientras nos protegíamos de ser abandonados. Lo aprendí tras años de " descansos", a veces varias veces al día. Haberme hecho eso durante años, especialmente el trato silencioso -sin llamadas, textos ni nada como forma de "castigo" emocional, dolía mucho. *Entonces, ¿por qué ahora le hacía esto a alguien que amaba?*

Justin y yo tuvimos una discusión insignificante que hizo que él volviera a su dormitorio para calmarse. Enfadada porque se negó a participar en la discusión, perseguí a Justin por el campus en mi coche gritando por la ventana, todo porque no quería comunicarse cuando yo estaba dispuesta a hacerlo en mis términos. Mirando ahora hacia atrás, todavía me siento avergonzada por esto.

Creo que cada vez que tienes sexo con alguien, te conviertes en uno con ellos espiritualmente, emocionalmente y físicamente, creando un vínculo del alma. El sexo no es sólo un acto físico, sino que se transmite a las relaciones futuras. Si no se afronta y se resuelve, afectará a cualquier relación en el futuro. Antes de avanzar en mi relación con Justin, necesitaba abordar mis conexiones emocionales y mentales del pasado con mi ex.

Esto explica por qué empecé a retomar los hábitos de mi ex: un resultado de los lazos del alma. ¿Por qué mi relación pasada estaba debilitando mis lazos con Dios? Mi ex todavía tenía un control sobre mis emociones cada vez que se mencionaba su nombre o veía una foto suya. Supe que me había separado emocionalmente cuando pude borrar los correos electrónicos, los textos y las fotos de él sin sentir ningún tirón para que los conservara... .

Intentaba encontrar razones por las que Justin no era bueno para mí o por las que no debíamos estar juntos. Una de ellas era que Justin decía que no quería viajar. Como me encantaba viajar por el mundo, no podía imaginarnos juntos a largo plazo.

Me reuní con mi mentora y pastora y le conté cómo me sentía. Ella me dijo: "Cariño, es demasiado tarde para eso. Tienes que amar como si nunca te hubieran herido, como si fuera tu primera relación. Justin nunca te hizo daño, así que ¿por qué le castigas por algo que nunca hizo?".

Esto me hizo darme cuenta de que tenía que lidiar con mi propia mierda. Para ser lo que necesitamos ser el uno para el otro, tenemos que sanar individualmente. Tenemos que aceptar el hecho de que cada uno de nosotros tiene potencialmente comportamientos y mentalidades tóxicas que traemos a la relación y que es nuestra responsabilidad individual trabajar con ellos. Tenemos que proteger el corazón del otro. No creo que me haya dado cuenta de lo monumental que era esta responsabilidad, pero la vulnerabilidad nos proporcionó un sentido de autenticidad en el que pudimos hacernos responsables el uno del otro.

AUTO-SABOTAJE

JUSTIN

SENTIRSE DIGNO PUEDE ser la batalla de la vida. Los que se sienten indignos a la vez no son conscientes de ello, castigamos involuntariamente a las personas que más nos aprecian y creen en nosotros. Recaemos en la comodidad de los viejos hábitos destructivos y obstaculizamos cualquier oportunidad de crecer.

Los primeros meses de mi relación con Alexis fueron, por mucho, los más duros. La mayoría de las parejas casadas que conozco suelen decir que los primeros años de matrimonio son los más difíciles, y así lo sentí. Éramos dos enamorados que disfrutaban del tiempo que pasaban juntos, pero sabíamos que nuestras inseguridades se interponían en nuestro potencial como pareja. Como adulto, necesitaba averiguar cómo quería que fuera mi relación. Quería una relación que fuera adecuada para nosotros. Pero, ¿cómo podía crear una base para algo que nunca había visto?

Era sensible a varias cosas. Me daba miedo estar con alguien que acababa de salir de una relación abusiva de ocho años, cuando yo no tenía ninguna experiencia en relaciones. Siempre me preocupaba que fuera sólo un rebote. Alexis siempre disfrutaba de las pequeñas cosas que yo hacía. El hecho de que me negara a llamarla "perra" o incluso a poner música en la que se utilizara esa palabra fue algo que siempre le gustó de mí. Sinceramente, era lo menos que podía hacer. Me preocupaba que ser un caballero y simplemente respetar a mi pareja perdiera su encanto. Estaba acostumbrada a que su pareja la humillara agresivamente. Después de haber estado conmigo durante años, disfrutando del amor y el afecto de forma rutinaria, ¿lo daría por hecho? Ser amable con Alexis era como darle una galleta a un niño hambriento. Pero una vez acostumbrada a la decencia, ¿se aburriría? ¿Tenía más que ofrecer que eso?

Alexis era tan consumada y estaba por delante de su clase. Cuando empezamos nuestra relación, todavía era un estudiante de primer año. ¿Por qué no eligió al atleta estrella que tenía un futuro más seguro por delante? ¿Por qué no salía con un futuro médico o con alguien que buscaba un doctorado? Yo no tenía nada que ofrecerle, aparte de ser un buen muchacho. Apenas tenía una cuenta de ahorros y no tenía el dinero que me estaba gastando en nuestras citas. Llegó un punto en el que me senté con Alexis y le dije la verdad.

"Mira, realmente no tengo el dinero para cubrir todas nuestras citas o incluso salir mucho. Estoy muy mal de dinero. Puedo apoyarte mental y emocionalmente, pero financieramente no tengo nada que ofrecer en este momento".

Pero Alexis nunca tuvo ninguna expectativa financiera sobre mí. Lo entendía perfectamente y se alegraba de salir a pasear, de participar en actividades gratuitos en el campus y de compartir las comidas cuando salíamos a comer, algo que seguimos haciendo hoy en día. Pero me seguía atormentando la preocupación de no ser suficiente. ¿Y si simplemente estaba llenando un vacío para ella? Cuando veíamos a sus amigos, ¿asumían que yo era un rebote? Mis pensamientos eran, a veces, paranoicos. A veces, el grado de trauma que ella había sufrido se sentía como mi carga también, y que no había manera de que yo pudiera apoyar una carga tan pesada. Si nos peleábamos o si las cosas se tambaleaban, yo eliminaba rápidamente las fotos de nosotros juntos de las redes sociales, como si me estuviera adelantando a una separación inevitable. Puede que fuera inmaduro, pero era mi forma de intentar extender una red de seguridad. Entre mi persistente sensación de inadecuación y la creciente presión de las tareas escolares, empecé a sentir pánico.

Había crecido con una inestabilidad constante y era imposible imaginar que esta relación sería de alguna forma diferente. De niño, no había tenido ningún poder para estabilizar o controlar mi situación de vida y percibía un desequilibrio de poder entre quien fuera mi guardián y yo. Podían dejarme sin apoyo en cualquier momento. Y así, con Alexis, sentí que tenía que prepararme para que me dejara. Había hecho lo mismo cada vez que entraba en un nuevo hogar de acogida, impidiendo encariñarme o implicarme emocionalmente con mi familia de acogida, lo que hacía que continuamente me abandonaran y no quisieran que siguiera viviendo allí. Sin embargo, sentí que sería mejor asumir la derrota desde el principio que experimentar el dolor de ser defraudado.

Además, no estaba muy seguro de cuál sería la influencia de mi familia a largo plazo. *¿Y si me convertía en mi padre y abusaba físicamente de mi pareja? ¿Y si depositaba en mi pareja el dolor de no tener padres?* Había tantas preguntas que necesitaba responder antes de comprometerme con Alexis. Estaba seguro de que tenía que terminar la relación.

IMAGO

ALEXIS

MUCHAS PERSONAS ELIGEN parejas románticas con rasgos similares a los de un padre que les negó el amor que querían y necesitaban cuando eran niños, eligiendo una pareja similar a la que nos crió. Ciertamente, yo he cometido ese error en mi propia vida. Esta tendencia se llama "imago" y está incorporada en nuestro subconsciente y contiene todas las cualidades positivas y negativas del cuidador o cuidadores que nos criaron. Esto se convierte en nuestra estrella del norte cuando empezamos a buscar una pareja romántica.

En la Biblia, dice "El que encuentra una esposa", no una novia. Tuve que caminar con esa mentalidad de ser una esposa con expectativas. No estoy hecha para salir casualmente o ser una novia en serie. Siempre he necesitado una meta y siempre he sabido que soy un tipo de persona que se quiere casar, así que tenía que ser muy consciente de la pareja que elegía. Esa pareja bien podría convertirse en mi marido, la persona con la que pasaría más tiempo, a la que le pediría consejos, con la que tomaría decisiones y a la que acudiría en busca de apoyo emocional. Y si tuviera hijos con él, esos hijos aprenderían sus hábitos y seguirían su ejemplo tanto como el mío.

Tras unos meses de conversación, tanto Justin como yo lo sentíamos, aunque todavía no habíamos dicho las palabras. Puede que hayamos dicho "te amo" por FaceTime o que hayamos dicho cosas cursis como "me gustaría mucho poder decirte estas dos palabras ahora mismo". Nos dijimos que esperaríamos a besarnos hasta que empezáramos a salir y aplazaríamos el sexo porque no queríamos que la lujuria nos nublara el juicio. He visto a demasiada gente empezar a tener sexo antes de empezar a salir, incluso tener hijos entre ellos antes de ser amigos primero, y a la larga terminan separados y con familias rotas.

He visto a amigas y a otras mujeres elegir a los hombres en función de los rasgos físicos que pueden transmitir: buena apariencia, buen pelo, altura. Pero en mi comunidad, al crecer, la gente nunca se preguntaba: "¿Esta persona es íntegra? ¿Es una buena persona? ¿Quieres que haya más gente como él en el mundo?". **Sin unos padres atentos que les guiaran, recurrían a imágenes superficiales, a otros medios de comunicación y a famosos con cuentas de Instagram que se preocupaban más por los zapatos que combinan con sus trajes que por encontrar almas gemelas dignas con valores afines.**

Kim me sugirió que hiciera un gráfico T con lo que necesitaba y quería de una pareja. Esto es lo que necesitaba en una pareja: amabilidad, compasión, vulnerabilidad y disponibilidad emocional. También necesitaba a alguien que tuviera la capacidad de perdonar, alguien que pudiera proporcionar una conversación estimulante. Alguien con quien pudiera construir un legado. Alguien que pudiera ser emocional e intelectualmente mi igual y que fomentara mi crecimiento. En cuanto a los deseos: Deseaba a alguien alto y guapo que no fumara ni bebiera. Sabía que era injusto esperar que mi pareja satisficiera todas mis necesidades; ahí entraba mi relación con Dios.

Todos los chicos con los que había salido antes de Justin tenían cosas en común: todos tenían padres ausentes, no tenían la capacidad de predicar con el ejemplo y, lo más importante, me inspiraban la necesidad de arreglarlos. Intenté arreglarlos a todos. No es mi trabajo curar a los hombres rotos ni criarlos. Justin tuvo experiencias desgarradoras similares, pero estaba en un camino para arreglarse a sí mismo. Admiré profundamente su conciencia de sí mismo.

Cuando era niña nunca experimenté ni atestigüé la confianza. Justin se sorprendió un día cuando le pregunté si se haría una prueba de paternidad si me quedaba embarazada. "¿Por qué iba a hacerlo si confío en ti y te amo?", respondió. Lo creas o no, ningún otro chico con el que había salido me había contestado así. Todos habían dicho que nunca confiarían en que un hijo fuera suyo sin una prueba.

Muchos hombres con los que he salido han dado por supuesto que comprarme una comida o una entrada de cine les daba derecho a mi cuerpo. Me han llamado provocadora, zorra, fea y una "pérdida de tiempo" cuando los hombres se han dado cuenta de esto. Pero no estoy obligada a ofrecerle mi cuerpo a ningún hombre, incluido mi marido. Justin está fundamentalmente de acuerdo con esto. No es una idea radical, pero es sorprendente la cantidad de hombres que luchan contra el concepto de la autodeterminación femenina.

Mi amiga bromea diciendo que Justin y yo "somos la misma persona". Siempre bromeamos y decimos: "devuélveme" por lo perfectamente alineados que estamos. Encontré una pareja cuando no estaba buscando. Si estuviera buscando, probablemente me habría lanzado a otra relación por necesidad en lugar de por deseo.

A la mayoría de la gente le diría: tómate tiempo para encontrarte a ti misma sin pareja porque sé lo que es obsesionarse y apegarse al primer hombre que te presta atención. Salir con alguien y aprender lo que te gusta y lo que no es importante. He visto a amigas pasar por separaciones sanas y seguir siendo amigas de su ex pareja. Sobre todo, he visto grandes y dramáticas separaciones cuando la gente no quiere estar más con el otro.

Ahora, he sido bendecida con una pareja que tiene suficiente valor y fuerza para que ambos podamos sanar y crecer juntos. Desde el principio, hemos establecido expectativas claras de que estamos saliendo con un propósito intencional. Un mes con Justin reemplazó los ocho años con mi ex. **Nuestras parejas no pueden arreglarnos, al igual que nosotros no podemos arreglarlas. No podemos amar plenamente a alguien sin amarnos primero a nosotros mismos.** Quería una pareja que me desafiara a alcanzar mis objetivos y me permitiera apoyarle como él me apoyaba a mí. Necesitaba a alguien que compartiera mi sistema de valores, porque esa es la base y el andamiaje de cualquier matrimonio. Mi buena amiga, Tere, **me recordó la importancia de estar igualmente unidos, de tener una moral y unos valores similares. Si no, nos pasaríamos el resto de la vida comprometiéndolos.** Nuestras parejas son un reflejo de nosotros mismos, lo que significa que si estoy destrozada, con baja autoestima y lastimada, probablemente eso es lo que atraeré.

Todos anhelamos consistencia en nuestras vidas. Cuando no tienes esa consistencia de niño en forma de que tus padres estén presentes, den apoyo incondicional, establezcan hábitos diarios positivos o ejemplifiquen el seguimiento, entonces no sabremos cómo tener consistencia en nuestras relaciones íntimas o vidas profesionales. Una vez que nos sentimos más cómodos con lo que somos individualmente, aprendí a amar la consistencia de las palabras y acciones de Justin. Es diferente estar con un hombre que no corre hacia otras mujeres cuando siente que me quedo corta, sino que busca la guía de Dios.

Se preocupa cuando me siento estresada y me recuerda que debo buscar respuestas con Dios. Reza por mí y junto a mí todos los días. Cuando estoy realmente abrumada y siento que me derrumbo, me arrastro a su regazo y lloro en su hombro.

Me da afecto libremente. Sus abrazos y besos no tienen condiciones. Llamo a sus abrazos los "Abrazos de Justin", como si fueran una marca registrada. Es la única persona que puede hacerme sentir tan querida, tranquila y bienvenida con un solo beso en la frente. **Sus brazos son, para mí, el lugar más seguro del mundo.**

Incluso cuando me siento como un desastre, él piensa que soy hermosa y me lo dice. Incluso me da besos en público, haciéndome saber que su amor por mí no es un secreto. Esto es algo nuevo para mí. Cuando le digo que no estoy acostumbrada a eso, me dice: "¡Te lo mereces!". Los dos somos unos enormes payasos juntos, llevando pijamas para ver una película en el campus o sudaderas con "Amo a mi novi@" a conjunto. Justin incluso me cantó "My Girl" de los Temptations en un karaoke en Alemania. Es el ser humano más desinteresado, paciente, amable y cariñoso que he conocido. **Si me hubiera conformado, habría seguido bloqueando mis bendiciones de conocer a alguien como él.**

Quería salir con alguien a quien pudiera honrar y respetar. Si no, es más fácil faltarle el respeto, herirle y quedarse insatisfecho e infeliz. Al observarlo con sus sobrinos y mis hermanos, sé que será un buen padre y un gran ejemplo para nuestros futuros hijos. Me encantaría que mis hijos adquirieran sus hábitos y comportamientos. Ojalá tuviéramos un millón de Justins en el mundo. Es una locura que antes llamara a Kim llorando a altas horas de la noche por algo que había pasado; ahora la he llamado llorando varias veces para informarle de lo maravilloso que es Justin. Siempre me hace reflexionar sobre ese hecho.

Para entender mejor la forma de afecto del otro, hicimos el test de los <u>Lenguajes del Amor</u>. Le envié mis resultados y le dije que me enviara los suyos. Le pregunté por qué me había devuelto los míos. No lo hizo, teníamos EXACTAMENTE los mismos resultados. Creo que una de las razones por las que funcionamos bien juntos es que ambos tenemos antecedentes similares y anhelamos el amor, la aceptación, la curación y la prosperidad. Nos entendemos mutuamente y comprendemos nuestras necesidades en ese sentido. Es casi como si nos amáramos a nosotros mismos.

Justo después de empezar a salir, Justin quería conocer a Kim y a Brian para que lo conocieran y, en su opinión, "hacer las cosas bien". Durante la cena, Brian le dijo a Justin: "No me importas tú, me importa Alexis y si sale herida". Sabía que intentaba asustar un poco a Justin, para asegurarse de que realmente tenía intención de quedarse, pero recuerdo que pensé que *ojalá hubiera tenido un padre así toda mi vida. Uno que piense que casi no hay nadie lo suficientemente bueno para su hija, que haga de mi felicidad y seguridad sus principales preocupaciones.*

Ahora, Brian bromea diciendo que si alguna vez nos separamos, se quedará con Justin. Hasta los animales y los bebés lo adoran. Siempre quieren estar cerca de él, y a menudo se sienten tan cómodos con él que se quedan dormidos encima de él. Sé exactamente cómo se sienten.

La tía Bev me decía: "Alexis, espero que algún día tengas tu propio tío Giles". Después de conocer a Justin, le dije: "Creo que he encontrado a mi tío Giles".

IMAGO

"Asimismo, todos los árboles buenos dan frutos buenos, pero los malos dan frutos malos. Un árbol bueno no puede dar frutos malos, y un árbol malo no puede dar frutos buenos"
(Mateo 7:17-18 NVI).

JUSTIN

En una relación con alguien que ha pasado por experiencias extremadamente traumáticas, necesitaba apoyar su crecimiento individual. No por la relación, sino por su mejoramiento como mujer de Dios. Creo que mis ideas egoístas de lo que ella debía ser en nuestra relación comenzaron a dañar la relación. Cuando ella necesitaba espacio para lidiar con sus batallas individuales, yo la apoyaba desde la distancia. Si necesitaba que me limitara a escucharla y reconocerla, lo hacía. Nos dimos cuenta de las cosas que debíamos llevar ante Dios y de lo que necesitábamos de nuestra pareja. Muchas personas ponen las expectativas de Dios en su pareja y asumen que pueden cumplirlas. Una vez que nuestros roles en la relación quedaron claros, nos acoplamos perfectamente.

Al elegir una pareja y desarrollar una relación, siempre quiero estar emocionalmente disponible para ella. Quizá porque me fui de casa de mis padres a los nueve años, su influencia sobre mí no era tan fuerte. Mis otros hermanos vivieron con ellos durante la mayor parte de su adolescencia, aprendiendo que estar emocionalmente cerrado era normal, aceptable y casi necesario para sobrevivir a las dificultades que soportaban.

Sabía que si nos desconectábamos emocionalmente, nuestra relación se encaminaría al desastre. Además de estar disponible emocionalmente, quería asegurarme de que nuestra relación fuera igual de estable. Quería que mi relación fuera una asociación en la que pudiéramos responsabilizarnos mutuamente, apoyarnos en nuestras luchas y trabajar para servirnos el uno al otro. Quería una pareja que fuera tan vulnerable como yo, y bienintencionada.

Mi idea de liderazgo en un matrimonio consistía en proteger a mi esposa del estrés y la soledad, además de estar dispuesto a ayudarla. **Los hombres suelen aceptar el papel de líder sin desarrollar las cualidades necesarias.** Una definición de "líder" es la de un servidor de su pueblo. Para mí, el liderazgo no consiste en establecer un dominio sobre mi pareja. En el contexto del matrimonio, el liderazgo significa servir a mi pareja de la manera que ella considere más apropiada.

Tus figuras paternas pueden salvarte de una vida de dificultades o provocar un ajuste de cuentas con el dolor y el trauma que han causado en tu vida. Los padres son el árbol de la familia. **Al elegir a tu pareja, estás decidiendo qué tipo de fruto quieres producir.** ¿Vas a producir un buen fruto que tus hijos puedan consumir durante toda la vida o un fruto tóxico del cual tus hijos se envenenarán? Si ese trauma no se aborda, el veneno puede filtrarse a muchas generaciones. La fruta en esta analogía representa la cultura, la identidad y la ideología. Algunos padres crean una cultura familiar en la que los niños prosperan, mientras que otros no pueden o no quieren hacerlo, y muchos niños sufren mucho por ello.

Me he dado cuenta de que las personas que han visto muchos divorcios en su familia suelen verlo como una opción viable cuando los matrimonios pasan por momentos difíciles. Han interiorizado la idea de que el matrimonio es temporal o condicional. Cuando elegí una pareja, supe que quería evitar a los que habían asimilado esa lección.

El Sr. Melvin me habló de una mujer con la que salió en su juventud y con la que estuvo a punto de casarse antes que con la Sra. Cora. Me dijo que una de las cosas que le hizo cansarse fue el hecho de que su potencial pareja tenía padres que dormían en camas separadas. Esto le llevó a hacer más preguntas sobre su relación. Su novia de entonces le dijo que era normal que durmieran separados, pero el Sr. Melvin se dio cuenta de que llevaban vidas casi completamente separadas. Estaban básicamente divorciados, pero decidieron vivir juntos en la misma casa. Estar emocionalmente aislado de su pareja se consideraba normal en su hogar.

La frase "cumple tu rol" se utiliza normalmente de forma despectiva, degradando a las mujeres y elevando a los hombres. La sociedad utiliza este término como una forma de obligar a las mujeres a adoptar roles estereotipados. Todos tenemos un papel y unas responsabilidades en cada relación. El problema es que muchas personas se ven obligadas a desempeñar un papel en el que no encajan exactamente. En mi relación con Alexis, ninguno de los dos conocía su papel hasta que descubrimos quiénes éramos individualmente y qué aportábamos. Tuvimos que hacernos conscientes de nuestras debilidades y fortalezas y de las formas en que nuestra pareja podía complementarlas.

Como la pareja es un reflejo de uno mismo, me aseguré de mostrarle a Alexis el máximo respeto. "El amor es paciente, el amor es bondadoso... No guarda registro del mal y ve lo mejor del otro". Junto a esto, Eva fue descrita como la compañera de Adán. Una compañera se define como " Una de un par de cosas destinadas a complementarse o emparejarse". Yo no necesitaba a otro humano para mejorarme, sino a alguien con la capacidad dada por Dios de construir, con quien pudiera colaborar. Quería a alguien que tuviera las características que quería ver en mis hijos: alguien que fuera líder, genuina, honesta y que tuviera las mejores intenciones para todos los que la rodeaban.

Es increíble cómo encontramos a la persona adecuada en el momento perfecto, aunque no la estemos buscando. Mi pastor lo describió como "Dios llenando a nuestra pareja con los dones que necesitamos en nuestra vida, en el momento exacto en que lo necesitamos".

Alexis fue más de lo que pude haber pedido. Es mi mejor amiga. Es mi amor. Es mi inspiración.

Una cosa que me conmueve especialmente de Alexis es su delicadeza con los animales, especialmente con sus gatos. Tengo recuerdos de mi familia y de mí, que maltrataban a nuestras mascotas de forma aterradora y violenta, recuerdos tan oscuros que me resulta difícil, incluso ahora, acceder a las emociones que despiertan. Estar cerca de Alexis mientras cuida a sus animales ha sacado a relucir un lado tierno y amable de mí que nunca me habría dado cuenta de que existía, especialmente en los días brutales de mi infancia.

Alexis se empeña en transmitir todos los conocimientos e información que cree que pueden ayudar a la siguiente generación. No había sentido tanta pasión por servir a los demás hasta que conocí a Alexis. Ella me impulsó a abogar por aquellos que han sufrido acoso, negligencia y otras formas de abuso que yo había soportado en el pasado. Me sentía tímido y temeroso de compartir mi vida con el mundo. Como si estuviera en mi época de estudiante de secundaria, no creía que a nadie le importara lo que había sufrido. Nadie en mi familia se molestaba en prestar atención a mis luchas, así que ¿por qué iba a hacerlo alguien más?

No fue hasta que Alexis y yo asistimos a paneles de defensa de la acogida y observé su interacción con otros jóvenes, cuando empecé a ver lo importante que era compartir. Habló abiertamente del abuso que sufrió con su padre, como si al hacerlo recuperara su poder. La mayoría de las mujeres que conozco que han sufrido un trauma sexual no tendrían la fuerza de compartir sus momentos de dolor más profundos. Alexis parecía hacerlo con facilidad. Habló de resiliencia y de recuperar la autonomía.

"¡Nunca más permitiré que mi voz no sea escuchada!" La voz de Alexis se escuchó, resonó majestuosamente entre el público. Su autoridad hizo que todos sintieran escalofríos. El público, entusiasmado, la aclamó. Entusiasmado por su capacidad de inspirar, me senté en primera fila mirando hacia arriba. Sabía que había llegado el momento de unirme a mi compañera en la defensa, concretamente de los jóvenes afroamericanos que sufren circunstancias desafortunadas.

La oportunidad se presentó cuando estaba en el segundo año de la universidad. Me inspiró el trabajo de un profesor de mi clase de comunicación, el Dr. Perry. El Dr. Perry, un enérgico conferenciante que no aceptaba ningún tipo de "basura.", tenía la capacidad de atraer a todos los estudiantes en una sala de conferencias abarrotada. Después de la clase, se quedaba para hablar con todos y cada uno de los estudiantes. Esto demostraba por sí solo que invertía en nuestro futuro. Decidí asistir a sus horas de oficina para discutir mis objetivos semestrales y crear una relación duradera. Le conté algo de mi historia personal, algo que me había aconsejado Alexis. Curioso por mi participación en el programa Seita Scholars, el Dr. Perry me invitó a hablar con algunos alumnos de la escuela primaria local. Me presentó a un niño llamado Tevin que estaba pasando por el sistema de bienestar infantil. Tevin era un niño de nueve años con la ropa desgastada y el cabello anudado, seco como el desierto. Me sentí como si me estuviera viendo a mí mismo de nueve años al entrar en el sistema.

La intención era que fuera una visita única para ayudar con las tareas escolares y presentarme, pero Tevin y yo entablamos una amistad y acabé visitándole todas las semanas. La oportunidad de cultivar el potencial de este niño me hizo querer contribuir más. Quería ser el mentor que había necesitado cuando era un niño en acogida. Cada vez que venía a visitarlo, se despertaba en mí una sensación de entusiasmo. Empecé a enterarme de su tiempo de acogida, de que había pasado por cuatro colocaciones antes de cumplir los diez años. Acabé asistiendo a la obra de teatro de su colegio, como única persona que lo apoyaba. Fue desgarrador ver cómo su familia de acogida le abandonaba en un momento tan crucial, y me sentí obligado a asegurarme de que Tevin superara las dificultades y tuviera éxito.

Cada vez que lo visitaba, descubría que el profesor había sentado a Tevin en el fondo de la clase frente a un computador porque se había negado a hacer sus tareas. Le ponía la mano en el hombro mientras caminábamos por el pasillo, preguntándole sobre sus problemas en la escuela. Sabía que estaba interiorizando sus problemas en casa como yo lo hice a su edad, pero se negaba a hablar de ello con mucho detalle.

Antes de salir y volver al campus, el profesor me persiguió, deteniendo la puerta de salida antes de que se cerrara.

"¡Sr. Black! ¡Sr. Black! ¿Tiene un segundo?" Dijo, casi sin aliento.

"Quería hacerle saber que apreciamos que sea mentor de Tevin. Sin embargo, en nuestra clase, el 75% de los niños no tienen padre en casa y les vendría bien una figura masculina que les apoye." Parecía terriblemente triste.

"Puede que sea mucho pedir, pero ¿le importaría ser el mentor de algunos de los otros chicos?". Me sorprendió el número de hogares sin padre y me abrumó la carga de trabajo de una tarea tan crucial. No sabía si tenía tiempo para comprometerme, pero acepté.

Se me encargó la tarea de orientar a más de cinco niños. Mis calificaciones empezaron a sufrir y yo estaba agotado. Temiendo la decisión que debía tomar, le dije a Tevin y a los demás alumnos que sólo podría visitarlos una vez más antes de los exámenes finales. No vería a ninguno de ellos durante el verano, ya que había comenzado mis trabajos en prácticas. Llegué a la escuela primaria con el corazón encogido, deprimido por el hecho de que ésta sería nuestra última vez juntos hasta septiembre. Compré algunos libros para que Tevin los leyera durante el verano, con la esperanza de que recordara el vínculo que habíamos desarrollado. Volví a mi coche descorazonado, sentado en silencio y mirando por la ventana.

Una vez que llegó septiembre, estaba extasiado por visitar a Tevin y saber cómo le había ido el verano, hasta que la profesora de Tevin me informó de que se había trasladado a otro hogar de acogida y se había cambiado de escuela. Me quedé destrozado. Tevin había estado en un camino de esperanza y autodescubrimiento y el sistema de acogida lo descarriló una vez más.

Alexis me aseguró que Tevin encontraría su lugar en el mundo y acabaría encontrando la felicidad, como hicimos nosotros. Cuando empecé a orientar a los jóvenes en régimen de acogida y a otros chicos afroamericanos, me di cuenta de que las estrategias y técnicas de superación que utilizaba para ayudarles a forjar su carácter eran lecciones que había aprendido de Alexis.

Una líder propia pero también mi amor, serían las pequeñas cosas que harían florecer nuestra relación, y serán esas mismas cosas las que mantengan nuestra relación fuerte. Durante un largo viaje en coche, es fácil que las parejas se consuman con las redes sociales, mirando sus teléfonos durante horas. Pero Alexis y yo tenemos nuestras conversaciones más profundas y satisfactorias en la carretera. Tanto si hablamos de política como de cómo queremos educar a nuestros hijos, simplemente disfrutamos de la compañía del otro.

Hay momentos en los que todavía siento que no la merezco, lo que me hace apreciar aún más nuestro vínculo. Me encantaría tener hijos como Alexis, y estar cerca de ella me hace querer ser más como ella también. Pero antes de que pudiéramos considerar el matrimonio, nuestra relación tuvo que sobrevivir a algunos momentos y circunstancias muy difíciles. Hay una cosa con la que se puede contar en la vida: siempre habrá momentos que te pongan a prueba.

SACRIFICIO Y SUMISIÓN

*"El que quiera ser jefe entre nosotros debe ser
nuestro servidor" *Traducción Libre**
(Mateo 20:26).

"Sacrificio" y "sumisión" son palabras muy cargadas en nuestra cultura porque a menudo se utilizan de forma despectiva y elocuente. Una relación sana se basa en el sacrificio y el compromiso. Nos gustaría redefinir estas palabras que a menudo oímos en la iglesia y explicar mejor cómo podemos aplicarlas como espejo de nuestra colaboración como pareja romántica y amorosa.

ALEXIS

Cuando Shawn y otros hombres de mi vida me decían que tenía que ser sumisa, querían decir que debía permitirles abusar de su poder físico y emocional sobre mí, que debía aceptar su autoridad sin rechistar debido a su género. La dinámica siempre consistió en afirmar el dominio. Me dijeron que si amaba a un hombre, tenía que agachar la cabeza y besar sus pies para demostrar esta sumisión.

Por ello, me resulta aún más difícil ser sumisa con un hombre, aunque se lo merezca. Me guste o no, parte del matrimonio es ser sumisa. **Sin embargo, eso no significa comprometer tu moral y tus valores, ni significa seguir u obedecer a alguien sin sentido.** A menudo, esto se convierte en falsas narrativas sobre lo que significa ser sumisa y los hombres lo convierten en una fuente de poder y control sobre sus parejas. Demasiados hombres no saben liderar con el ejemplo, con un carácter fiable y coherente, y no son dignos de tener una pareja. Con tantos hombres que abusan de este poder, está causando más daño en los matrimonios y las familias.

La sumisión no significa inclinarse ante tu pareja, sino más bien estar de acuerdo. Podemos desglosar el término sumisión aún más. Según Merriam Webster, *Sub* significa "debajo" mientras que el término *misión* se define como "un objetivo o propósito autoimpuesto". Combinar los dos significa simplemente que tú y tu pareja buscan satisfacer los mismos objetivos y logros definidos por Dios, ejemplificados cuando una pareja opera como una unidad, formando una familia para servir al mejoramiento de otros.

Esto no es algo de lo que se hable en nuestra cultura hoy en día. Nuestra cultura promueve y fomenta el egoísmo y la codicia con cosas como "Las relaciones deben ser 50/50" o "Tú haces tu parte y yo hago la mía", lo que significa que la aceptación, el amor y el afecto se basan en el rendimiento o el mérito (es decir, si te lo mereces). Las relaciones son más "100/100", en las que ambas partes se esfuerzan al máximo para que la relación prospere.

He tenido que aprender a reconocer el hecho de que puedo ser muy controladora y obstinada. No cambiaría esto de mí, ya que me ha beneficiado académica y profesionalmente. Voy detrás de lo que quiero y no acepto un no por respuesta. Pero esta misma cualidad suele causar conflictos entre Justin y yo.

Estoy aprendiendo constantemente a sacrificarme al ser consciente del amor de Justin por los demás y de cómo se comporta. La primera vez que estuvimos juntos en la iglesia, él dio más de 300 dólares de diezmo. Pensé que estaba loco y traté de disuadirlo porque no podía entender por qué daría tanto cuando yo sabía que no teníamos mucho más en nuestra cuenta bancaria. Esta fue otra forma en la que me mostró cómo es sumiso y sacrificado con Dios. Me recordó que "el que siembra escasamente, también cosechará escasamente, y el que siembra generosamente, también cosechará generosamente" (2 Corintios 9:6-7).

Compartimos nuestros miedos, deseos y pasiones con los demás. Uno de mis temores es que, como tengo el síndrome de ovarios poliquísticos, no pueda tener hijos, sobre todo sabiendo lo maravilloso que es Justin con los niños y lo mucho que quiere tener los suyos. Tengo miedo de no ser capaz de darle a mi marido lo que necesita como pareja y esposa. Este es sólo uno de los muchos miedos e inseguridades que compartimos porque **nos reconforta ser vulnerables juntos**. Ya no hay plan B, ni plan de escape.

Cuando era niña, el hijo de una niñera me empujó por las escaleras y me fracturó el sacro. No fui a ver a un médico, aunque lo tuve negro y azul durante meses. Me dijeron que tenía un coxis contusionado y que estaría bien. El resultado fue un fuerte dolor de espalda que me hizo ir al hospital varias veces. En Flint me recetaron analgésicos que me negué a tomar porque sabía que sólo ocultarían el verdadero problema y, como la adicción era cosa de familia, tenía que tener cuidado. No fue hasta que me mudé a Kalamazoo y acudí al hospital cuando finalmente me remitieron a un médico especialista en columna vertebral. Durante los últimos siete años he recibido inyecciones en la columna vertebral, he ido a fisioterapia y he visitado al quiropráctico varias veces a la semana. En varios programas de estudios en el extranjero, he tenido que ir al hospital por el dolor de espalda.

A veces, me despierto casi paralizada por el dolor y sin poder moverme. En algunas ocasiones, Justin ha tenido que ayudarme a salir de la cama, a desvestirme, a entrar y salir de la ducha y a vestirme de nuevo mientras lloraba incontroladamente por el dolor. Bromeamos diciendo que soy su "ancianita".

Cuando Justin consiguió su primer coche en 2018, el mío justo dejó de funcionar la semana siguiente. Justin, siendo quien es, inmediatamente dijo que el coche era "nuestro" ahora y que podía conducirlo cuando lo necesitara. Rápidamente se convirtió en mi coche y no en el suyo.

Cuando a Justin le pusieron los dientes provisionales, estuve allí en todo momento para asegurarme de que la sonrisa de Justin fuera perfecta. El dentista me miraba para que lo guiara y a veces se olvidaba de preguntarle a Justin si le gustaba cómo quedaban. Justin se reía y decía que confiaba más en mi criterio que en el suyo. El dentista me enseñó a pegar y atornillar sus dientes, por si necesitábamos hacerlo mientras estábamos en el extranjero. En nuestro segundo día en Senegal, a Justin se le rompieron los dientes tras comer una baguette.

Para mí, los dientes de Justin representan mucho de su personalidad. Justin era muy joven y ya estaba en un lugar vulnerable cuando fue brutalmente atacado y perdió sus dientes. Su familia creyó que la venganza -la violencia- era la respuesta. Pero incluso a los 13 años, a una edad tan tierna y en una circunstancia tan precaria mental, física y emocionalmente, mientras sufría el tormento del ostracismo, el espíritu de Justin no se oscureció. Todavía me sorprende que no se amargara ni siguiera el camino de la venganza. Al contrario, se convirtió en la persona más cariñosa, amable y acogedora que he conocido, cuya fuerza no reside en las demostraciones de fuerza, sino en las muestras silenciosas de valor.

SACRIFICIO Y SUMISIÓN

JUSTIN

La comunidad cristiana habla a menudo de cómo las mujeres deben someterse a sus parejas, pero, como sociedad, a menudo pasamos por alto la responsabilidad del hombre en el matrimonio.

La Biblia nos dice que nos sacrifiquemos por nuestras esposas como lo hizo Jesús por la iglesia. Es una tarea difícil. Jesús sacrificó su vida. Si Él pudo hacer eso, ciertamente yo podría renunciar a los privilegios para centrarme en mí y mejorar a Alexis y a mí en aras de nuestra felicidad mutua. **Dios confió en mí para que cuidara de su hija, y yo tenía que convertirme en la clase de hombre capaz de merecer esa confianza.**

Cuando llegó el momento de hablar de las relaciones con la familia, mi hermano André me habló de su relación con la madre de sus hijos, o su "baby mama", como él la llama. La dinámica del poder era un tema serio. Me dio consejos sobre cómo tratar a las mujeres y cómo deben mostrar respeto a los hombres diciendo,

"No te quiere de verdad hasta que te bese los pies. Yo hice que mi perra me besara los pies. Así es como debes tratar a un hombre, ¿Alexis te besa los pies?"

"No". Dije, completamente perturbado por sus comentarios.

"Entonces eso no es amor real hermano. Ella no te ama de verdad hasta que te besa los pies".

Me disgustó su consejo. Me recordaba a mi padre. Parecía manipulador y, al menospreciar a su pareja, mostraba la inseguridad de los hombres de nuestra familia.

Tenía quince años cuando creé mi cuenta de Instagram. Seguía a todas las mujeres atractivas que veía. Las mujeres semidesnudas inundaban mi feed. Me consumían las imágenes. Las fotos empezaron a dar forma a mi comprensión de la belleza y la sexualidad. Pero las imágenes eran distorsiones, no sólo de la realidad sino de la propia belleza. Con el tiempo, empecé a tener relaciones basadas únicamente en el sexo. Aplicaciones como Instagram y Snapchat hacían que el sexo pareciera inherentemente barato y casual, una circunstancia deprimente para ambas partes. Con solo 12 años, me había vuelto adicto a la masturbación. Estos encuentros, y ver las imágenes en Instagram, eran insatisfactorios, como mínimo. Las adicciones siempre lo son. La mayoría de las personas adictas tratan de llenar un vacío con una sustancia o actividad tóxica. Había confundido mi deseo de sexo con mi necesidad de amor.

En algún momento, me di cuenta de que estaba intentando satisfacer una necesidad emocional con imágenes pornográficas, y con el propio sexo. Sufría solo y en silencio. Cuando Alexis y yo profundizamos en nuestra relación, supe que tenía que cortar los lazos con muchos de mis seguidores de Instagram.

Cuando Alexis hizo otro semestre de prácticas en Washington D.C., aproveché la oportunidad para enfrentarme a mis demonios. Aislarme siempre me había ayudado a encontrar mi camino a través de los desafíos espirituales, y después de estos períodos, podía sentir que mi salud mental mejoraba. Cuando Alexis dejó la ciudad, le llevé mi problema a Dios. Empecé a averiguar cómo la pornografía me había enganchado tan profundamente. La había visto por primera vez a los cinco años, como si se hubiera descargado en mi cerebro en un momento muy vulnerable y formativo de la vida. Tal vez había confundido el afecto y el sexo desde el momento en que me expusieron injustamente a esos vídeos. Al darme cuenta de esto, pude entender la conexión de la adicción con mi temprana soledad y abandono, y perdonarme por ello. Por fin había llegado el momento de **librar una batalla que había aplazado durante casi dos décadas**.

Mi sacrificio llegó cuando decidí separarme de todos mis amigos y otras actividades sociales para centrarme únicamente en mi curación. La mayor parte del semestre consistía en ir a clase, estudiar la Biblia y volver a casa. Con cada pensamiento que me venía a la cabeza, empecé a desarrollar una paz interior y un confort que nunca había sentido antes. Aunque progresaba diariamente, me iba a la cama por la noche sabiendo que estaba a un clic de recaer y anular todo mi crecimiento. Llamar a Alexis por la noche para responsabilizarme me ayudó a superar las tentaciones asociadas a estar solo por la noche.

Al igual que la conexión emocional con mis padres, era una vez más el momento de cortar un lazo emocional que me había estado reteniendo. Dios nos confirma su verdad a través de su palabra. "Si permanecéis en mí y mi palabra permanece en vosotros, pedid todo lo que queráis y se os hará". Le había pedido a Dios que me ayudara a luchar por una carrera, que me ayudara a mejorar mi relación con Alexis, a establecer límites con mi familia biológica. Pero había evitado pedirle a Dios que me ayudara a terminar mi relación con la lujuria. ¿De qué tenía tanto miedo? Me consumía la culpa cada vez que el porno me llevaba a tener expectativas poco realistas de Alexis aunque, irónicamente, mi intimidad con Alexis era infinitamente más satisfactoria que cualquier encuentro emocional o sexual que hubiera tenido antes de ella.

Borré mi Snapchat y dejé de seguir a mujeres que publicaban imágenes provocativas. En general, restringí mi tiempo en las redes sociales para centrarme en mis tareas escolares y en mi vida intelectual y espiritual. Al final, el "sacrificio" de las redes sociales y del porno, específicamente, no fue un gran sacrificio. Era como renunciar a las calorías vacías y sustituirlas por alimentos nutritivos. Pero en ese momento, lo llamé mi "momento de Jesús en el desierto". Estaba aislado y en ayunas, preparándose para un viaje fascinante. Creo que la mayoría de la gente necesita estos periodos de soledad, divorciados de las expectativas mundanas que se nos imponen a diario. Cuando salí de este tiempo, había reforzado mi capacidad de reflexionar sobre si los pensamientos de mi mente eran útiles y buenos o destructivos y perjudiciales.

Veo una relación como dos viajes individuales que suceden uno al lado del otro, en los que ambas partes comparten el amor y la felicidad junto con la pena y el dolor. Me había avergonzado profundamente de mi adicción a las imágenes pornográficas y esta vergüenza creaba una barrera para la intimidad. Compartir mi lucha me hizo vulnerable ante Alexis, y cuando ella me apoyó, forjamos un vínculo aún más fuerte.

La cultura masculina en la que yo y muchos otros jóvenes hemos nacido ha medido la hombría por nuestra destreza sexual y el número de mujeres con las que nos hemos acostado. **Tuve que desaprender la idea de que el sexo representa la masculinidad**. Algunas familias ven el sexo para los jóvenes como una forma de acceder a la virilidad, y les animan a tener relaciones sexuales incluso antes de la adolescencia. Las mujeres que tienen múltiples parejas sexuales están mal vistas, pero los hombres que hacen lo mismo son dignos de elogio. Estar con Alexis me ayudó a darme cuenta de que ambas situaciones pueden tener su origen en un trauma.

En las relaciones, el sacrificio significa ser desinteresado de mente y corazón. Requiere que prestemos atención a las necesidades de nuestra pareja y que hagamos el esfuerzo de exigirnos a nosotros mismos para apoyarla. Este proceso me enseñó el autocontrol. Como humanos, somos egoístas por naturaleza; buscamos ser dominantes en todos los aspectos de la vida. Los hombres suelen querer buscar el poder destruyendo y controlando a los demás. Quería mostrar una idea sana de la hombría para mí, una que implicara edificar a los demás y validar sus puntos fuertes. Este ejemplo comenzó en mi relación con Alexis. El sacrificio no significa que estemos "por encima" de nuestra pareja, sino en una relación en la que ambas partes son igualmente válidas e importantes. Creo que el sacrificio crea una oportunidad para que los hombres sean honestos consigo mismos y con su pareja al dejar de interiorizar su trauma y mostrarlo de forma destructiva.

Tuve que sacrificar mi ego y mi confianza exterior para aceptar que tenía problemas que debían abordarse. La razón por la que tantos hombres sufren en silencio la adicción al sexo, el abuso de sustancias y los problemas de salud mental es porque la sociedad nos dice que tenemos que "ser hombres y lidiar con ello", obligándonos a ver estos problemas como debilidades que hay que ocultar. **Decidí utilizar mi aceptación y reconocimiento de la enfermedad mental y la adicción como una fuente de poder que nadie podía utilizar contra mí mientras superaba los obstáculos que se me ponían delante.** Soy un orgulloso vencedor que utilizará mis experiencias como ejemplo de cómo otros hombres pueden hacer lo mismo.

HABLARLO

ALEXIS

Todas las discusiones que tuve mientras crecía consistían en gritar, vociferar, golpear y decir las cosas más feas que se podían decir. Decir que mi padre biológico tenía un problema de ira es una subestimación. Si no se desquitaba conmigo durante sus borracheras, lo hacía con nuestro pobre perro, Jake. Unía con cinta adhesiva dos trozos de madera de medio metro de largo y escribía en ellos "Rompeculos", golpeando a Jake hasta que su sangre salpicaba en la bañera del baño, goteando lentamente en el suelo. Jake orinaba y defecaba mientras la dura madera golpeaba su cuerpo, suplicando con los ojos que lo rescataran, gritando por mi ayuda. Jake se convirtió en el saco de boxeo de mi padre, que le daba patadas cada vez que se enfadaba.

Los días que me olvidaba de sacar a Jake de paseo, se orinaba en la alfombra del salón. Mi padre, lleno de rabia, echaba mano del "rompeculos". Yo lloraba, gritando para que no lo hiciera, sintiendo la vergüenza de ser la causa de la miseria de Jake. Cuando mi padre terminaba con Jake, me decía que limpiara la sangre y los excrementos que se habían manchado en la pared del baño. Yo estaba mental y emocionalmente alejada de los abusos que estaba sufriendo personalmente, pero escuchar los inocentes gritos de ayuda de Jake me sacudía interiormente, causándome una terrible angustia.

Sabía muy bien que esto formaba parte de la diversión de mi padre: mostrar lo indefensa que estaba realmente en su casa, haciéndome daño donde él no podía mitigar el dolor. Más tarde, después de mucha terapia, esta terrible experiencia galvanizó mi determinación de abogar por los demás. De niña, no podía ayudar a Jake, pero ahora, una mujer adulta, puedo y quiero ayudar a otros a ponerse a salvo.

Desde que estaba en la Sociedad Nacional de Honores en la escuela secundaria, me he comprometido a servir a mi comunidad, tanto local como globalmente, en cualquier capacidad que pueda. Nuestros entornos -nuestras familias, escuelas, barrios y comunidades- no cambiarán si no invertimos en ellos. No quiero que otros sufran lo que yo he sufrido y seguiré allanando el camino a los demás en todo lo que pueda. No estoy segura de que haya nada más curativo personalmente que recibir un mensaje de una persona a la que he asesorado, compartiendo sus éxitos posteriores. Recibí éste no hace mucho de un compañero de la juventud de acogida:

> I won the presidential leadership award 😊
>
> I-
>
> Like you don't understand how much you set this table for me and how you pushed me even when I didn't believe I could even make it in this program
>
> Thank you Alexis, I know I don't say it enough but truly, your leadership and mentor ship continue to show me what is possible not only for me but for all foster kids and those who barely made it here

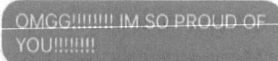

OMGG!!!!!!! IM SO PROUD OF YOU!!!!!!!!

He ganado el Premio Presidencial de Liderazgo.

Yo -

No entiendes lo mucho que me preparaste y cómo me empujaste, incluso cuando no creía que pudiera entrar en este programa.

Gracias Alexis, sé que no lo digo lo suficiente, pero la verdad es que tu liderazgo y tu tutoría me siguen mostrando lo que es posible no sólo para mí, sino para todos los niños de acogida y los que apenas llegaron aquí.

OMG!!! ¡¡¡¡Estoy tan orgullosa de ti!!!!

A la hora de rellenar los huecos de mi pasado, busqué respuestas sobre quién era mi padre biológico y si había sufrido abusos en su vida. Lo hice para comprender plenamente lo profundo que era el trauma en nuestra familia. Me armé de valor y me puse en contacto con su ex mujer, Lynn, a través de Facebook para entender mejor quién era. Ella me confirmó que mi padre era un consumidor habitual de cocaína, incluso en la iglesia el día de su boda. También era alcohólico. Destrozó su casa y le arrancó el teléfono de las manos cuando intentó llamar a la policía. Después de que ella pidiera el divorcio, él la seguía a todas partes, se sentaba fuera de su trabajo, se presentaba en su casa y conducía detrás de ella para ver a dónde iba, incluso después de que ella tuviera una orden de alejamiento y llamaran a la policía. Todo esto ocurrió dos años antes de que yo naciera.

Justo después de mi nacimiento, Lynn me dijo que había conocido a mi madre. Mi madre fue a su trabajo para averiguar dónde estaba mi padre. Recordó que mi madre le había dicho: "Sólo quiero que reconozca que es su hija y me ayude a mantenerla". Y ella le había contestado: "Lo dudo porque nunca puede asumir la responsabilidad". Esto fue evidente en la fea batalla por la custodia. Cuando le conté que mi madre se había suicidado, Lynn dijo: "Tal vez ella quería que él fuera responsable".

Viviendo con mi padre, cada mes, cuando llegaba la factura del teléfono, me aterrorizaba. Él revisaba mi registro de llamadas línea por línea para ver si estaba al teléfono después de mi límite de horario. Se me ocurría cualquier cosa para distraerle, como actuar como si se me hubiera metido algo en el ojo, dejar caer un plato o llorar. Si veía que efectivamente había hecho una llamada después del toque de queda, me daba una bofetada.

Tenía siete años cuando "se me escapó" y dije algo sobre cómo mi padre me pegaba a la tía Bev y al tío Giles y, cuando salimos a la calle para irnos, me tiró al suelo y empezó a darme patadas antes de tirarme el casco de la moto para ponérmelo. El vecino llamó a la policía, pero no pasó nada. Seguro que les dijo que me había resbalado o algo así. Al menos una vez al mes, le oía hablar por teléfono intentando manipular a mi familia para que le dieran dinero para la factura de la luz o la comida para "mantenerme".

No me extraña que me metiera en peleas en el colegio. Le quité las gafas de la cara a un chico y salté por encima de una mesa para abalanzarme sobre alguien en el instituto. Por suerte, los profesores y los orientadores me llevaron a sus despachos para que no tuvieran que denunciarme al director. Aparte de eso, tuve algunas suspensiones fuera de la escuela y suspensiones dentro de la escuela.

La gente se compadece de mi madre biológica cuando se entera de que murió, pero, por desgracia, no tengo buenos recuerdos de ella. Recuerdo que se metía en algunas peleas físicas con los vecinos en nuestro césped o en el suyo. Iba con una cortadora de césped por la calle para pelear, con nosotros sentados en la parte de atrás. Cuando alcanzábamos a su enemigo del día, empezaba inmediatamente a lanzar puñetazos mientras Zach y yo la animábamos a tirar del pelo y a apuntar a la cara. A lo largo del día, Zach y yo hacíamos equipo y nos peleábamos con sus hijos.

Otro recuerdo de mi madre es cuando nos tiraba los platos a los pies cuando Zach y yo no dejábamos de discutir. Otros recuerdos incluyen cuando se enfadaba conmigo y tiraba toda mi vajilla de cerámica en una bolsa de basura antes de tirarla fuera, en la acera. Salí corriendo, intentando desesperadamente recogerla antes de que cayera al suelo, pero llegué demasiado tarde y todo se hizo pedazos.

A los dos meses de relación, Justin y yo tuvimos nuestra primera gran discusión. De forma casi natural, levanté la voz y le grité como estaba acostumbrada a hacer. Sólo preocupada por expresar mis propios sentimientos, le dije todo lo que se me ocurrió.

Sin decir una palabra, Justin salió de mi apartamento. Me quedé confundida y sin palabras. No sabía qué hacer. No se enfrentó, ni me gritó, ni me insultó. Me quedé mirando las ondas en la alfombra antes de correr a mi cama, aterrorizada de que eso significara que habíamos terminado. Lloré durante treinta minutos hasta que volvió a entrar en mi habitación.

Nunca olvidaré lo que me dijo.

"Nunca te hablaría así porque te respeto. Crecí con todo el mundo gritando y pegándose y me prometí a mí mismo que nunca lo haría, así que espero que tú tampoco lo hagas. Si eso no es algo que puedas hacer, entonces no deberíamos estar juntos". Admiro su voluntad de establecer límites y expectativas para nuestra relación.

El noventa por ciento de la comunicación es a través del lenguaje corporal. Al principio de nuestra relación, éramos bastante difíciles a la hora de manejar los desacuerdos. Yo soy la persona que quiere resolver todo en el momento del conflicto. Necesitaba que dejara de estar enfadado conmigo de inmediato para poder seguir adelante. La idea de que los malos sentimientos persistan me hace sentir impotente y fuera de control. Pero Justin es de los que piensan detenidamente lo que sienten y lo que quieren decir antes de decirlo, lo que le lleva mucho más tiempo del que a mí me resulta agradable.

Las vacaciones pueden ser difíciles para muchas personas, especialmente para los jóvenes de acogida. Las vacaciones siempre parecen estar llenas de dolor y soledad. Esto no se detuvo cuando estaba en una relación o cuando me mudé por mi cuenta, se puso peor. Se convirtió en un infierno con mi ex, donde le rogaba que estuviera conmigo y pasara tiempo conmigo en las vacaciones para no tener que estar sola. La reticencia de Justin a reunirse con mi familia en Navidad me recordaba -sea justo o no- esos momentos desgarradores y me hacía resentir aún más su reticencia.

Cuando Justin y yo empezamos a salir, las festividades eran estupendas. Tal vez porque era una relación nueva y él estaba emocionado por conocer a Kim, Brian y mis hermanos y pasar más tiempo juntos. Luego, después de un año o dos, algo cambió. Las vacaciones volvieron a ser una época de soledad y discusiones. Se convirtió en un patrón, predecible. No discutíamos mucho en general hasta que llegaban las vacaciones.

No sabía si era algo que hacía mi familia; suponía que hacían todo lo posible para que se sintiera querido y bienvenido. No entendía por qué había tantas peleas cada vez que había una reunión familiar. Mis amigos me dicen a menudo que puedo ser demasiado franca, lo que me hace parecer dura y carente de compasión. Quería tratar de entender sus experiencias y por qué eran tan difíciles para poder ayudarle a minimizar sus luchas sin dejar de pasar tiempo con mi familia, algo que se había vuelto cada vez más importante para mí a lo largo de los años.

Me di cuenta de que quizás no era mi familia la que causaba la tristeza y el dolor de Justin, sino que nuestra cercanía le recordaba lo que le faltaba a su familia. Anhelaba el afecto de su familia. Las vacaciones abrieron sus heridas más antiguas. Negarme a visitar a su familia no lo hacía más fácil. Escapé de ese tipo de vida y nunca quise volver, ni siquiera de visita. Pasar tiempo con la familia de Justin es como entrar en una zona de guerra. Salgo agotada física y emocionalmente.

Me han dicho que cuando te casas, te casas también con la familia de tu pareja. Afortunadamente, cuando nos casamos, creamos una nueva familia y nuevas costumbres, tradiciones y recuerdos alegres. Pero eso no significa que elimine o alivie las presiones familiares.

Nuestro último Acción de Gracias y Navidad como pareja de novios en 2019 fueron los más difíciles de nuestra relación. Durante las vacaciones, Justin hizo lo que solía hacer cuando estábamos juntos en familia: se mantuvo al margen, normalmente en su computador o leyendo en un rincón.

Me sentía agotada de tanto preocuparme y de estar constantemente pendiente de él.

Decidí que no quería que viniera en Navidad. Fue una decisión inútil. Verlo infeliz me hacía infeliz, y no tenerlo allí también me dolía. Así que, cuando llegó el momento de empezar a planificar la Navidad, sabía que se avecinaba una discusión. "¿Tengo que venir, tiene que ser durante toda la semana?". Estas eran las preguntas que me preparaba para escuchar. Como para adelantarme, esta vez le dije que no creía que tuviera que venir, pero que tenía que decidir qué era lo mejor para él, no sólo ese año, sino para todos los años por venir. Luego le dije que quería que estuviera allí durante los próximos años, y que esperaba que encontrara la manera de estar allí felizmente. Después de todo, Justin es mi familia tanto como lo es mi familia adoptiva. Los necesito a los dos, y quiero que también se unan como familia.

"¿Qué quieres hacer en Navidad?" "Quedarme".

Contuve las lágrimas cuando lo dijo, pero me negué a hacerle sentir mal por ello. Se quedó en el campus con los otros jóvenes de acogida. Para mí era como una declaración de que no tenía familia. Esto me dolió, porque creía que, pasara lo que pasara, estaríamos ahí el uno para el otro, con el otro. Quería que viera a mi familia como propia porque ahora era parte de la mía. Le envié un mensaje a Kim para comunicarle que Justin no iba a venir y le pedí que por favor avisara a todos. No quería entrar por la puerta y que todos preguntaran dónde estaba Justin. Las vacaciones de Navidad separados, especialmente nuestra última Navidad antes del matrimonio, fueron increíblemente difíciles. Terminé de empacar mis pertenencias en el dormitorio de Justin, luchando contra las lágrimas mientras pasaba junto a él, casi como si fuera invisible. Mientras sacaba la maleta por la puerta y cogía el cepillo de dientes de la encimera del baño, Justin saltó delante mío.

"Espera, ¿estás segura de que no quieres que vaya? Cariño, realmente no me importa venir".

Si venía, se sentiría miserable y yo me preocuparía por él todo el tiempo. Al menos, si se quedaba, podría estar triste sin preocuparme por cómo se sentía.

"No, estás bien..." Respondí con un asomo de emoción en mi rostro pero con una profunda decepción en mi alma.

Los viajes por carretera eran nuestro momento de unión. Cuando él conducía, yo lo miraba, admirando la paz y el consuelo que daba con su sonrisa acogedora mientras le acariciaba el cuello. Nuestro habitual viaje al norte de Michigan se convirtió en un viaje triste y lleno de lágrimas mientras conducía sola. Me faltaba una parte de mí. Sentía que me obligaban a elegir entre mi familia y mi pareja.

Dormía cada noche con la almohada empapada de lágrimas. Mis pensamientos se multiplicaban. ¿Iba a estar sola en todas las reuniones familiares? ¿Podrían nuestros hijos celebrar las fiestas con su padre?

Me quité el anillo (brevemente).

No estaba dispuesta a ceder en este aspecto. No iba a hacer pasar a mis hijos por eso. No hablé mucho con Justin en todo el fin de semana porque sabía que me dolería más. Me envió un mensaje de texto cuando el fin de semana estaba terminando. "Encontraré una manera de hacer que funcione y vendré la próxima vez. Siento haberte hecho daño, cariño. Somos uno y estamos a punto de casarnos, así que tenemos que solucionarlo".

En 2020, tardamos cuatro días en llegar a casa tras ser evacuados de Sudáfrica. A causa del COVID-19, tuvimos que estar en cuarentena en un vehículo recreativo justo delante de la casa de mis padres. Fue muy difícil para los dos: irnos tan bruscamente, no saber nuestros próximos pasos y no sentirnos atrapados en un vehículo. Al principio, hubo mucha ansiedad y una frenética búsqueda de trabajo y apartamento. Kim hizo todo lo que pudo para hacer más fácil la situación, llevándonos comida casera a la puerta de casa, incluso cenando y jugando a juegos de Facetime juntos. Casi a diario, Kim y Brian nos recordaban que les encantaba que estuviéramos allí y que no tenían ningún plazo para que nos fuéramos.

Después de varios meses de vivir en casa durante los meses previos a nuestra boda, lo que al principio había parecido una carga se convirtió en una experiencia gozosa de pasar tanto tiempo juntos como familia, de profundizar nuestros vínculos y relaciones, especialmente entre Justin y mis padres. Como ella es muy buena para ser objetiva y pensar racionalmente, cuando no sabemos cómo manejar una situación, personal o profesionalmente, a menudo decimos " ¡preguntemos a Kim qué piensa!", ya que ella es muy buena para ser objetiva y pensar racionalmente. Ahora, Brian y Justin se abrazan y bromean juntos todo el tiempo, llamándose mutuamente "¡Osito Abrazador!".

Durante este tiempo, Justin tuvo la tentación de ocultar parte de su cultura, manierismos e idiosincrasia para ser aceptado por mi familia. Tuve que recordarle que si no era auténticamente él mismo, estaba robando a los demás la oportunidad de conocer y amar al verdadero Justin. **Cuando alguien dice que te quiere, no puede decirlo en serio si no sabe quién es tu verdadero "yo".**

HABLARLO

JUSTIN

Uno de los aspectos más importantes de las relaciones sanas es la voluntad de comunicarse. Como Licenciado en Relaciones Públicas, aprendí las muchas formas de comunicación de la gente, pero eso no hizo que fuera menos difícil con mi propia pareja sentimental. Crecí en un hogar en el que la comunicación era prácticamente inexistente, y quise ser cuidadoso con la forma de abordarla en mi relación.

Me sentaba tranquilamente con Alexis, con las manos cruzadas en el regazo y los brazos a los lados. En medio de una discusión acalorada o un conflicto, intentaba ordenar mis pensamientos antes de expresarme. Antes de pasar a la acción, quería tener una comprensión total de mis sentimientos para no hablar impulsivamente o expresar mis sentimientos de forma equivocada. En cambio, el estilo de Alexis era muy diferente. Decía lo que pensaba inmediatamente, dejando apenas un respiro entre sus palabras. Nunca se contenía. Mi aparente falta de emoción y compromiso a menudo exacerbaba nuestros conflictos.

Cuando mi madre y mi padre discutían, decían exactamente lo que sentían, cuando lo sentían, sin tener en cuenta la reacción de la otra persona. En el equipo de fútbol del instituto, si había tensión entre dos jugadores, se dirigían a los vestuarios para resolver sus quejas a puñetazos. Los otros jugadores les obligaban a darse la mano y a seguir adelante, todavía llenos de ira sin resolver. Cuando llegué a la edad adulta, rara vez fui testigo de algún tipo de resolución pacífica de conflictos.

Nunca había visto que la violencia y la ira tuvieran éxito, así que quise enfocar mis relaciones de forma diferente, ya fuera con amigos, con la familia o con una posible compañera de vida. Es habitual que los hombres se muestren agresivos o dominantes para ejercer el control sobre las mujeres y obtener la ventaja en las relaciones. Esto puede incluir gritar, degradar e insultar a sus parejas, entre otros abusos. Cuando mi madre se enfrentó a mi padre, él respondió con abusos físicos. Nadie gana en esta dinámica tóxica.

Quería ser capaz de mantener la calma y actuar con compasión. Para que ambos miembros de la pareja estén "igualmente unidos", deben escuchar activamente, sentarse al lado de su pareja y asegurarse de que están físicamente al mismo nivel cuando se enfrentan a un problema. Estar por encima de tu pareja es un juego de poder despectivo. Sentí que era mi responsabilidad ser consciente de cuándo mi pareja proyectaba involuntariamente su ira sobre mí y abordar la situación con amor y apoyo.

La violencia había sido un tema común en la historia de mi familia y yo quería romper el ciclo. Tenía que acabar conmigo. Gracias al trabajo de consejería, descubrí que nuestras reacciones emocionales iniciales en medio de un conflicto no suelen ser las más sensatas o lógicas. El sentimiento inicial puede ser satisfactorio, pero deja tras de sí mucha vergüenza y arrepentimiento. Durante un tiempo, utilicé la evasión como método para resolver pacíficamente nuestros conflictos. Por desgracia, esta técnica también causó problemas. Alexis exigía saber cómo me sentía en el momento, pero yo no podía expresarme tan rápidamente.

Necesitaba tiempo para entender lo que sentía sobre ciertas cosas. Las discusiones intensas me hacían salir de la habitación para no sentirme incómodo. No podía soportar la presión de expresar mis pensamientos y sentimientos inmediatos. No quería hacer algo que pudiera afectar permanentemente a nuestra relación. **La ira impulsiva de mi padre me recorría el cuerpo, pero principios bíblicos como la paciencia y la comprensión atemperaban esa respuesta. Sabía que necesitaba una forma mejor de resolver nuestros problemas.**

Lo que aprendí en la consejería fue a estar dispuesto a hacer preguntas. ¿Qué podría haber hecho diferente en esta situación? O ¿cómo puedo mejorar las cosas? Crear un diálogo abierto y respetuoso resuelve los problemas más rápidamente que el método de evasión que había estado practicando. Las anteriores parejas de Alexis imponían una dinámica de poder con ataques agresivos y calumnias. Sentí que la mejor manera de igualar la dinámica de poder sin volverse prepotente era escuchar a mi pareja y aceptar sus necesidades. Sabíamos que si ambos actuábamos de forma intencionada, sin culparnos, nuestro desacuerdo podría resolverse pacíficamente. También aprendimos de nuestros mentores que, en lugar de distanciarnos durante las discusiones, debíamos unirnos. Es difícil discutir si nos tomamos de la mano. Esta forma de comunicación física indica que los dos no están en contra del otro, sino que trabajan juntos para resolver el problema.

La toxicidad en mi familia me impedía estar cerca de ellos en general, y hacía que las festividades fueran especialmente difíciles. Pero no verlos no significaba no pensarlos, y de hecho, estar sin ellos me hacía echarlos más de menos. Cada temporada de vacaciones, mi familia se reunía para gastar bromas, reírse sin parar, ver el partido de baloncesto del día de Navidad y disfrutar de la deliciosa comida que mi madre se pasaba el día cocinando. Preparaba sus apetitosos macarrones con queso con múltiples capas de queso y su famosa tarta de cerezas, que siempre me encantaba. Mi madre era una mujer del Sur que sabía preparar un festín que nunca se olvidaría. Aunque nos esforzamos durante todo el año, las fiestas siempre ocuparon un lugar especial en mi corazón, tanto de niño en el sistema de acogida como de adulto. Cada año, desde que entré en el sistema de acogida, visitaba a mi familia durante las vacaciones y filtraba los comportamientos tóxicos para poder fingir que tenía una familia ideal.

Pasar las vacaciones con otra familia era, en cierto modo, más difícil que hacerlo solo. Aunque la familia de acogida de Alexis era cariñosa y me apoyaba, durante los primeros años sentí que nunca podría ser yo mismo.

Sería la única persona afroamericana de la familia, sin nadie con quien pudiera relacionarme lo más mínimo. No podría hacer el tipo de bromas que haría con mis hermanos, ni compartir ese plato familiar de macarrones de mamá. Disfrutaba hablando de la universidad y de mi trayectoria profesional con la familia de Alexis, pero no sentía que pudiera ser completamente mi verdadero yo, ciertamente no el que era cerca de la gente que conocía desde la infancia, por muy complicada que fuera esa dinámica.

La familia adoptiva de Alexis estaba repleta de ingenieros muy preparados. Los adultos se sentaban tranquilamente en el salón a leer libros. En Navidad, los abuelos, tíos y tías de Alexis se reunían en casa de Kim y Brian para ir al patio trasero y cortar un árbol de Navidad. Todos los días anteriores, la familia esperaba a que cada persona se acercara a la mesa para dar las gracias. Eran la familia americana ideal que creía en la tradición.

Mi familia era todo lo contrario. Cada vez que volvía a casa, a Detroit, mi padre me agarraba los bíceps, felicitándome por mi estatura mientras intentaba recuperar el tiempo perdido. Tras un breve paso por la cárcel cuando tenía unos cuatro años, me enseñó la importancia de hacer flexiones entre horas para aumentar la musculatura.

"¿Estás haciendo tus flexiones? ¿Cuántas puedes hacer?", nos reíamos con mis hermanos mientras él me retaba a ver quién podía hacer más.

En las vacaciones, los varones saltaban gritando al televisor mientras los Detroit Lions perdían otro partido del Día de Acción de Gracias, mientras mi madre cocinaba la cena.

"¡Sí! ¡Saquen sus traseros de la cocina!", les decía mi madre a los nueve nietos mientras se perseguían unos a otros por su pequeño apartamento de una habitación. Me había acomodado al caos y lo ignoraba en su gran mayoría, filtrándolo para encontrar la alegría en el hogar de mi familia. Cuando hablaba con mi hermano Andre sobre la universidad y las opciones profesionales, no podía evitar que me molestaran todas las influencias negativas que rodeaban a los chicos. Se enrollaba un cigarrillo de marihuana junto a su hijo menor, indiferente a que yo lo hubiera visto hacerlo. Terminaba torpemente la conversación para seguir viendo el partido.

Una Navidad en particular acabó revelando el profundo dolor y resentimiento que André había interiorizado hacia mis padres, cuando mi madre intentó decirle que se calmara y dejara de faltar al respeto a sus hijos, sobre todo delante de toda la familia. "¡Cállate, perra! Ni que tuviéramos un ejemplo al que admirar!" le respondió André a mi madre delante de todos. Ni mi padre ni mis hermanos movieron un dedo. Me quedé paralizado por su imprudente ataque a mi madre.

Le llamaba a mi madre para decirle que tendría que perderme algunas celebraciones de Navidad y Acción de Gracias para pasar tiempo con la familia de Alexis. Esperaba separarme poco a poco de mi familia y seguir adelante para crear mi propia familia algún día. Las lágrimas manipuladoras de mi madre por teléfono provocaron el resentimiento entre Alexis y yo. Preguntó: "Así que ya no somos lo suficientemente buenos para ser tu familia, ¿eh? ¿Quieres estar con ellos ahora?" Me sentí desgarrado entre dos lealtades. Aunque sabía que no eran ciertas, las palabras de mi madre se repetían en mi cabeza mientras se acercaban las vacaciones y Alexis y yo preparábamos las maletas para visitar a su familia.

"¿Qué te ha hecho mi familia para que no podamos visitarla? ¿Por qué crees que tu familia es mejor que la mía?" dije, mientras señalaba todos y cada uno de los defectos de su familia.

Pero había sido mi decisión evitar la cena de Navidad de mi familia, y estaba culpando a Alexis. Tal vez era mi culpa que mis padres no me hubieran mostrado el amor que quería. Si los hubiera visitado más, tal vez podrían haberme mostrado su amor. A veces intentamos encontrar las razones de los defectos de nuestra familia dentro de nosotros mismos porque nos da la ilusión de control y la esperanza de que podemos arreglar las cosas. Me sentía desesperado por tener una conexión real y pacífica con mi familia, pero parecía estar fuera de mi alcance.

Desgraciadamente, esto provocaba discusiones entre Alexis y yo todos los años en torno a las festividades. Ya fuera por el número de días que queríamos quedarnos o por no participar en las actividades familiares, la presión era demasiada para mí. No podía ser mi verdadero yo alrededor de su familia y no podía hablar de la universidad o de mis éxitos con mi propia familia, así que decidí que quería seguir estudiando durante las vacaciones.

Mi objetivo era formar mi propia familia, para no tener que lidiar con ninguna de las dos ramas muy a menudo. Si no podía recibir el amor de la familia que quería, entonces no quería estar cerca de la familia en absoluto. Prefería pasar las vacaciones solo que con otra persona. Estaba atrapado en un aprieto creado por mi propio egoísmo y mi incapacidad para superar la imperfección de una situación. Me encontraba fuera de lugar con la familia de Alexis y, en cierta medida, fuera de lugar con la mía. Estaba desvinculado, atrapado entre dos versiones de la familia, ninguna de las cuales me parecía correcta. Me sentía como un extraño y eso me hacía resentir las vacaciones. ¿Perteneceré alguna vez a algún lugar? Toda esta rabia y este resentimiento me hacían sentir avergonzado, lo que me hacía pensar que tal vez no merecía ser feliz después de todo.

La familia lo significaba todo para Alexis, y en cuanto decidí quedarme atrás supe que había cometido un terrible error. Había arruinado por sí solo sus vacaciones. Sabía que tenía que estar ahí para ella a partir de ese momento.

Cuanto más tiempo pasaba con la familia de Alexis, más se convertían en mi familia. Tenía que aceptar a las personas que querían amarme y apoyarme. Mi terquedad y mi resentimiento me negaron el placer de tener una familia. Kim tenía formas maravillosas y amables de hacerme saber que me apreciaban y me querían, que estaba en su casa. Ella hizo que fuera mucho más fácil dejar de lado mi resentimiento y abrirme al amor. Tenía miedo de hacerme vulnerable, pero sólo cuando lo hice me relajé en una nueva definición de familia que no tenía que ver con la sangre o los recuerdos de la infancia. Se trataba de aceptación, apoyo, afecto mutuo y respeto. Se trataba del amor. Después de todo, Alexis no estaba más emparentada con Kim y Brian que yo, y los había definido como su familia cuando la abrazaron. Yo podía -y quería- hacer lo mismo.

LOS NIÑOS DE LA CIUDAD VIAJAN POR EL MUNDO

"Justo cuando la oruga pensaba que el mundo se había acabado, se convirtió en mariposa".
—Barbara Haines Howett

ALEXIS

PARA MÍ, VIAJAR comenzó como una forma de escapar de lo que ocurría en casa con mi ex, y pronto me sirvió para descubrir cosas nuevas y conocer gente nueva. Me parecía increíble que una de mis mentoras tuviera amigos en todo el mundo y yo también quería eso. Así fue como racionalicé mis primeros programas de estudios en el extranjero.

Viajé primero a la República Dominicana y luego a Sudáfrica durante cinco meses, y eso cambió mi vida para siempre. Nunca me había sentido tan sola. Estaba lejos de todos y de todo lo que amaba, pero necesitaba esta pausa limpia para que me empezara a gustar pasar tiempo a solas de nuevo. Empecé a ir a almorzar, a cenar y al cine sola. Aprendí a sentirme cómoda sola y a convertirme en una Alexis sin complejos. Esto me ayudó a alimentar mi autoestima y a aclarar las cosas en las que creía y defendía. Me negué a ser silenciada por nadie ni por nada, nunca más. En aquel momento, mi amiga Angela me dijo algo poderoso que nunca olvidaré: "Lo que has vivido no tiene por qué definirte. Se puede replantear como un viaje del dolor al poder, de la lucha a la liberación".

Estudié en el extranjero ocho veces durante mis seis años y medio de carrera universitaria. Los viajes me mostraron un mundo más allá de mi propia historia y circunstancias. Como la gente no sabía nada de mí, pude reinventarme cada vez, compartiendo sólo lo que quería que supieran, dejando atrás el trauma.

Sabía que quería viajar con Justin. Al principio, él no se lo podía imaginar y se oponía bastante. Pero, con el tiempo, acabé con su resistencia e incluso le reconfortó la idea de ir juntos al extranjero. Cuando empezamos a viajar, planificaba cada momento de nuestro viaje: desde dónde nos íbamos a alojar hasta todas las actividades que íbamos a realizar, lo cual era agotador para los dos. Aprendí a dejar de lado parte de ese control y a organizar nuestro viaje una vez que llegáramos. Esto nos permitió estar más presentes, resolver las cosas juntos, reducir nuestras frustraciones y experimentar cosas que no habíamos planeado. Algunos de nuestros mejores recuerdos son los momentos más inesperados y espontáneos de nuestros viajes.

Después de estudiar en el extranjero en programas consecutivos en 2017, mientras que en el extranjero mi tarjeta de crédito estaba siendo cargada con más de $3,000 y no pudimos averiguar por qué. No fue hasta que regresamos a Michigan y visitamos nuestra unidad de almacenamiento que nos dimos cuenta de que nos habían robado todas nuestras pertenencias. Ahora, lo único que tenía Justin era su portátil Dell, su Biblia y la ropa que había llevado a nuestro viaje. Tenía una semana de descanso antes de ir a Washington, DC, durante un semestre como uno de los dos estudiantes seleccionados para una beca completa de la Fundación Presidencial Reagan para participar en el Programa de Liderazgo y la Presidencia Americana, mientras hacía prácticas en el Instituto de la Coalición del Congreso sobre la Adopción. Durante este tiempo, estuvimos presentando informes policiales y comprando equipaje nuevo mientras hacíamos las maletas para la siguiente aventura.

Por desgracia, esta es una historia común. Debido a que las universidades cierran durante la Navidad y otras fiestas, muchos jóvenes de acogida se quedan desamparados en estos periodos, esencialmente sin hogar. Se ven obligados a encontrar un lugar donde guardar sus pertenencias, con el trauma de arrastrar las cosas de un lugar a otro todavía fresco en sus mentes desde la infancia.

Fuimos juntos a Sudáfrica en enero de 2020 para el quinto y último programa de estudios en el extranjero de Justin. Él asistió a la Universidad de Ciudad del Cabo mientras yo era voluntaria y trabajaba en mi negocio, The Scholarship Expert, a distancia. Nos evacuaron en marzo porque, al igual que el resto del mundo, la pandemia de COVID-19 alteró drásticamente la vida tal y como la conocíamos. Nos sentimos terriblemente decepcionados; a los dos nos encantaba estar allí. Había playas, desiertos, safaris, montañas, pingüinos, la mejor comida que habíamos comido nunca y algunas de las personas más agradables que podíamos esperar conocer. En nuestro último día en Ciudad del Cabo, subimos a la Montaña de la Mesa. Varias horas después, no podía creer que lo hubiéramos hecho. Sabía que no podría haberlo hecho sin que Justin me tirara físicamente de la ladera de la montaña diciéndome: "Lo lograste, cariño. Te estoy viendo". Había viajado a algunos de estos mismos lugares con mi ex, y ahora Justin estaba aquí conmigo y, juntos, estábamos reemplazando los recuerdos devastadores con los recuerdos felices.

Viajar nos hacía sentir como si estuviéramos conquistando el mundo juntos. Había algo poderoso en subirse a un avión y volar a algún lugar lejos del telón de fondo de lo que habíamos crecido, tomando la vida en nuestras manos. Era la encarnación física del viaje *emocional* que habíamos emprendido juntos. **Cuando era pequeña, no podía simplemente salir y escapar, pero, como adultos, nos estábamos dando el poder no sólo de irnos, sino de elegir a dónde ir.**

Alexis y Justin con vistas al cañón del río Blyde en Sudáfrica

En 2018, Justin y yo asistimos a un concierto de Kirk Franklin. Allí estaba yo, cantando Imagine Me en una estación de mi vida completamente diferente. Recordé la niña que era cuando me aferré a esas letras para sobrevivir y supe que ella estaba aquí ahora, alabando a Dios por su gracia y misericordia que la llevó a través de tantas dificultades. Lloré esa noche, como había llorado todas esas noches cuando era una niña maltratada. Pero esa noche, sosteniendo la mano de Justin, las lágrimas que lloré fueron diferentes: no eran lágrimas de dolor, sino de alegría.

LOS NIÑOS DE LA CIUDAD VIAJAN POR EL MUNDO

Sólo el 5.6% de los estudiantes afroamericanos en los Estados Unidos estudian en el extranjero.

JUSTIN

AUNQUE EL SISTEMA de bienestar infantil está obviamente lejos de ser ideal, me ofreció un regalo a regañadientes. Estar en el sistema me empujó a desarrollar una especie de flexibilidad mental, una capacidad para adaptarme a múltiples entornos en una sucesión bastante rápida. Cada transición física que hice me dio la oportunidad de evolucionar emocionalmente y mentalmente. Mantuve la cabeza alta y acepté las experiencias como lo que eran, buscando encontrar la alegría en mi futuro.

Durante mi juventud, prácticamente no salí de Detroit hasta los 17 años, cuando me mudé a un hogar de grupo en Southfield, Michigan. A los 18, fui a la universidad en Kalamazoo, a dos horas de distancia de mi familia. ¿Quién iba a decir que a los 19 años viajaría por primera vez al extranjero? El desarrollo de la resistencia y la durabilidad en el sistema de acogida me proporcionó la confianza necesaria para viajar a más de 25 países a la edad de 23 años.

Cuando conocí a Alexis, acababa de regresar de Sudáfrica, un lugar del que no sabía nada. Alexis hablaba sin parar de su estancia en Sudáfrica. Desde la vista de la Montaña de la Mesa atravesando las nubes hasta el dulce sabor del suave pudín de malva que se deshace en la boca, pasando por los mundialmente famosos safaris y la increíble gente, Sudáfrica parecía demasiado buena para ser verdad. Cuando de niño veía las noticias sobre países extranjeros con mi madre, ella siempre decía: "No salgas del país, te van a cortar la maldita cabeza". Lo decía en broma, pero de niño interioricé esos temores. La idea era que si salías del país te mataban o te secuestraban. Mientras tanto, vivíamos en Detroit, que era la capital de los asesinatos de Estados Unidos en aquella época. El asesinato podía ocurrir justo en la puerta de mi casa, y la violencia nos rodeaba, pero por alguna razón no temíamos los riesgos que planteaba Detroit. Supongo que los peligros conocidos se sentían menos amenazantes.

Mi tía Cheryl me inculcó sus propios miedos en forma de prejuicios contra los musulmanes y los judíos. Nos advertía sobre los musulmanes, diciéndonos que tenían espíritus malignos y que debíamos mantenernos lo más lejos posible de ellos. Su ignorancia influyó en mí durante un tiempo, haciendo que me alejara de los que no pertenecían a la comunidad cristiana. Creía que era peligroso pisar una mezquita o una sinagoga en cualquier momento o por cualquier motivo. Pero empecé a dudar y a desmontar estas creencias por mí mismo cuando comencé la universidad.

Durante este proceso, hice dos cosas. En primer lugar, empecé a hacer la transición de identificarme como religioso a practicar más la espiritualidad. Después de profundizar en las escrituras bíblicas, me di cuenta de que la religión es una práctica tradicional que creemos que mantendrá nuestra relación con Dios. Por ejemplo, algunos creen que cuanto más se asiste a la iglesia, más conectado se está con Dios. Eso es lo que creía mi tía. Pero, por desgracia, se perdió la parte espiritual del cristianismo. Ella creía que relacionarse con personas de diferentes religiones te desconecta de Dios. No estoy de acuerdo. Dentro de la espiritualidad, creo que Dios me dará poder y estará a mi lado sin importar dónde me encuentre físicamente, siempre y cuando pida continuamente su ayuda. La iglesia no es un edificio creado por los humanos, sino la presencia de Dios dentro del hombre. Por lo tanto, no importa si entro en una mezquita o en cualquier otro templo religioso. Mientras esté seguro de quién soy, estaré bien. Además, creo que la verdadera fe significa respetar a las personas de todas las profesiones y condiciones sociales, independientemente de la diferencia de creencias".

A Alexis ya le había picado el vicio de viajar y planeaba hacerlo aún más. Como estudiante de primer año, me propuse quedarme en casa y centrarme en la reconstrucción de Detroit. Llegué a la universidad con la intención de hacer periodismo deportivo, sin especialidades ni clubes. Sólo quería graduarme. Era el primero de mi familia en ir a la universidad y tenía miedo de sobrepasar mis límites. Junto con mi desconfianza hacia los viajes, que se me inculcó desde muy joven, no podía ver el lado positivo.

Casi al final de mi primer año, Alexis sugirió que estudiáramos juntos en Seúl, Corea del Sur, el verano siguiente. Inmediatamente, escuché las advertencias de mi madre resonando en mis oídos. ¿Cómo se las arreglaría un negro en el extranjero? Entonces recordé el valor que había tenido para solicitar la admisión a la universidad y el valor adicional que había tenido para asistir a ella. Mi vida había cobrado impulso: un nuevo patrón para afrontar los retos, experimentar las recompensas y deshacerse del miedo. Me di cuenta de que este podía ser el siguiente gran paso. Además, no quería estar sin Alexis todo el verano. Me propuse: me iba a ir.

En ese momento estaba increíblemente emocionado por Corea del Sur. Me habían concedido la prestigiosa beca Benjamin Gilman, que ayudaba a pagar el coste del programa. En cuanto recibí el correo electrónico en el que se me notificaba que había sido elegido entre miles de solicitantes para ser premiado, salí corriendo por el campus, emocionado, indiferente a las miradas extrañas. Alexis estaba realizando un programa de verano en Italia, lo que significaba que estaría solo durante mi primer vuelo. Me reuniría con ella en Corea después de aterrizar. Como estaba tan acostumbrado a las transiciones, no tenía ni un hueso nervioso en el cuerpo. Mi madre me llamó, llorando, pensando que iba a volar a Corea del Norte. Yo le aseguraba que era Corea del Sur y que no tenía que preocuparse. Cada vez que hablaba con ella era un recordatorio de que debía deshacerme conscientemente del miedo que me había impuesto durante tanto tiempo.

Momentos antes de mi vuelo me di cuenta de que tenía una escala de 13 horas en Shanghai, China, antes de mi segundo vuelo a Corea. Me entró el pánico. Llegué a Shanghai cerca de la medianoche, completamente petrificado. El aeropuerto parecía desierto; estaba cerrando por la noche. Me quedé en medio del vestíbulo del aeropuerto apretando el asa de mi equipaje, con la paranoia de quedarme atrapado en un país extranjero. El miedo de mi madre alimentaba todos mis pensamientos. Tenía que reservar un hotel y averiguar cómo coger un taxi. Varias personas se acercaron a ayudarme; caminando en lo que parecían círculos, estaba claro que era un viajero perdido.

Uno de los empleados del aeropuerto programó un servicio de transporte para llevarme a un hotel cercano. Me sentí aliviado hasta que vi al conductor, que me pareció sospechoso. Tenía una enorme cicatriz en la cara, similar a la de Tony Montana, estaba fumando un cigarrillo y no podía sonreír ni aunque su vida dependiera de ello. "¡No! No me subo al coche con este tipo". Pero lo hice. El Google Translate me resultó muy útil, ya que solté algunos chistes para aligerar el ambiente, pero seguía estando muy asustado. Llamé a Alexis para que me diera el nombre del hotel y le compartí mi ubicación por si acaso. Por suerte, llegué al hotel sin problemas. Al día siguiente, llegué al aeropuerto correcto y pronto aterricé en Seúl.

Aquella noche me enseñó algunas cosas importantes. A veces, hay que dejarse llevar y confiar en la gente, confiar en que no van por ti. En segundo lugar, hay que estar preparado. Si lo hubiera comprobado antes, habría sabido lo de la escala y habría hecho planes con antelación, evitando así los apuros de última hora. El hecho de averiguar estas cosas sobre la marcha -sin ánimo de hacer un juego de palabras- me dio confianza: era capaz de navegar en circunstancias difíciles y desconocidas. Así comenzó mi vida como turista internacional.

Corea del Sur fue toda una sorpresa. Quería sacarme el miedo inicial de encima, así que empecé a caminar solo por las calles abarrotadas de Seúl, a pocas manzanas de la universidad. Aunque era arriesgado, quería aprovechar al máximo esta experiencia y la sensación de entrar en un mundo completamente nuevo. Con los ojos bien abiertos, me quedé hipnotizado, el proverbial niño en una tienda de caramelos. Las brillantes luces del centro de Seúl me dejaron helado de asombro. Los rascacielos eran lo suficientemente altos como para asomarse entre las nubes. La comida era tan maravillosa que no quería volver a casa. La sopa picante y el pollo combinados con la dulce barbacoa coreana me hicieron pedir más. El primer día que llegamos, me costó mucho trabajo comer, tanteando con los palillos. La camarera me tocó suavemente el hombro y me dio un tenedor como si yo fuera el americano tonto que no sabía nada de la cultura asiática. Pero yo quería aprender. Me dio una sensación de libertad y renacimiento; me sentí renovado por la aventura.

Aunque me costaba, me había acostumbrado a prosperar a través de la incomodidad. Tenía una perspectiva totalmente nueva de la vida después de dejar Corea. Después de estudiar Desaroolo Comunitario durante seis semanas, Alexis y yo viajamos por ocho ciudades de Japón antes de regresar a Estados Unidos. ¡Era oficial! A mí también me había entrado el vicio de viajar.

Experiencias como éstas fueron revolucionarias. Ser un hombre afroamericano y el primero de mi familia en viajar fuera del país significaba que podía inspirar a otros a hacer lo mismo. La sensación que tuve en Corea fue demasiado extraordinaria para guardarla para mí; tenía que difundirla entre otros hombres y mujeres afroamericanos y animarles a correr riesgos similares. Me convertí en un adicto a ser el primero de mi familia en alcanzar tales logros inspiradores. Empecé a planear mi siguiente viaje incluso antes de volver del primero.

Para influir aún más en los estudiantes afroamericanos para que estudiaran en el extranjero y desafiaran los estereotipos que se nos imponen, me convertí en el primer presidente afroamericano de estudios en el extranjero y abogué por que otros estudiantes viajaran al extranjero y recorrieran el proceso. Me gustó mucho el título de ser el primer presidente afroamericano. Enseguida me apunté al viaje de estudios en el extranjero a la República Dominicana, donde realicé una investigación etnográfica. A continuación, estudié en Dakar (Senegal), un país con un 95% de musulmanes. Incluso me alojé con una familia musulmana durante el Ramadán, aprendiendo todo sobre una cultura diferente a la que me había acostumbrado durante mi juventud, poniendo fin a cualquier prejuicio persistente que había mantenido.

Hoy en día, no sólo algunos de mis amigos más cercanos son musulmanes, sino que tengo un nuevo respeto por las personas de otras procedencias. En Senegal se celebran todas las fiestas cristianas e islámicas, lo que demuestra que ambas pueden coexistir. Concluí mi carrera universitaria creando el primer programa de estudios en el extranjero para varios países africanos de la Universidad de Michigan, en Ruanda y Uganda. Viajar se convirtió en una forma de disfrutar de otras personas y de comunidades diferentes, dos conceptos que eran totalmente nuevos para mí.

Alexis fue mi compañera de viaje. Pasamos tanto tiempo estudiando en el extranjero que la gente se burlaba de que estábamos más tiempo en el extranjero que en el campus. Viajar se había convertido en parte de nuestra relación y en una salida que nos liberaba de las expectativas sociales. Nos unimos más con cada viaje. Pronto me di cuenta de que, dado nuestro amor por los viajes, quería proponerle matrimonio en el extranjero.

LA PROPUESTA

ALEXIS

En 2018, después de unos dos años de noviazgo, decidí viajar a Ecuador para estudiar español. Mientras tanto, Justin se fue a Washington para un programa diferente. Tendríamos que estar separados la mayor parte del verano. Antes de que me fuera a Ecuador, hablamos sobre el tipo de anillo que me gustaría, e incluso me medí el dedo. Justin me preguntó qué tipo de pedida de mano me gustaría, y le dije que quería que fuera sencilla, una sorpresa, y quizá en compañía de mi familia.

Justin me llevó a un hotel de Chicago, donde pasé la noche antes de volar a Ecuador a la mañana siguiente. Cuando me dejó y me llevó las maletas a la habitación, no sabía si quería llorar o vomitar. Era doloroso pensar en todo un verano separados.

Nos estábamos despidiendo y empecé a llorar. Nos tomamos una selfie y luego me dirigí a la entrada del hotel. Mientras estaba allí, esperando a que Justin se marchara, pude ver las lágrimas que caían por su cara. Pasaron unos minutos y finalmente dio marcha atrás y se alejó lentamente mirándome por el espejo trasero. Me pareció un momento muy parecido al de una película.

Eché tanto de menos a Justin que le pedí que se uniera a mí durante las dos semanas que tenía libres entre los programas. Aceptó, y antes de que se fuera, coordiné un viaje con mi clase a Mindo, Ecuador, para el primer fin de semana que él estaría allí. Durante las siguientes semanas, Justin empezó a hacerme preguntas extrañas como:

"¿Hay una roca en la que podamos estar los dos juntos?"
"¿Hay alguien que pueda tomarnos una foto juntos?"
"¿Hay alguna cascada en Mindo? ¿Cuál es la mejor y más grande?"

Algo me decía que estaba planeando proponerme matrimonio.

Noté que me hablaba mucho menos, lo que me hizo dudar de mi optimismo. Le pregunté sin descanso si le pasaba algo. Ahora sé que estaba callado porque temía que se le escapara algo antes de que llegara el gran momento. Estaba tan acostumbrado a contarme todo que tuvo que trabajar para ocultar los detalles de su plan.

El 17 de mayo de 2018 voló a Ecuador, pero su vuelo se retrasó. ¿Llegaría a tiempo para el viaje?

Finalmente llegó cerca de la medianoche. Nos dispusimos a salir hacia Mindo muy temprano a la mañana siguiente. Una vez que estábamos todos en el teleférico que nos llevaría a las cascadas, Justin volvió a preguntar: "¿Cuál es la mejor cascada?". Por suerte para él, era la primera del recorrido.

La caminata hasta la cascada fue agotadora y me encontré pensando que si Justin se declaraba, yo estaría toda sudada para el gran momento.

Aunque sabía que iba a llegar, se las arregló para tomarme por sorpresa. Me tomó de la mano y me guió hasta una roca con una cascada escénicamente situada detrás de nosotros. Entonces, se arrodilló. Las lágrimas rodaron por mi cara antes de que dijera una sola palabra.

"Alexis, te quiero más que a nada. ¿Quieres ser mi esposa y la madre de mis hijos?"

Respondí rápidamente: "¡Sí! Por supuesto". grité. Me temblaban las piernas. Pensé que me iba a caer de la roca en la que estábamos parados.

Toda mi clase estaba de pie tomando fotos, y algunas personas incluso estaban llorando. Miré el anillo, que era tan bonito, y dejé que mi propia cascada de conmoción y euforia me atravesara. Después, fuimos a un jardín de mariposas. No se me ocurre un símbolo mejor de la libertad y la renovación que nos ha proporcionado nuestra relación y espero que nuestro matrimonio siga llenando nuestras vidas con este nuevo regalo.

Esa noche, anunciamos felizmente la noticia de nuestro compromiso en las redes sociales antes de quedarnos dormidos. A la mañana siguiente, nuestros teléfonos se inundaron de ataques personales y amenazas contra mi vida.

LA PROPUESTA

JUSTIN

Muchos matrimonios se arruinan antes de empezar, incluso antes de salir a la luz. Dado que cada persona es producto de dos culturas e identidades, la relación podría estar abocada al fracaso. En el caso concreto de las parejas interraciales, las familias pueden ser completamente opuestas y a menudo intentan dictar el rumbo de la relación. Para que la relación funcionara, teníamos que buscar la felicidad al margen de influencias externas que no contribuyen a la prosperidad de nuestra unión.

En el transcurso de dos años, la relación entre Alexis y yo floreció enormemente. Fuimos evolucionando a cada paso, centrando nuestra atención en cómo podíamos mejorar tanto individualmente como juntos. Soñaba con construir una familia que no tuviera que sufrir las experiencias traumáticas de mi infancia. También quería que la madre de mis hijos equilibrara nuestro hogar. El ejemplo dado por mis mentores en sus matrimonios marcó la pauta del matrimonio que yo quería. Rezaban, construían negocios y cuidaban a sus hijos juntos. Estos componentes se convirtieron en partes cruciales de mi matrimonio con Alexis.

Antes de pedirle a Alexis que fuera mi esposa, necesitaba orar y pedirle a Dios que me dirigiera. También necesitaba ayunar y eliminar las distracciones de la situación. Habíamos hablado de matrimonio varias veces durante nuestra relación, pero necesitaba asegurarme de que esto era lo que ambos queríamos. Les pregunté a sus padres adoptivos en broma (con una pizca de seriedad) qué opinaban de que nos casáramos, haciendo la pregunta a escondidas antes de dormir durante una visita de vacaciones. Nervioso por su respuesta, no quise darle demasiada importancia. También quería asegurarme de que estaba tomando la decisión correcta y de que no estaba forzando un compromiso para toda la vida. Se habían familiarizado conmigo en los últimos dos años y habíamos desarrollado una relación bastante profunda. El matrimonio es fácilmente la decisión más difícil de la vida de cualquier persona. Como siempre, Brian hizo algunas bromas:

"¿Seguro que quieres unirte a esta familia de locos?"

Como si yo no hubiera vivido unas cuantas locuras con toda mi familia. Me dijeron que ya formaba parte de la familia y que les encantaría que me uniera oficialmente. Después de sentarme con la decisión durante unas semanas, pedir consejo a mis mentores y pedirle a Dios que me dirigiera, había encontrado mi respuesta.

Era mayo de 2018 y Alexis estaba estudiando en el extranjero en Ecuador. Mi primer plan fue proponerme en un gran campo de hierba donde Alexis y yo pudiéramos disfrutar de la naturaleza. Luego, en el momento adecuado, haría la pregunta. El lugar perfecto era el norte de Michigan, en la casa de sus padres adoptivos, en nuestro aniversario en agosto. Cuando se lo conté a mi madre, sintió la idea de que le propusiera matrimonio delante de su familia y no con ellos como una falta de respeto. Por suerte, tenía un plan alternativo increíble.

Decidí visitar a Alexis en Ecuador mientras ella estudiaba en el extranjero. Como los planes cambiaron, tuve que apresurarme a comprar el anillo (¡y reservar un tiquete a Ecuador!). Después de reservar el tiquete, visitarla se convirtió en un juego de espera hasta que me entregaran el anillo. Sudando durante toda la noche, me quedé con las ganas de que el anillo llegara el día antes de mi vuelo. Llegó justo a tiempo. Abrí la caja de madera del anillo y mi corazón dio un brinco. El brillo del oro rosa parecía iluminar la habitación. Por fin había llegado el anillo, pero mi preocupación estaba a punto de estallar.

La ansiedad llenaba mis pensamientos, tenía tantas preocupaciones sobre la propuesta. ¿Y si el anillo no se ajustaba a su dedo?, ¿Y si perdía el anillo de camino al aeropuerto?, ¿Y si me robaban una vez que aterrizara en Ecuador? No podía mantener el secreto por más tiempo y necesitaba hacer la pregunta inmediatamente. Le pedí a Alexis que se reuniera conmigo en una popular cascada de Mindo, Ecuador, donde le propondría matrimonio al día siguiente. El día salió como estaba previsto y le pedí a Alexis que fuera mi esposa. Ella dijo que sí y el resto es historia.

EL AMOR NO SIEMPRE ES BLANCO Y NEGRO

Las parejas interraciales tienen un 10% más de probabilidades de divorciarse que las parejas que se casan dentro de su raza.

ALEXIS

UNA DE LAS tías de Justin, Patty, hizo comentarios en varios de nuestros posts, incluido el de nuestro compromiso. Me llamó "basura blanca", "desagradable", "vieja", y me mandó un mensaje: "No te conozco [tú] no eres la persona adecuada para mi sobrino. No, no, no", y "Perra blanca, te voy a joder. Si alguna vez me entero de que estás en Detroit, te jodo. Créelo".

Estábamos devastados, heridos y enfadados. Incluso me sentí resentida porque Justin no se atrevía a defenderme en los comentarios públicos que sus familiares habían dejado en mi página de Facebook.

Le dije que si teníamos una despedida de soltera o una carne asada en Detroit, sólo asistiría a través de FaceTime. Sabía que las amenazas de su familia no eran sólo amenazas. Había escuchado todas las historias. Además, no había razón para someterme a su odio y desprecio.

Después de un rato, nos armamos de valor y decidimos que no dejaríamos que nada arruinara nuestro momento especial. Habíamos pasado por demasiadas cosas. Teníamos que recordar que éramos un equipo, incluso cuando parecía que el mundo estaba en nuestra contra. Ese día aprendimos que debemos cuidar de nuestra unidad, porque cuando aportamos un propósito a nuestro matrimonio, no hay nada que el enemigo pueda hacer para romperlo.

Justin nunca vaciló en su deseo de casarse conmigo, pero consideró la posibilidad de no celebrar una boda formal, pensando que tal vez una ceremonia en el municipio sería suficiente. Comprendí su dolor: eran las vacaciones de nuevo y, una vez más, estaba atrapado entre su deseo de tener una conexión con su familia y la realidad de lo que le costaba mantener esa conexión. Pero también le causaba tensión: ¿cómo podía pedirme que renunciara a mi sueño de tener un día de boda tradicional?

Sobre todo porque, en nuestro caso, una boda celebraría algo más que el inicio de un matrimonio, sino también nuestra victoria sobre nuestros demonios, ganada con mucho esfuerzo, y el apoyo mutuo que hizo posible esa victoria. Además, muchas personas se han volcado en nosotros para hacer posible este momento. Nunca quiero minimizar el dolor de la continua lucha de Justin por reconciliar su presente con su pasado, ni su anhelo de tender un vínculo con su familia, estando aún tan arraigado a los problemas que asolaron su infancia. Tuve que tener cuidado de abogar por la celebración pacífica que ambos queríamos y merecíamos, sin dejar de ser consciente del trasfondo de dolor que ese día tendría para Justin.

Una vez que decidimos organizar una boda, quisimos hacerlo bien. Decidimos recurrir a proveedores locales, a empresarios noveles y al mayor número posible de empresas de propietarios afroamericanos y latinos. Incluso planeamos tener una mesa de negocios reservada para que nuestros vendedores pudieran establecer contactos y potenciales oportunidades de negocio en el futuro. Queríamos que nuestro día especial tuviera un valor real para los demás, además de ser un día alegre y feliz para nosotros.

El racismo es un tema muy arraigado en este país y mi familia está saturada de él. Viviendo en Flint, todos mis amigos eran afroamericanos y mi padre lo odiaba. Era racista y todo el mundo lo sabía. Nunca tuvo reparos en decir la palabra que empieza con "n".

Una vez, estaba en la biblioteca para hacer los "deberes" cuando entró a ver cómo estaba. Me encontró en Myspace navegando por la página de un chico afroamericano. Me agarró por la nuca, me arrastró fuera y me tiró al suelo. "Te dejo para que hagas tu tarea y te encuentro mirando "n****os", me escupió. Cuando visité a mi familia más tarde ese mismo día, se burlaron de mí por mirar a los "chicos n****os" en lugar de a los que debería estar viendo. En una montaña de viejas cartas de mi padre que encontré en casa de la tía Bev, había varias como ésta:

"Todo este lío comenzó el verano entre su sexto y séptimo grado. Como sabes, todos los amigos de Alexis empezaron a ser cada vez más n***os durante ese tiempo. También sabes que a mí no me gustaba esa situación, pero intentaba sacar lo mejor de ello. Le dije muchas veces que tenía que encontrar más amigos blancos con los que salir. Bueno, con el tiempo, como sabes todos sus amigos eran n***os. Empezó a actuar, a hablar y a tratar de vestirse como n***ra cerca de mí y de sus amigos. Cuando empezó su nueva escuela, el grado 7mo, había cuatro chicos n***os que venían en el autobús desde el norte de la ciudad. Le dije a mi padre [mi abuelo] que se trataba de no dejar que Alexis tuviera un novio n***ro, y posiblemente nietos medio n***os más adelante en mi vida. Me mantendré firme en mis creencias, que mi hija no verá a un chico n**ro. Si tengo que ir a la cárcel por ello, entonces supongo que tengo que ir. No me echaré atrás".

En una carta, añadió:

"He estado bien excepto la vez que me golpearon 4 hombres n***os hace un año este mes. Tenía el lado izquierdo de la cara tan hinchado que no podía ver por el ojo izquierdo".

Es difícil describir lo que sentí al leer esas palabras. No sentí ninguna simpatía, eso es seguro. De hecho, sentí que se había hecho algo de justicia.

Pero una vez que leí esas cartas, no pude evitar preocuparme por la seguridad de Justin. ¿Mi padre rompería su libertad condicional para lastimar a Justin? Aunque Justin y yo estábamos fuera del país el día que lo liberaron, cuando recibí la noticia, mi corazón se detuvo por un momento y mi mundo se sintió amenazado.

Era libre.

En muchos niveles, esto era un pensamiento terrible. Esperaba que muriera entre rejas, que nunca tuviera que imaginarlo vagando libre.

En 2018, la hermana de mi padre (que ahora está retirada del departamento de policía de Flint) estaba publicando cosas extremadamente racistas y prejuiciosas en Facebook. Al principio, intenté hablar con ella sobre cómo sus publicaciones eran hirientes para la gente de color, especialmente siendo ella una mujer blanca. Al cabo de un tiempo, otros miembros de la familia empezaron a comentar las publicaciones y a compartir tantas cosas perjudiciales que tuve que bloquear a la mayoría de mi familia en todas las plataformas de redes sociales. Esto no detuvo su retórica hiriente y odiosa. Esto tampoco impidió que me enviaran mensajes del tipo "¿No sabes que los n***os son el problema?" y "Yo aceptaré a Justin porque lo amas" y "Él es uno de los buenos".

Nuestra decisión de casarnos no ha hecho más que reforzar la necesidad emocional y moral de eliminar a las personas tóxicas -incluso a los miembros de la familia- de nuestras vidas.

Justin y yo hablamos de la raza casi todos los días, ya que es una parte tan evidente de nuestras vidas. Mi marido y mis futuros hijos serán afroamericanos, y eso conlleva una larga lista de preocupaciones y barreras sociales específicas. La raza no es algo de lo que Justin pueda desprenderse sin más, mientras que yo, por el contrario, podría pasar fácilmente por mi vida sin siquiera considerar la raza si no estuviera enamorada y casada con un hombre afroamericano.

Verlo llorar, pensando que su vida no tiene valor, que podría ser asesinado ante las cámaras para que el mundo lo viera (y que a nadie le importaría) me destroza, pero no hay una forma real de consolarlo o protegerlo. Justin ya ha pasado por mucho y tiene que lidiar con estos sentimientos a diario simplemente por el color de su piel.

Me siento impotente al saber que no puedo protegerlo. No hay palabras para describir el trauma de ver innumerables vídeos de hombres negros asesinados impunemente por la policía. Ver a mi compañero de alma siendo testigo de ello me llena con un temor y una desesperación totalmente nuevos. Saber lo mucho que Justin ya ha pasado y ha vencido se suma a esta desesperación, pero también la atempera. Nadie debería tener que reunir la fuerza para luchar contra el racismo sistémico todos los días de su vida, pero si alguien tiene esa fuerza, es Justin. Sea cual sea el consuelo que pueda ofrecerle, sea cual sea la forma en que pueda ayudarle en esa lucha, sabe que estaré a su lado haciendo todo lo posible para apoyarle en todo lo que pueda.

Para que funcionemos, debo esforzarme por ser activamente antirracista en nuestra relación y en el mundo que nos rodea.

Antes de casarnos, quería finalizar mi adopción. A lo largo de muchos años, Kim y Brian me habían asegurado repetidamente que yo era su hija y que no necesitaban papeles para demostrarlo. Pero para mí tenía una importancia simbólica vital. Lo único que quería para mi 26 cumpleaños era ser adoptada. Hacía años que sabía que quería ser adoptada, pero tenía que esperar hasta los 26 años para no perder mi seguro de Medicaid.

El 3 de diciembre de 2019, durante el fin de semana de Acción de Gracias, Kim, Brian, Justin y mis cinco hermanitos (Anna, Eli, Isaiah, Obadiah y Omanii) vinieron a apoyarme al juzgado local. Cuando llegamos, me senté en el coche, mirando por el retrovisor y tratando de mantener la calma. Sentía que las lágrimas se acumulaban. Luego, miré al propio juzgado. Desde el juicio de mi padre, los tribunales han sido un factor desencadenante para mí.

Antes de entrar, grabé nuestras reacciones para documentar el día. Nos sentamos todos en el mismo pasillo esperando nuestro turno para acercarnos al estrado. Miré alrededor de la sala y vi a uno de los hermanos de Brian sentado en la última fila para apoyarnos. A continuación, miré a la familia a la que estaba a punto de unirme permanentemente. Tuve una abrumadora sensación de alegría y paz cuando cada uno de ellos me sonrió. Brian se sentó a mi izquierda con su brazo alrededor de mi hombro, con Obi en su regazo. Sonriendo, el juez dijo: "A continuación, la adopción de Alexis Lenderman". ¡Ya está!

Empecé a llorar a mares. Lloré abiertamente las lágrimas más profundas de mi vida. Nos acercamos a la mesa y el juez nos preguntó nuestros nombres y si daba permiso a Kim y Brian para adoptarme. Logré decir la palabra "¡Sí!" y me senté entre Kim y Brian. Tras responder a unas cuantas preguntas legales más, el juez proclamó: "Kim y Brian, ahora son legalmente los padres de Alexis Lenderman". Cuando creía que no podía llorar más, todo salió a la luz. Ahora tenía unos padres que yo había elegido y que me habían elegido a mí.

El juez hizo que cada uno de los hermanos subiera al podio de madera para decir su nombre y si estaban emocionados por tener una nueva hermana. Me sentí muy orgullosa de que mi familia me reclamara en el juzgado. Uno a uno, desde mi hermana mayor, Anna, hasta mi hermano menor, Obadiah, los cinco hermanos salieron de su zona de confort para hablar y decir "¡Sí!".

Durante años, los juzgados siempre habían simbolizado el dolor, la angustia y la derrota. Pero esta vez, representaba la plenitud, la alegría y el amor. El cálido abrazo que recibí de mi ahora padre, Brian, me recordó que ahora era amada y protegida. Kim, gentil y amable como es, derramó lágrimas al darme la bienvenida oficialmente como su hija.

El día antes de mi adopción, me hicieron una fiesta con un pastel en el que se leía "Te queremos, Alexis" y varios regalos que llenaron mi corazón de alegría. Uno de ellos era un libro titulado *Wherever You Are*, de Nancy Tillman. En su interior, Kim escribió: "Nuestro amor te encontrará allá donde vayas y hagas lo que hagas. Te queremos pase lo que pase". También recibí un adorno en forma de pieza de rompecabezas con el nombre de cada una de nosotras y un collar que decía: "Siempre mi hija, siempre mi amiga".

Mi nueva familia y yo el día de mi adopción

Hasta ese momento, había insistido en llamar a Kim y Brian mis "padres adoptivos", manteniendo ese muro para mi protección emocional. Ahora, podía dejarlo caer. Me di cuenta de esto cuando escuché a Justin en una llamada, refiriéndose a ellos como "los padres adoptivos de Alexis". Me sentí herida y a la defensiva. Después de su llamada, le dije: "Cariño, ¿puedes dejar de llamarlos mis padres adoptivos y referirte a ellos como mis padres?".

Los lugares, los roles y los nombres que antes tenían connotaciones negativas han sido restaurados. Soy capaz de reclamar esas palabras y esos lugares.

Esa niña perdida de seis años, que buscaba una madre, ha encontrado ahora su lugar de pertenencia, un hogar, una familia, una madre.

EL AMOR NO SIEMPRE ES BLANCO O NEGRO

JUSTIN

SALIR CON ALGUIEN de otra raza siempre ha sido algo complicado en mi familia. La mayor parte de la familia de mi padre es del sur. Antes de mudarse a Detroit, mis abuelos vivieron en Mississippi durante los años 30, 40 y parte de los 50. Ser una persona afroamericana del Sur segregado altera tu visión de los blancos, por no decir otra cosa. Se grabó una especie de miedo y rabia en las generaciones que sobrevivieron a esa época y a ese lugar.

Cuando vivía con mi tía Cheryl, Khalil y yo bromeábamos sobre lo que pasaría si su hijo trajera a casa una chica blanca. A ella no le hacía ninguna gracia.

"Más vale que no traiga a casa una chica blanca". Sabíamos con certeza que no debíamos casarnos con una mujer blanca o nos esperaba un infierno.

Unos dos o tres años después, cuando vivía con la Sra. Cora y el Sr. Melvin en el hogar de grupo, pregunté lo mismo en tono de broma, sin saber que algún día me casaría con una mujer blanca. Dijeron que no les importaba su raza mientras me tratara bien. Era la primera vez que escuchaba algo así de una persona afroamericana. Fue entonces cuando sentí que recibía la "aprobación" para centrarme únicamente en la compatibilidad en una relación. Cuando era adolescente, ni siquiera me planteaba tener citas fuera de mi raza.

Rara vez me relacionaba con personas blancas, aparte de mis trabajadores sociales y un puñado de profesores, y nunca con nadie cercano a mi edad.

Cuando conocí a Alexis, las cosas sucedieron de forma tan natural que ni siquiera pensé en su raza. Otra de nuestras primeras conversaciones durante la semana de Seita Scholars SET ocurrió cuando pregunté en broma a los blancos de nuestra cohorte: "¿Qué haces para apoyar el movimiento Black Lives Matter?". Esto fue en 2016, cuando la mayoría de los estadounidenses blancos todavía podían ignorar fácilmente las injusticias raciales. La mayoría de mis compañeros blancos afirmaron que no habían oído hablar del movimiento. Alexis dio una respuesta real, una que no había esperado. Afirmó que participaba activamente en iniciativas de justicia social y que leía libros sobre cómo ser un aliado solidario. Como ella estaba más involucrada que yo en ese momento, me sentí extraño al continuar la conversación.

Sorprendentemente, cuando Alexis y yo empezamos a salir, mi familia biológica nos apoyó. Llevé a Alexis a ver a mi tía Cheryl, que fue muy hospitalaria. Unos años después de dejar la casa de mi tía, arreglamos las cosas y continuamos una relación con límites saludables. En aquel momento, quería que Alexis le cayera bien a todo el mundo y me preocupaba un poco recibir la aprobación de mi familia biológica.

Mi tía Cheryl apenas mencionó el hecho de que Alexis fuera blanca y apoyó activamente nuestra relación. Quizá había cambiado mucho desde que Khalil y yo nos fuimos de su casa. En cualquier caso, la tía Cheryl no me ponía tan nervioso como mi otra tía, la tía Patty. La tía Patty era la que provocaba el drama en la familia y la principal persona que mostraba abiertamente su odio hacia los blancos. A menudo agresiva y hostil, era la tía que me ponía nervioso. Recuerdo que ella y mi tía Cheryl discutían a menudo. En una ocasión, poco después de que Alexis y yo empezáramos a salir, la tía Patty se enzarzó en una discusión con mi tía Cheryl y le dio un puñetazo. Las cosas se pusieron tan mal que la policía tuvo que llegar para calmar la situación. El hecho de que tuvieran más de 50 años no cambiaba nada de su comportamiento, por lo que me negaba a llevar a Alexis a su lado.

No deseaba ni necesitaba la aprobación de la tía Patty, pero sabía que sacaría a relucir mi relación interracial en cuanto tuviéramos un encuentro. Unos meses después, nos vimos en una comida al aire libre. Uno de mis primos dijo: "Uh oh, la tía Patty está a punto de hablarte sobre el hecho de haberte metido con una chica blanca". Me reí, pero me dispuse a explicarle lo buena persona que era Alexis y lo mucho que la quería. Antes de articular una palabra, ella dijo,

"¿Te trata bien?"

"Sí", dije, nervioso por lo que me esperaba a continuación.

"Eso es todo lo que me importa".

"¡Vaya! Eso fue fácil". Me lavé las manos y seguí adelante.

En mayo de 2018, después de pedirle a mi mejor amiga que se casara conmigo, nos despertamos a la mañana siguiente con más de 100 notificaciones de Facebook, suponiendo que estarían llenas de felicitaciones por parte de nuestros amigos y familiares.

En cambio, era la tía Patty. La tía Patty empezó a atacar a Alexis en la sección de comentarios. Escribió que no permitiría que una mujer blanca entrara en nuestra familia. Insultó a Alexis de todas formas posibles, les deseó la muerte a nuestros hijos y amenazó con atacar a Alexis si venía a Detroit. No podía imaginar que Alexis entrara en una familia así. Alexis se apartó de mí y empezó a llorar. Me sentí responsable de su sufrimiento. Agarré la mano de Alexis y le dije que, pasara lo que pasara, estábamos juntos en esto.

Un año después, me había distanciado completamente de la parte de la familia de mi padre. Volvía a casa, a Detroit, de otro viaje al extranjero en el verano de 2019, uno de los veranos más emocionantes de mi vida. Viajé a Senegal, Ruanda, Uganda, Tailandia, Camboya y Hong Kong, todo en un verano. Estudié en el extranjero, hice algunos viajes personales y, en última instancia, hice recuerdos y amistades que nunca olvidaré.

Cuando volví a casa, mi madre me invitó a una comida al aire libre para celebrar el cumpleaños de mi padre. Me dijo que también sería una fiesta de "bienvenida a casa" para mí. Llevaba casi un año ignorando sus peticiones de visita y echaba mucho de menos los famosos macarrones de mi madre. También anhelaba estar con mi familia.

Mi motivación para volver a casa era impartir un seminario educativo de tres días que había preparado para mis sobrinos mayores. Quería hablar de la planificación de la carrera, la educación financiera y la hombría desde una perspectiva cristiana. También quería hacerles saber que, independientemente de la situación, aunque me separara completamente de la familia, siempre podrían ponerse en contacto conmigo. Estaba emocionado, pero también nervioso. Esto desafiaría la realidad que ven a diario. Algunos de mis sobrinos habían empezado a seguir los pasos de sus padres. Algunos ya habían fumado hierba y habían tenido relaciones sexuales, ninguno de ellos había cumplido aún los 12 años; no había tiempo que perder.

Después de cada seminario, dejaba a los niños y me marchaba inmediatamente después, decidiendo no participar más en el comportamiento de mi familia. El último día de los seminarios, me arriesgué y me quedé para relajarme con mi familia, ya que el asado era al día siguiente. Un día no haría daño, ¿verdad? Cuando llegué, reconocí inmediatamente todos los viejos hábitos de mi familia, por ejemplo, drogarse y beber alcohol cerca de los niños. No podía decir lo que pensaba, ni hablar de mi increíble verano. Empezó a sentirse como una tortura de nuevo.

En algún momento, mientras hablaban de las personas que esperaban en el asado, mencionaron que la tía Patty asistiría. Me quedé sorprendido. La tía Patty era conocida por resolver los conflictos con violencia. "¿Cómo has podido exponerme a esa situación?" Le pregunté a mi madre. Le recordé las cosas que la tía Patty había dicho sobre Alexis. "No quiero que eso se esconda bajo la alfombra", insistí. Mi hermano André me interrumpió. "¿Sigues preocupado por eso? Ella no va a hacer nada", dijo. Tiffany estuvo de acuerdo, sin notar ni entender lo molesto que estaba. El drama y la violencia en mi familia se habían normalizado tanto que nadie pensaba dos veces en la llegada de la tía Patty; nadie consideraba que sus comentarios abusivos fueran un problema en absoluto. Parecía que aprobaban a la tía Patty más que a Alexis.

No quería participar en el asado que se iba a celebrar en mi honor. Habría vuelto a la escuela esa noche, pero aún no tenía ningún cuarto al que regresar; el semestre no había comenzado. En su lugar, pasé la noche en casa de un amigo, donde dormí mal, hirviendo de resentimiento.

Me contuve todo lo que pude antes de ceder a los mecanismos de afrontamiento que observé cuando era niño. Esa noche, conduje hasta un bar para ahogar mis penas. Me bebí una pecera entera de alcohol y fumé hierba hasta que me olvidé del profundo dolor que me había causado mi familia con su indiferencia. Al día siguiente, conduje de vuelta a Kalamazoo crudo y con una sensación de profunda vergüenza. Había anestesiado mi dolor exactamente de la misma manera que había advertido a mis sobrinos que evitaran. Les había dicho que acudieran a Dios con sus problemas. Sin embargo, esa noche había hecho lo mismo que mis padres.

Me perdí el asado y mi teléfono se llenó de mensajes y llamadas de todos mis hermanos y padres. Los ignoré a todos. Finalmente, respondí a la llamada de mi madre y mi hermana le arrebató el teléfono y comenzó a maldecirme. Me tembló la voz y colgué rápidamente, parqueando el coche y llorando contra el volante.

Me senté en el coche durante mucho tiempo, mirando por la ventanilla mientras el sol de la tarde brillaba, preguntándome cuánto tiempo podría soportar esta disfunción. Sentado en el parqueadero de Biggby Coffee, vi que Khalil me había enviado un mensaje de texto, y eso me tranquilizó. Sabía que él entendería lo molesto que estaba, y por qué, y que sólo él sería capaz de consolarme. Khalil y yo habíamos pasado por todo juntos.

Entonces leí su mensaje.

"Te comportas como un puto, no puedo creer que le hayas dado la espalda a la familia, hermano. Ya veo cómo es..."

No había nada más que decir. Sabía que tenía que cerrar una puerta en mi mente, dejar de intentar sacar sangre de una piedra. Así era mi familia, y el nivel en el que podían comunicarse. No podía esperar más de ellos, y sólo me heriría más esperar más.

No era sólo la sensación de pérdida y abandono lo que me llenaba el texto de Khalil, sino que me daba cuenta de que en lo más profundo de la cultura de mi familia había una necesidad de fingir que el dolor no existía, de negarse a validar los sentimientos de cualquiera que se atreviera a sentir profundamente, que se atreviera a sentirse verdaderamente herido por otra persona, que se atreviera a esperar la compasión y la empatía de otra alma viviente. Yo había desafiado esta necesidad, este método de extinguir las emociones y la humanidad de otras personas, así como las propias. Lo había desafiado explicando lo molesto que estaba por la tía Patty, y diciendo que su presencia en esas circunstancias era inaceptable. Había infringido nuestro código. No mostrábamos vulnerabilidad o debilidad, dolor o pena. No quería seguir formando parte de ese tipo de cultura. Había llegado demasiado lejos, había crecido demasiado, había vivido un tipo de vida diferente durante demasiado tiempo. No podía volver a eso.

Con el corazón encogido, le propuse a Alexis que nos escapásemos para casarnos. Me aterraba la idea de que la familia dictara el rumbo de nuestro día especial o, peor aún, que lo arruinaran. Lo único que quería era casarme lejos de los crueles juicios del mundo y cabalgar hacia la puesta de sol, solos, Alexis y yo.

Creo que el autodescubrimiento requiere resiliencia y aceptación del propio pasado. La animosidad hacia la señora Cora, la tía Cheryl, los Bennett o mis padres sólo me impediría crecer intelectualmente y emocionalmente. El perdón fue la expresión que se instaló en mi corazón cuando me casé con Alexis. Nuestras experiencias e interacciones con la familia, los amigos y los seres queridos nos han preparado para convertirnos en lo que somos hoy. Teniendo esto en cuenta, no guardo ningún resentimiento hacia nadie de mi pasado y acepto la responsabilidad por el dolor y el sufrimiento que he causado a otros. Reconozco mis errores en todos los hogares en los que he estado y pido que me perdonen también. La única opción para que Alexis y yo comenzáramos nuestro matrimonio con una mente y un espíritu renovados era limpiarnos de nuestras viejas formas de pensar y aceptar las lecciones que recogimos de cada circunstancia.

A medida que la noche se iba desvaneciendo en una ventosa tarde de octubre, Kim y yo entablamos una profunda conversación poco después de cenar y acostar a los niños. Con Alexis a mi lado, animándome a ser el compañero vulnerable y confiado que era con ella, supe que quería compartir con Kim los detalles de mi traumática infancia. Aunque me presentaba como el perfecto caballero, ellas sabían que la vida en los hogares de acogida no era una etapa fácil. El tono de voz suave y cálido de Kim me hizo querer compartir más sobre mis dolores más profundos, lo que me llevó a describir cómo perdí los dientes. Kim estaba angustiada e inmediatamente me habló de una organización llamada Watermark. Sonreí y le di las gracias, pero tenía pocas esperanzas. No podía imaginar que donarían más que unos pocos dólares, y yo necesitaba mucho más que eso para la cirugía correctiva.

Después de contactar a Watermark, Alexis y yo fuimos a varios consultorios dentales desde Detroit hasta Canadá para ver qué consultorio tenía las tarifas más asequibles. Ella seguía diciendo:

"No te preocupes por la cantidad de dinero necesario, las cosas se solucionarán solas y encontraremos el ajuste perfecto".

Dada la magnitud de los daños, ningún consultorio dio un presupuesto inferior a 25,000 dólares. Al volver de Canadá, me senté con la cabeza entre las manos. Aceptar la miseria no era nada inusual, sin embargo, y al menos esta vez, tenía a Alexis allí para consolarme.

Entonces, de repente, mi teléfono vibró. Sujetando el volante con una mano, me apresuré a buscar mi teléfono con la otra. Era la organización Watermark.

"¿Hablo con Justin Black?"

"Sí", respondí nervioso.

"Queríamos hacerte saber que nos ha inspirado tu historia y tu capacidad de recuperación".

La gente admira mi historia todo el tiempo sin que haya un seguimiento o apoyo. No esperaba que esta vez fuera diferente.

"Justin, nuestro equipo lo ha discutido y hemos decidido cubrir el coste total de tu cirugía dental".

Casi estrellé el coche. ¿Podría realmente estar sucediendo esto?

Justo cuando estaba preparado para aceptar el fracaso y la miseria, entró la felicidad. Si no hubiera confiado en Kim y no hubiera compartido mi historia con ella, nunca habría ocurrido, y eso me enseñó una valiosa lección. En enero de 2020, tras la instalación de mis implantes, sentí que mi lengua tocaba la parte superior de mi boca por primera vez en casi una década.

Una semana más tarde, mis encías se curaron justo a tiempo para asistir al Baile de las Estrellas de Mar de la Fundación Nsoro 2020 en Atlanta, Georgia. Subí al escenario y hablé públicamente sobre mis experiencias en el sistema de acogida y sobre el momento en que perdí los dientes. De hecho, ante un público de más de 1,000 personas, entre las que se encontraban destacados políticos, celebridades como T.I. y atletas famosos como Steve Smith y Jerome Bettis, fui el conferenciante principal. Con cada palabra, el peso de años de supresión y ansiedad se desprendía de mis hombros. Años de llorar a escondidas en el baño me habían llevado a este valiente momento público. La vergüenza de ser el niño al que le faltaban los dientes quedó por fin atrás, y sentí la paz y la gracia de Dios dentro de mí. Aquella noche, recaudamos más de un millón de dólares para apoyar a los jóvenes de acogida que se preparan para obtener un título de educación superior.

EL AMOR NO SIEMPRE ES BLANCO Y NEGRO

Alexis y yo nos dimos cuenta de que queríamos compartir el día de nuestra boda con los amigos y familiares de acogida que nos habían proporcionado su amor y apoyo incondicionales. También queríamos una boda que celebrara el hecho de que habíamos sobrevivido a las pruebas que la vida nos había deparado, superando juntos las adversidades.

La familia te apoya en los momentos de dolor, pero también celebra con alegría tus éxitos. La familia es sincera y paciente y ve lo mejor de ti. La envidia, la amargura y el resentimiento no son estados rutinarios en una familia sana. En cambio, la paz, el respeto y el compromiso son sus principios organizativos. Ya no permitiré que el dolor o el daño de otra persona influyan en mi identidad. Alexis y yo hemos definido por nosotros mismos cómo deberían ser la familia y el amor, después de superar tanto familias profundamente disfuncionales como familias que saben amar.

Si pudiera volver atrás y hablar con aquel niño de nueve años que vivía en una casa abandonada y se preparaba para entrar en el sistema de acogida, le diría que en este mundo habrá batallas que parezcan desesperadas y circunstancias que pondrán a prueba tu resistencia y tu fuerza. Aunque te tropieces, no te caerás. La vida es un maratón. Encuentra la alegría en todos los momentos que puedas; consuélate en el dolor que necesariamente ofrecen algunas lecciones. A veces, no hay otra forma de aprender de forma verdadera. Respira y respeta la persona en la que te estás convirtiendo. Tus dificultades no te definen, sino que pueden fortalecer tu carácter, tu corazón y tu alma. Tu victoria será aceptar el amor verdadero y darlo plenamente también

PARTE 5:
ACUERDO

Lo que dicen las estadísticas:
El 40-50% de los matrimonios terminan en divorcio. Las principales causas son la infidelidad, las finanzas y los conflictos familiares.

Alrededor del 70% de la pobreza infantil se produce en familias monoparentales. Los niños en hogares monoparentales tienen cinco veces más probabilidades de ser pobres que los niños en hogares con parejas casadas, lo que demuestra que la estructura familiar es el factor más importante para predecir la movilidad social ascendente de los niños.

El sistema de bienestar social impone importantes penalizaciones económicas a los padres de bajos ingresos que se casan, lo que reduce la tasa de matrimonios entre los pobres. Un estudio reciente descubrió que una penalización antimatrimonial de 1,000 dólares en el Crédito Fiscal por Ingreso del Trabajo (EITC) reducía la probabilidad de que las mujeres de bajos ingresos se casaran en un 10%.

¿Qué dice Dios?
"Un amor así no tiene miedo, porque el amor perfecto expulsa todo temor"
(1 Juan 4:18).

INTENCIONALIDAD

"Vigila tus pensamientos, se convierten en tus palabras;
cuida tus palabras, se convierten en tus acciones;
cuida tus acciones, se convierten en tus hábitos;
cuida tus hábitos, se convierten en tu carácter;
observa tu carácter, se convierte en tu destino".
—Lao Tzu

ESTADÍSTICAMENTE, NO DEBERÍAMOS estar donde estamos hoy, pero con la gracia y el amor de Dios, hemos sido capaces de utilizar nuestras circunstancias para ayudar a otros. Todos tenemos una historia que ayudará a otros. Al compartir nuestra historia, otros se animan a compartir la suya. La gente nos mira a nosotros y a lo que hemos sido capaces de lograr, y no pueden imaginar -o nunca adivinarían- por lo que hemos pasado a lo largo del camino. Imagínense si nos vemos como lo que hemos pasado. Nadie estará al cien por cien de acuerdo con su pareja, ni estará completamente convencido de las ideas del otro todo el tiempo. Hay muchas veces en las que uno de nosotros quiere seguir adelante con una gran decisión mientras el otro está un poco indeciso. Hay momentos de preocupación al ser una pareja joven que no sabe lo que Dios tiene para nuestro futuro. Con el peso de nuestra historia familiar, es casi natural que entremos en pánico y nos preocupemos por las expectativas poco realistas de una "pareja poderosa" o "superestrellas del sistema de acogida". Somos humanos y cometemos errores. Los errores son abundantes, pero nuestro perdón mutuo es aún más fructífero.

Tenemos el poder de darle vida y muerte a nuestras vidas y a nuestras relaciones. Por el bien de nuestra amistad, de nuestro matrimonio y de nuestros hijos, tenemos que vivir una vida de intencionalidad y tener cuidado con qué y a quién permitimos a nuestro alrededor, con lo que escuchamos y vemos. Jim Rohn dice que "Somos el promedio de las cinco personas con las que nos rodeamos". Estas personas influyen en nuestra forma de pensar, en nuestra confianza, en nuestra autoestima y, en gran medida, en la trayectoria de nuestra vida. Si nos rodeamos de personas negativas, infelices y amargadas que no son ambiciosas o impulsadas, probablemente seremos lo mismo. Hemos tenido que tomar la difícil decisión de dejar atrás a los amigos del secundario porque simplemente los hemos superado.

Con gran frecuencia, heredamos lo que hace y cree nuestra familia o nuestra comunidad, en lugar de elegir nuestros propios pensamientos y opiniones y decidir por nosotros mismos en qué creemos. Queremos asegurarnos de que cada pensamiento, perspectiva y opinión que tenemos se debe a que hemos llegado a esas conclusiones por nosotros mismos, en lugar de heredarlas de la generación anterior.

Para lograrlo, tenemos que definir cuáles son nuestros valores, cómo queremos que nos vean los demás y qué queremos dejar en este mundo. El consultor de crecimiento personal Richie Norton dice: "Vivir intencionadamente significa tomar decisiones para tu vida basadas en tus mayores valores, no en la costumbre de los demás". No somos producto de las elecciones de nuestros padres, sino que nos definen nuestras propias decisiones.

No queríamos tener hijos sin desarrollar primero una amistad y un matrimonio sanos. Queríamos asegurarnos de que, cuando decidiéramos traer un hijo o una hija a este mundo, tuviera un pacto y una cobertura. Si tuviéramos hijos sin un acuerdo establecido, entonces nuestros hijos se enfrentarían injustamente a los desafíos fomentando patrones generacionales de ruptura.

Estamos rompiendo los ciclos de disfunción generacional. Se acaba con nosotros, se acaba aquí; no importa de qué tipo de familia vengamos; podemos ser el comienzo de una generación sana.

Nos hemos cansado de sobrevivir. Queríamos vivir una vida con mayor significado, con mayor propósito. Queríamos servir a la gente, porque creemos que tenemos un deber con los demás, especialmente con las generaciones futuras. No queríamos ser como tanta gente a nuestro alrededor, que se había vuelto complaciente y se sentía cómoda con el status quo. Cada día pensamos en formas de poner a prueba nuestros límites, porque el verdadero crecimiento no se produce en nuestra zona de comfort. La mayoría de las veces, la gente hace cosas porque "mis padres lo hicieron" o porque "siempre ha sido así", pero ambas formas de pensar pueden ser perjudiciales para las familias y las relaciones. Nos esforzamos por cuestionarnos a nosotros mismos y a los demás, y por encontrar alternativas a los comportamientos perjudiciales.

Afortunadamente, a través de la acogida, hemos aprendido que tenemos el poder de elegir nuestras propias familias. Hemos pasado por muchas cosas, y por eso nos comprometemos a mantener nuestra relación lo más libre de dramas posible, a construirnos mutuamente, a mantenernos responsables el uno del otro. Nuestra relación es nuestro refugio. Queremos sentirnos seguros, protegidos y vulnerables en ese espacio que hemos creado juntos. Somos el refugio del otro.

Desde el principio, teníamos un propósito para nuestra relación. No nos limitamos a salir sin un plan o algún tipo de dirección para nuestra relación. Los dos sabíamos que queríamos casarnos, que era algo en lo que teníamos que trabajar. No teníamos un límite de tiempo, pero alrededor de los dos años es cuando la gente decide si es la persona con la que quiere pasar el resto de su vida.

Nos damos las gracias constantemente, incluso por el mero hecho de existir y ser quienes somos. Las palabras positivas de afirmación son otra forma de dar vida al otro y de hacerle saber que es amado y apreciado. Somos los mayores animadores del otro. Protegemos nuestro espacio y la energía que nos rodea. Consideramos que nuestro tiempo y nuestra felicidad, ganada con tanto esfuerzo, son preciosos y elegimos replantearlos como un privilegio para que los demás participen en ellos.

En la universidad, incluso hicimos una tabla con nuestros horarios diarios para poder pasar más tiempo juntos. Esto incluía acompañarnos a clase, comer y cenar juntos ciertos días porque, si no, ambos estábamos tan ocupados que podíamos pasar una semana entera sin vernos. Conocer los puntos fuertes y débiles del otro nos facilita también la responsabilidad mutua.

El matrimonio es una asociación y, en última instancia, tu pareja es un reflejo de ti mismo. Esto significa estar presentes el uno con el otro, hacer que se sienta amado y escuchado, y validar los sentimientos del otro siendo pacientes y amables. No creemos en las normas de género. Somos una pareja y nuestro papel es servirnos mutuamente. Nuestro pastor dijo una vez: "Si no conoces el propósito de una cosa, abusarás de ella".

El sistema de acogida nos salvó. Lamentablemente, nuestras historias no son únicas. Hay miles de personas que sufren los mismos traumas que nosotros: violencia doméstica, abandono, negligencia, abuso y agresión sexual. Menos común es establecer un compromiso de superación, desaprender formas patológicas de comportamiento y elegir vivir una vida que no esté anclada en el pasado.

Nos hemos comprometido a servir a los demás, individualmente y en conjunto, y por eso somos mentores de los jóvenes, ofreciéndoles orientación a partir de lo que hemos aprendido y superado. Por eso, somos evaluadores federales de la Base de Datos Nacional de Jóvenes en Transición (NYTD, por sus siglas en inglés), que evalúan las políticas y prácticas de los estados para garantizar que los jóvenes de acogida estén equipados para la transición fuera del cuidado.

Tuvimos que atravesar caminos individuales para definir quiénes somos, nuestros valores y nuestra propia curación antes de poder unirnos. No podíamos hacer ninguna de esas cosas por el otro. Al igual que no podíamos depender de nuestra pareja para ser felices. Teníamos que encontrar formas de hacernos felices a nosotros mismos.

Juntos, nos empujamos mutuamente a ser la mejor versión posible de nosotros mismos. Con esto, vienen los beneficios de ser reconocido como becario presidencial, miembro de Phi Beta Kappa, becario nacional Horatio Alger y ex alumno de la Iniciativa Global Clinton.

FUNDACIÓN

"Haz que tu objetivo sea crear un matrimonio que se sienta como el lugar más seguro de la tierra".
—Greg Smalley

ESTAMOS DISEÑADOS PARA ser interdependientes, no independientes. Con eso, tenemos que saber servir a nuestra pareja. Kim y Brian nos contaron que cada día compiten para ver quién se quiere más, como una forma de cortejarse constantemente y mantener la chispa encendida. Esto significa disfrutar de las pequeñas cosas que hacemos con y para el otro cada día. Creemos que Dios es amor y, por lo tanto, si tienes a Dios en primer lugar en tu matrimonio, también tienes el amor en primer lugar.

Pero incluso en una relación sana, con acuerdo, comunicación y vulnerabilidad, a veces uno de los miembros de la pareja falla al otro. Ahí es donde entran en juego el amor incondicional, la fe y la gracia. Una vez más, gran parte de nuestra cultura promueve y fomenta el egoísmo, no el desinterés y el servicio mutuo. Pero si queremos un matrimonio saludable y duradero, entonces creemos que el desinterés y el liderazgo de servicio deben ser la base de nuestro matrimonio. El amor es una acción. La cantidad de tiempo que pasas con alguien no es tan valiosa como el compromiso diario y el amor que nos damos el uno al otro.

El matrimonio no se trata del pedazo de papel que lo hace legal. Lo crucial es la promesa y el compromiso ante nuestra comunidad y ante Dios. Se trata de la asociación para toda la vida que sigue.

UNIDAD

"Todo matrimonio avanza hacia la unidad o deriva hacia el aislamiento. La unidad en el matrimonio implica la completa unión del uno con el otro. Es más que una mera mezcla de dos seres humanos: es una tierna fusión de cuerpo, alma y espíritu".
—Dennis Rainey

La decisión de casarse es una de las más importantes que tomamos. Nuestra relación puede marcar la pauta para las próximas tres o cuatro generaciones. No lo tomaremos a la ligera y queremos posicionarnos para tener éxito en nuestro matrimonio tanto o más que con nuestras responsabilidades académicas y profesionales. Kim nos sugirió que asistiéramos a una conferencia prematrimonial llamada Weekend to Remember (Un fin de semana para recordar) y ¡valió la pena! Esto nos permitió estar rodeados de cientos de parejas (desde recién casados hasta personas que llevan más de 60 años casadas) como una forma de aprender y crecer. Dentro de la conferencia, nos sorprendió lo mucho que la gente hablaba abiertamente de sexo. Esto se debió principalmente a que en nuestra educación, el sexo siempre había sido un tema sucio y tabú del que la gente no hablaba libremente. Pero el sexo debe ser bello, íntimo y vulnerable.

También asistimos a un asesoramiento prematrimonial con nuestros pastores, donde realizamos varios ejercicios juntos. En uno de ellos, evaluamos qué áreas de las maldiciones generacionales debíamos conocer para no llevarlas a nuestro matrimonio. Estas incluían la dominación, la adicción, el egoísmo, el materialismo, la infidelidad, el divorcio, la falta de propiedad, una vida de lucha, el conformarse con menos, la violencia doméstica, la ruptura, y más.

Justin: Durante el asesoramiento prematrimonial, una de mis expectativas físicas era que Alexis pusiera su tazón de cereales de las

10 PM en el fregadero después de haber terminado. Siempre bromeábamos sobre lo mucho que disfrutábamos de nuestros bocadillos nocturnos. El único problema era que, al final de la semana, sus tazones se apilaban hasta el techo.

Aprendimos a reconocer las señales de alarma, como los malos hábitos de gasto, los desacuerdos frecuentes, las malas formas de disciplinar a nuestros hijos, el hecho de dar por hecho la existencia del otro, las interrupciones de la comunicación y el hecho de que uno o ambos comprometieran sus objetivos profesionales.

Hicimos otro ejercicio centrado en nuestras expectativas físicas y espirituales. Aprendimos que la forma más rápida de acabar con una relación es hacer recaer la responsabilidad del nivel de Dios en tu pareja. Cada uno de nosotros propuso de tres a cinco expectativas espirituales y físicas que tenemos para el otro y luego nos tomamos de las manos mientras las comunicábamos a nuestra pareja. Algunas de las nuestras eran rezar juntos antes de tomar grandes decisiones, motivarse mutuamente, apoyar los sueños del otro, ser considerados con los pensamientos, sentimientos, expectativas y deseos del otro, y dejar de lado nuestros egos -lo que significa aprender a perdonar rápidamente y ofrecer gracia.

Además, leímos un libro titulado *131 conversaciones necesarias antes del matrimonio*, escrito por Jed Jurchenko. Descubrimos que ya habíamos hablado de todo excepto de una pregunta tonta: ¿Qué marca y modelo de coche le gustaría más a tu pareja?

Hemos visto a parejas divorciarse porque no habían tenido estas conversaciones antes de casarse. No hablaron de las expectativas con respecto al dinero, de si querían tener hijos y de cómo pensaban disciplinarlos, de cómo les disciplinaban a ellos de pequeños y de si eso está bien o no para sus hijos.

Los dos hemos creado un plan de acción con respecto a las finanzas. Vemos las finanzas como una representación de nuestra relación: abierta, transparente, una. Es decir, sin secretos. Para cualquier compra superior a 50 dólares, lo discutimos por adelantado y tenemos una regla de no comprar después de medianoche para evitar el gasto impulsivo y promover la responsabilidad. Los dos nos hemos comprometido a no tener deudas porque queremos seguir sin la ansiedad que pueden provocar las deudas.

La búsqueda de empleo puede ser un reto en cualquier relación comprometida. Tenemos que elegir, por ejemplo, las ciudades en las que estamos dispuestos a solicitar trabajo; ambos tenemos que estar contentos con la idea de vivir allí. También queremos el tipo de horario y las horas que podemos negociar. Lo único que sabemos con certeza es que no queremos estar separados geográficamente. Vayamos donde vayamos, sabemos que iremos juntos, echando por fin raíces.

Dada nuestra traumática infancia, obviamente hemos hablado de cómo planeamos criar a nuestros hijos, y también de si queremos tener hijos biológicos. En última instancia, queremos estar preparados y no queremos que nuestros hijos tengan que curarse de nuestra crianza. Nuestra amiga Jameshia dijo algo que nos conmovió mucho: "La voz de nuestros padres se convierte en nuestra voz interior". Piensa en cómo te hablaban tus padres, ¿eran cariñosos y atentos, o todo lo contrario? Después, piensa en cómo te hablas a ti mismo. Los niños interiorizan todo lo que les dicen sus padres, especialmente la forma en que éstos deciden caracterizarlos. Si un padre te dice que eres malo o estúpido, eso es algo difícil de olvidar más adelante en la vida. Tendemos a vivir según los mitos que crean nuestros padres, sean buenos o malos.

Desde el principio, decidimos juntos que no les pegaríamos a nuestros hijos. Crecimos rodeados de violencia y conocemos de primera mano la disonancia de que te digan que tus padres te pegan por amor. Como hemos dicho antes, **el amor no debe doler**. También es incuestionable que conduce a un comportamiento violento en el futuro, o a ser más propenso a ser víctima de la violencia, o ambas cosas.

Esto también se aplica a la forma de criar a tus hijos y a qué y a quiénes decides exponerlos. Nos negamos a permitir que nuestros hijos estén expuestos a comportamientos y hábitos que tanto nos costó eliminar y dejar atrás. Será nuestro deber protegerlos. Odiamos cuando la gente dice que ellos sobrevivieron, así que sus hijos también pueden hacerlo. Esto es tonto, ignorante y tóxico para los niños, porque ellos sí se merecen algo mejor y que nos esforcemos por hacerlo.

Hemos acordado que el divorcio no es una opción para nosotros. Si vamos al matrimonio con un "plan B", entonces inconscientemente buscamos una salida. Si el divorcio no es una opción, la separación ni siquiera será considerada mientras luchamos por nuestros problemas.

NO SOY TU ENEMIGO

UN BUEN MATRIMONIO (y cualquier relación) se basa en la comunicación, la honestidad y la confianza. La verdadera intimidad es cuando se puede ser el 100% de su verdadero y auténtico ser con alguien el 100% del tiempo sin el temor de ser rechazado o no ser amado. No nos guardamos secretos. Hablamos abiertamente de nuestras inseguridades, dolor y miedo. Nunca hemos revisado el teléfono o las redes sociales del otro porque nunca hemos sentido la necesidad de hacerlo. En cambio, tenemos el hábito de confiar en el juicio del otro.

Todas las relaciones y los matrimonios tienen conflictos; en realidad son saludables (así lo hemos aprendido). Los conflictos son inevitables, lo importante es cómo se resuelven y qué resulta de ellos. Por otro lado, hay líneas que nunca deben cruzarse y daños que no pueden deshacerse una vez infligidos. Ambos hemos tenido más que suficiente experiencia con nuestros límites ignorados y somos constantemente conscientes de que esto es así. Nos comprometemos a no discutir a través de los mensajes de texto; hemos caído en muchas trampas por esa vía. Además, los mensajes de texto se malinterpretan fácilmente porque no hay un tono que los acompañe. En público, nos apoyamos mutuamente incluso cuando no estamos de acuerdo, y luego lo hablamos en privado.

Hemos aprendido a no decir cosas como "tú siempre" o "tú nunca" porque son frases innecesariamente pesadas. Cuando uno de nosotros hace algo mal, intentamos recordar decir cosas como "Cuando haces esto... me hace sentir...". Esto quita la culpa a la otra persona y fomenta el diálogo. También nos recordamos que no somos el enemigo del otro. Durante un desacuerdo, con la adrenalina y las hormonas del estrés fluyendo, esto puede olvidarse fácilmente.

PRIMERO SOMOS AMIGOS

"El Señor Dios dijo 'no es bueno que el hombre esté solo. Haré una ayudante adecuada para él'"
(Génesis 2:18).

DEBIDO AL TRAUMA que hemos sufrido y a nuestra desesperación por el amor, nos complace profundamente pasar tiempo juntos. Aunque somos individuos con nuestros propios objetivos y sueños, nuestras partes favoritas del día son las que pasamos el uno con el otro.

Nos encanta estar cómodos, sin maquillaje, en pijama, simplemente holgazaneando. Incluso cuando tenemos citas, solemos llevar lo que ya tenemos puesto, porque somos más felices cuando estamos cómodos los dos.

Alexis: Tengo tantos atuendos que me gustaría arreglarme y estar guapa y Justin me dice: "No, sólo vístete de manera cómoda". Si intento ponerme tacones, me dirá: "Póntelos para ti, no para mí, porque prefiero que estés cómoda". ¿Qué tan bueno es que alguien ame tu ser auténtico?

Cuando estábamos en la universidad, si no nos habíamos visto en todo el día y nos veíamos en medio del campus, Justin abría los brazos y empezaba a correr hacia mí sin importarle quién pudiera ver lo tonto (y adorable) que parecía. Incluso hoy, si nos vemos, mi corazón se acelera; puedo ver cómo se le ilumina la cara mientras nos sonreímos.

Incluso nos preguntamos cuándo o si estos sentimientos deben desaparecer. En definitiva, somos los mejores amigos y nos damos alegría mutuamente. Cuando estamos juntos, bromeamos, reímos, jugamos, luchamos y jugamos al baloncesto casi todos los días. Podemos estar en el mismo edificio y seguir enviándonos mensajes de texto como si estuviéramos lejos. Podemos sentarnos a ver vídeos de gatos durante horas cuando tenemos un mal día. Podemos estar cerca el uno del otro y no tener contacto físico ni sexo. Nuestros momentos favoritos juntos son cuando nos tumbamos en la cama o nos sentamos a hablar durante horas. No tenemos que ir a ningún sitio ni hacer nada especial. Un fin de semana que estuvimos en D.C. después de no vernos durante un mes, nos quedamos en casa durante todo el fin de semana.

CONSTRUYENDO UN LEGADO

"Al final, no se trata de lo que tienes ni de lo que has conseguido... Se trata de a quién has levantado, a quién has hecho mejor. Se trata de lo que has dado".
—Denzel Washington

CUANDO TE CASAS, debes centrarte en construir y dejar un legado. Antes de poder hacerlo, tuvimos que definir qué significaba el éxito en nuestras vidas, tanto el éxito individual como el éxito en nuestro matrimonio. Cuando empezamos a acercarnos el uno al otro, hablamos de lo que queremos dejar en este mundo, especialmente si tenemos hijos.

Nuestros dones (propósito/potencial) deben ser extraídos por cada uno para transformar a otros. Como dijo nuestro pastor: "Cuando dejes esta tierra, debes morir vacío. Da todo lo que tienes a este mundo". Cada enero desarrollamos objetivos juntos, y luego reevaluamos esos objetivos cada pocos meses para ver nuestro crecimiento y lo que necesitamos cambiar o mejorar.

Parte de la construcción de nuestro legado ha incluido el trabajo conjunto para desarrollar The Scholarship Expert, la creación de una empresa editorial llamada Global Perspectives Publishing y la fundación de The ROSE Empowerment Group. Escribimos este libro y desarrollamos un libro llamado The Scholarship Blueprint que guía a los estudiantes en la búsqueda y solicitud de becas. Sabemos que trabajamos bien juntos y nos esforzamos por crear reinos para las generaciones futuras.

LOS DOS SE CONVERTIRÁN EN UNO

"El amor nos une en perfecta unidad"
(Colosenses 3:14).

COMO NO QUERÍAMOS que nuestro matrimonio afectara a la ayuda financiera de Justin (si te casas, puedes perder la financiación de la beca), decidimos tener un compromiso de dos años.

Estábamos totalmente de acuerdo en que el proceso de planificación de nuestra boda sería una experiencia divertida y agradable. Planeamos toda nuestra boda en el transcurso de dos semanas en enero de 2019. Lo planeamos con tanta antelación porque no sabíamos si estaríamos juntos en el mismo estado o país hasta la boda. ¡Gracias a Dios que planeamos nuestra boda antes de COVID! La noche de Navidad, descargamos Pinterest y elegimos nuestros colores, el tema y la ubicación general. Fue súper divertido y trabajamos juntos en cada paso del camino.

Cuando visitamos nuestro lugar de celebración, se nos saltaron las lágrimas porque ambos sabíamos que era el lugar donde queríamos casarnos. Una organización llamada One Simple Wish, que proporciona apoyo a los jóvenes de acogida (sin importar su edad), financió parte de nuestra boda. Fue algo inesperado y muy apreciado. ¡Qué año para casarse! Entre COVID, la consiguiente crisis económica y el hecho de ser recién graduados, todo lo que queríamos hacer se nos ha hecho muy complicado, pero estábamos decididos a conseguirlo. Por suerte, estamos acostumbrados a ser adaptables.

 Alexis: Nuestra despedida de solteros fue en abril y, como Justin se graduaba el fin de semana siguiente, aproveché la ocasión para organizarle una fiesta de graduación sorpresa. Me decepcionó mucho que no pudiera vivir la experiencia de cruzar el escenario para recibir oficialmente su diploma en una ceremonia formal que tanto se merecía. Era el primero de su familia en graduarse en la universidad. Sin embargo, Michigan había abierto su cierre de COVID justo a tiempo para celebrar una fiesta con más de 30 de nuestros familiares y amigos más cercanos en un parque local. Ambos nos sorprendimos, porque dos de nuestros amigos más cercanos vinieron sin que lo esperáramos. ¡El día salió a la perfección gracias a que la familia y los amigos aparecieron y se dejaron ver!

¿QUÉ SIGUE?

"Eres el fruto enviado a la tierra para que se desarrolle como un árbol para que la tierra pueda comer de tu fruto!"
—Myles Munroe

SEGUIMOS CONSTRUYENDO NUESTRA relación juntos y estableciendo los fundamentos de un matrimonio sano y duradero. Las probabilidades siempre han estado en nuestra contra, pero esperamos que este libro sea sólo el comienzo de la creación de un diálogo para enseñar a la gente estrategias para identificar los hábitos saludables y no saludables. Estamos desafiando a la próxima generación a crear comunidades y familias llenas de amor, curación y crecimiento.

Esperamos que este libro inspire a otros a convertirse en mentores, a adoptar, pero lo más importante es que seamos intencionales sobre cómo nos comportamos y cómo interactuamos unos con otros.

Por último, y tal vez lo más importante, la elección de adoptar o acoger no debería considerarse menos satisfactoria que la de tener hijos biológicos. En última instancia, el acogimiento familiar nos salvó, y por eso nos sentimos tan orgullosos de hablar de ello y de devolverlo de alguna manera. Por eso nos apasiona compartir nuestra historia: queremos que otras personas que están recorriendo o han recorrido ese camino sepan que no están solas y que pueden conseguir todo lo que se propongan. Ahora te dejamos a ti. ¿Qué vas a hacer? ¿Cómo puedes redefinir la normalidad en tu vida o en la comunidad que te rodea?

¿QUÉ SIGUE?

Justin de pequeño y en su graduación universitaria 2020

Alexis de bebé y en su graduación universitaria 2019

08.08.2020 - El día de nuestra boda

Baby, I'm dancing in the dark with you between my arms
Barefoot on the grass
Listening to our favorite song
When you said you looked a mess
I whispered underneath my breath
But you heard it, darling
You look perfect tonight
Well I found a woman
Stronger than anyone I know
She shares my dreams
I hope that someday I'll share her home
I found a love
To carry more than just my secrets
To carry love, to carry children of our own
We are still kids, but we're so in love
Fighting against all odds
I know we'll be alright this time
Darling, just hold my hand
Be my girl, I'll be your man
I see my future in your eyes
Portada perfecta por Leroy Sánchez

Más fotos disponibles en nuestro sitio web re-definingnormal.com/gallery

EPÍLOGO: CUANDO SUCEDE LO INIMAGINABLE

Justin bailando con su madre en nuestra boda

E S CURIOSO, POR muy escabroso que fuera nuestro camino, sentí la necesidad de tener a mi madre a mi lado durante el tiempo que precedió a nuestra boda. Emocionada por el gran día, mi madre me llamó por FaceTime para enseñarme el vestido de seda color burdeos y los zapatos negros que iba a llevar. Bromeamos sobre sus dos pies izquierdos y lo cómico que sería nuestro baile madre-hijo. Nos reímos tanto que lloramos, y le prometí que la cuidaría bien en la pista de baile.

Mis padres llegaron el día antes de la boda y Alexis y yo soltamos un suspiro de alivio al verlos: nuestra ceremonia estaría completa. Mi madre me miró con lágrimas en los ojos y me dijo lo orgullosa que estaba. Me abrazó de una forma que me permitió liberar el dolor y la tensión de todo lo que había pasado antes de ese momento.

Khalil y yo bailamos con mi madre al ritmo de Losing You del grupo The Temptations. Nos paseamos alrededor de ella como si fuéramos sus bailarines, tal y como hacíamos cuando éramos niños. El sol brillaba sobre ella como si fuera un ángel. El mundo entero parecía sonreírme, a mi familia y a mi nueva esposa. Todo se cristalizó.

Una semana después, durante nuestra luna de miel, Khalil llamó.

"Mamá ya no está, hermano", dijo. Era una videollamada, y pude ver paredes blancas y una señal de salida sobre él. Una mujer gritaba en el fondo. Mi corazón se detuvo.

El sábado 15 de agosto, mi madre fue asesinada por su vecino. Mi padre y mi hermano, André, se habían peleado con él y mi madre intentó rebajar la tensión, como siempre hace. Pero el vecino (que estaba ebrio y abusaba de las drogas), se subió a su coche y la atropelló contra la pared fuera de su edificio de apartamentos, huyendo de la escena después.

Murió sirviendo de pacificadora.

Quién sabe cómo o cuándo podré dar sentido a la violencia que acabó con la vida de mi madre. Mientras tanto, ella no pudo viajar por el mundo, crear empresas, tener una casa o escribir el libro para el que me había pedido ayuda. Por ahora, me aferro a esa tarde de baile, a mi madre con su vestido burdeos, con todo ese sol y esa risa iluminando su rostro.

¿PUEDES AYUDAR?

GRACIAS POR LEER nuestro libro. Hemos puesto nuestro corazón en él y agradeceríamos mucho que dejaras un comentario en Amazon, Barnes and Noble o cualquier plataforma en la que lo hayas comprado. Creemos que compartir nuestra historia ayudará a otras personas a sanar la suya. Al compartir su opinión, esta es la mejor manera para nosotros de ganar exposición y correr la voz.

Por favor, comparte este libro con otras personas que creas que se beneficiarán de él, así como cualquier historia o cita que te haya impactado en las redes sociales con el hashtag #redefiningnormalbook.

Sé parte de nuestra lista de correo electrónico para estar al día sobre nuestro trayecto y para aprender más sobre todos los temas cubiertos en este libro en www.re-definingnormal.com.

¿Estás listo para redefinir tu normalidad?

Ahora puedes redefinir tu normalidad con el Ready to *Redefine Normal? Companion Guide!*

Este libro de trabajo está destinado a ser utilizado junto con el libro Redefiniendo la normalidad, como una herramienta en tu viaje de curación y autodescubrimiento.

¿QUÉ APRENDERÁS DURANTE ESTE PROCESO?:

-Quién informó tudefinición de lo que es normal, sus definiciones de amor, felicidad, familia, éxito y más.

-Herramientas útiles para superar las adversidades pasadas.

-Cómo romper ciclos generacionales poco saludables para vivir la vida que deseas.

ÚNETE AL MOVIMIENTO DE REDEFINIR LA NORMALIDAD EN RE-DEFININGNORMAL.COM

AGRADECIMIENTOS

(¡Asegúrate de leer al menos el último párrafo!)

La última estadística del libro: Sólo el 2% de las personas publican un libro. Nosotros lo hemos hecho dos veces. Gracias por permitirnos formar parte de tu vida. Esperamos seguir inspirando a otros a cuestionar su definición de lo normal y a desarrollar hábitos más saludables a lo largo de la vida. Nuestro tiempo en la Universidad de Western Michigan ha sido desafiante pero increíblemente gratificante ya que la WMU ha cultivado un ambiente lleno de líderes y pioneros. Hemos aprendido a utilizar nuestros recursos en el campus al tiempo que alimentamos una comunidad llena de amistad y prosperidad. Recursos como Starting Gate en la Escuela de Negocios Haworth fueron fundamentales para ayudarnos a desarrollar una mentalidad empresarial. Gracias a la Western Michigan University, Kalamazoo, Michigan, siempre será nuestro hogar.

A lo largo de nuestro paso por WMU, tuvimos el privilegio de formar parte del programa Seita Scholars para jóvenes de acogida en la educación universitaria. El programa Seita Scholars nos ha ayudado a sortear las dificultades de la universidad como jóvenes de acogida y a realizar con éxito la transición a nuestras carreras. Los entrenadores del campus dentro del programa Seita han impactado personalmente en nuestras vidas de numerosas maneras. Ya sea que el programa Seita Scholars estuviera proporcionando asistencia a los estudiantes durante las vacaciones de invierno o dándonos instrucciones paso a paso sobre cómo navegar con éxito la vida además de graduarse, Seita ha sido el sistema de apoyo que todos hemos necesitado.

El programa Seita Scholars tendrá siempre un lugar especial en nuestros corazones.

La importancia de la mentoría y el apoyo está muy infravalorada tanto académica como profesionalmente. Con la multitud de mentores que hemos tenido a lo largo de nuestra carrera universitaria, hemos podido obtener conocimientos que muchos no tendrían. Gracias a esto, hemos acumulado años de sabiduría y conocimientos que nos han permitido crecer enormemente.

Gracias a todos los que han vertido amor, orientación y ejemplos positivos en nuestras vidas. Han contribuido a hacer posible este libro y nos han ayudado a sanar. Un agradecimiento especial a Kim y Brian por ser ejemplos fenomenales y a El Programa de Becarios de Seita, La Fundación Nsoro, Hope Pkgs, y One Simple Wish por continuar su incesante trabajo para apoyar a los jóvenes de crianza como nosotros y por impulsarnos a tener sueños grandes y atrevidos.

Gracias a nuestros pastores por plantar las semillas de ser dueños de negocios y autores. Gracias a su fe y a sus palabras de aliento, ¡esto es posible!

Gracias a Leslie Kendall Dye (www.lesliekendalldye.net) por ayudar a darle vida a este libro, y por ser la mejor editora a lo largo de este proceso, haciéndolo posible e incluso divertido.

Nos gustaría agradecer específicamente al increíble dúo de Jude y Nicolás por su diligencia y cuidado al traducir este libro del inglés al español. Este proyecto no sería posible sin estas dos personas que vieron el impacto de esta historia más allá de las líneas lingüísticas para que podamos aumentar la accesibilidad de estos mensajes y llegar a millones. ¡Los apreciamos!

No cambiaríamos nada de lo que hemos pasado porque nos ha convertido en lo que somos hoy. Recuerda que hay poder en tu historia. Hazla tuya. Nadie puede quitártela. Contar tu historia da a otros el valor de compartir la suya. No estás solo.

Por último, pero no menos importante, gracias a todas las becas que hemos recibido. Nos han permitido proseguir nuestros estudios académicos y nos han posicionado para prosperar.

Una parte de cada venta se destinará a Hope Pkgs, The Nsoro Foundation, One Simple Wish, y el Programa de Becarios de Seita.

SOBRE LOS AUTORES

Como se puede ver a lo largo de este libro, Alexis y Justin están superando las probabilidades y mostrando a otros cómo pueden superarlas también. Menos del 3% de los jóvenes de acogida se gradúan de la universidad. ¡Ambos lo han conseguido! Menos del 2% de las personas publican un libro, ambos lo hicieron, dos veces (y están planeando escribir más). Juntos estudiaron en el extranjero 13 veces, obtuvieron tres títulos universitarios, se graduaron con más de 340.000 dólares en becas, crearon dos empresas y han escrito dos libros. Ambos son activistas de la acogida, propietarios de empresas, autores y conferenciantes.

Alexis Lenderman-Black es una orgullosa ex alumna de un centro de acogida, así como una graduada de la Universidad de Western Michigan. Está convencida de que no la define su pasado, sino lo que hace con él. Es la fundadora de The Scholarship Expert, cofundadora de ROSE Empowerment Group y autora de The Scholarship Blueprint.

Durante su carrera universitaria, completó ocho programas de estudio en el extranjero en África, Asia, Sudamérica y Europa, cubriendo temas como la sostenibilidad, la ética empresarial, el humanitarismo internacional, la economía política y el comercio mundial. Utilizó su pasión por el desarrollo de programas y la creación de relaciones para codesarrollar el primer programa de estudios en el extranjero de la Universidad de Western Michigan con un componente de servicio exterior para realizar un voluntariado en un campo de refugiados en Lesbos, Grecia. con Justin,

Alexis ha continuado su labor de activismo al participar en el Desafío de la Carrera de Relaciones Internacionales en la Universidad Johns Hopkins y en el Instituto Global de Derechos Humanos, organizado a través de Penn Law y las Naciones Unidas. Alexis ha tenido el privilegio de hablar en eventos como la Cumbre de Liderazgo de la Biblioteca Presidencial Reagan, la gala de la Beca Nsoro, la Gala de las Becas Bravo de América y la Noche de la Excelencia de la Universidad de Western Michigan. Debido a su compromiso con el campus de su universidad y su comunidad, fue la única candidata del antiguo presidente de su universidad para la beca cívica Newman.

Justin Black es el cofundador de Rising Over Societal Expectations (ROSE) Empowerment Group, y debido a su experiencia como hombre afroamericano en el sistema de acogida, tiene una fuerte visión de cómo cerrar la brecha de información para la generación actual de jóvenes afroamericanos y de color. Ha sido pionero en la organización de conferencias y talleres para jóvenes que enseñan métodos de sostenibilidad económica, principios de relaciones sanas e impacto colectivo.

Justin se ha comprometido a servir de ejemplo para otros jóvenes que quieren mejorar a través del desarrollo del carácter, la resiliencia y la búsqueda de apoyo. Creó el Modelo ROSE para mostrar a los jóvenes el efecto que pueden tener en sus comunidades locales y globales. Justin es también el actual Director de Comunicaciones de The Scholarship Expert, que fue fundada para ayudar a los becarios a encontrar la financiación y las oportunidades necesarias para maximizar su experiencia universitaria.

Justin ha participado en numerosas conferencias y ha sido el orador principal de los estudiantes en el Baile de las Estrellas de Mar de la Fundación Nsoro en 2020, ayudando a recaudar más de 1,000,000 de dólares en financiación de becas para jóvenes de acogida de todo los Estados Unidos. Recibió la prestigiosa beca Benjamin Gilman por su estancia en Corea del Sur, así como el premio a la innovación Yvonne Unrau del programa Seita Scholars de la Universidad de Western Michigan, por el desarrollo del primer programa de estudios en el extranjero de WMU en África.

Juntos, Justin y Alexis esperan inspirar a aquellos que quieren curarse de una infancia traumática y desarrollar su potencial.

PRÓXIMOS PASOS/ TRABAJA CON NOSOTROS

Sigamos conectando en Facebook, Instagram, TikTok y a través de nuestro negocio, Redefining Normal.

Para contactarnos sobre presentaciones en los medios de comunicación, coaching o charlas en tu evento, envía un correo electrónico a press@redefiningournormal.com.

Si quieres suscribirte a nuestra lista de correo electrónico para saber más sobre nuestro camino, información sobre relaciones saludables y estar al tanto de nuestros próximos libros, visita re-definingnormal.com o escucha nuestro podcast ROSE From Concrete en www.rosefromconcrete.buzzsprout.com

Para conectarte con nosotros en
Facebook @redefiningnormalmovement
Instagram @re.definingnormal
TikTok @re.definingnormal

ROSE Empowerment Group, una organización al servicio de los jóvenes sobre la importancia de uno mismo, la comunidad y el impacto.

Para más información, visita roseempowermentgroup.com
Contacto: roseempowermentgroup@gmail.com

Síguenos en las redes sociales:
Facebook @Roseempowermentgroup
thescholarshipexpert.com/patrocinios

Este libro no habría sido posible sin The Self-Publishing School. Leímos el libro *Published* por Chandler Bolt para ayudarnos a escribir nuestro esquema y generar ideas, pero fue el curso que nos impulsó y ayudó a llevar este libro a la realidad.

Puedes conseguir un ejemplar gratuito del libro *Published* a través de este enlace: https://self-publishingschool.com/friend/.

Si eliges unirte a un programa de la Escuela de Autopublicación (que aparece más abajo) obtendrás 250 dólares y nosotros también recibiremos 250 dólares a través de PayPal como un gran agradecimiento de SPS.

Conviértete en un supervendedor
Fundamentos de la ficción
Vende más libros
Curso de construcción para autores

¡Asegúrate de incluir nuestros nombres para saber quién te recomendó!

RECURSOS MENCIONADOS

- Todos los recursos están disponibles en re-definingnormal.com/resources
- Lista de comprobación de lo que es sano y lo que no lo es
- Los 5 lenguajes del amor: El secreto del amor que perdura de Gary Chapman
- Conferencia "Weekend to Remember" (Un fin de semana para recordar)
- 131 Necessary Conversations Before Marriage
- Puntuación de ACEs